Karin Böllert · Silke Karsunky (Hrsg.)

Genderkompetenz in der Sozialen Arbeit

VS VERLAG FÜR SOZIALWISSENSCHAFTEN

Bibliografische Information Der Deutschen Nationalbibliothek
Die Deutsche Nationalbibliothek verzeichnet diese Publikation in der
Deutschen Nationalbibliografie; detaillierte bibliografische Daten sind im Internet über
<http://dnb.d-nb.de> abrufbar.

1. Auflage 2008

Lektorat: Stefanie Laux

Der VS Verlag für Sozialwissenschaften ist ein Unternehmen von Springer Science+Business Media.
www.vs-verlag.de

Umschlaggestaltung: KünkelLopka Medienentwicklung, Heidelberg
Druck und buchbinderische Verarbeitung: Krips b.v., Meppel
Gedruckt auf säurefreiem und chlorfrei gebleichtem Papier
Printed in the Netherlands

ISBN 978-3-531-15562-3

Inhalt

Teil 2: Genderkompetenz in der Sozialen Arbeit

Einleitung

Genderkompetenz

Karin Böllert / Silke Karsunky

„Genderkompetenz“ so heißt eine neue Schlüsselqualifikation, die auch in der Sozialen Arbeit zu einem wichtigen Professionalitätsmerkmal avanciert. Dieser Begriff steht für all jene Fähigkeiten, Fertigkeiten und Wissensdimensionen, über die eine Fachkraft der Sozialen Arbeit verfügen muss, um insbesondere im Zuge der Implementierung und Umsetzung der Gender Mainstreaming Strategie[1] die eigene Arbeit geschlechterbewusst und gleichstellungsorientiert gestalten zu können. Ziel von Genderkompetenz ist es, die verschiedenen Facetten von Gender-Aspekten sowohl in den Organisations- und Personalstrukturen - also auf der instititutionellen Ebene - als auch in den pädagogischen Vollzügen, folglich auf der (adressatenbezogenen) Handlungsebene, identifizieren und gleichstellungsorientiert berücksichtigen zu können.

Genderkompetenz lässt sich demnach definieren als „Wissen über das Entstehen und die soziale Konstruktion von Geschlechterrollen und Geschlechterverhältnissen („Doing Gender“), Fähigkeit zur Reflexion von (eigenen) Geschlechterrollenbildern und zur Anwendung von Gender (Gender Diversity) als Analysekategorie im beruflichen und Organisationskontext“ (Blickhäuser/Bargen 2005: 11). Voraussetzungen für Genderkompetenz sind somit *Bewusstheit und Sensibilität* für geschlechtsbezogene Aspekte des eigenen Handlungsfeldes sowie *Selbstreflexion* bezüglich der eigenen Geschlechterrolle und im Hinblick auf persönliche Einstellungen und Annahmen zur Konzeption des Geschlechterverhältnisses. Weitere Voraussetzungen sind *Gender-Wissen*, welches u.a. detailliertes Wissen über Geschlechterdifferenzen und -hierarchien umfasst, das mit dem persönlichen bereichsspezifischen Fachwissen verknüpft und in die Ausübung der eigenen Tätigkeitsbereiche transferiert werden soll

---

[1] „Gender Mainstreaming besteht in der (Re-)Organisation, Verbesserung, Entwicklung und Evaluierung der Entscheidungsprozesse, mit dem Ziel, dass die an politischer Gestaltung beteiligten AkteurInnen den Blickwinkel der Gleichstellung zwischen Frauen und Männern in allen Bereichen und auf allen Ebenen einnehmen.“ (Niedersächsisches Ministerium für Frauen, Arbeit und Soziales 2001: 7)

sowie Kenntnisse der *Methoden und Instrumente*, wie z.B. Analyseverfahren zur Gleichstellungsprüfung von Entscheidungsprozessen und Maßnahmen, die benötigt werden - um im Sinne der Gender Mainstreaming Strategie - die eigenen Tätigkeitsbereiche geschlechtergerecht zu fundieren.

Diesem Verständnis folgend kann Genderkompetenz als „Handlungskompetenz" aufgefasst werden (vgl. u.a. Ministerium für Gesundheit und Soziales des Landes Sachsen-Anhalt 2003; Enggruber i.d.B.), die sich zusammensetzt aus den vier Elementen:

- *Fach-/Sachkompetenz:*

diese beinhaltet u.a. Wissen über die normativen, kulturellen und politischen Dimensionen von Geschlecht, Kenntnisse über zentrale Forschungsergebnisse der Frauen-, Männer- und Geschlechterforschung, Einblicke in gleichstellungspolitische Konzepte und Strategien sowie fachspezifisches Gender-Wissen in den jeweiligen Arbeitsfeldern (z.B. bezogen auf die Kinder- und Jugendhilfe, das Gesundheitssystem oder das Bildungswesen)

- *Methodenkompetenz:*

sie umfasst z.B. die Fähigkeiten zur Anwendung von Verfahren und Instrumenten zur Gleichstellungsprüfung von Maßnahmen und Entscheidungen sowie zur Identifizierung geschlechtsbezogener Stereotypisierungen und ihrer Wirkungen

- *Sozialkompetenz:*

hierzu zählt u.a. geschlechtsbezogene Diskriminierungen und Geschlechterdifferenzen im beruflichen Alltag wahrnehmen und auf diese eingehen zu können sowie Offenheit für die individuellen Gestaltungsmöglichkeiten der Geschlechtsidentität zu besitzen

- *Personale Kompetenz:*

diese beinhaltet beispielsweise die Fähigkeit zur Reflexion der eigenen Geschlechterrolle im beruflichen Alltag sowie die Fähigkeit, dem eigenen und dem anderen Geschlecht konstruktiv kritisch zu begegnen (vgl. Wanzek 2003: 85).

Darüber hinaus findet sich in den derzeitigen Diskussionen um Genderkompetenz insbesondere ein weiteres Erklärungsmodell, das häufig zur Erläuterung dieses neuen Kompetenztypus herangezogen wird. Demnach setzt sich Genderkompetenz zusammen aus den drei Elementen *Wissen*, *Können* und *Wollen* (vgl. u.a. GenderKompetenzZentrum 2006, Kunert-Zier 2005; Werthmanns-Reppekus i.d.B.).

Wissen umfasst insbesondere genderspezifisches Fachwissen, Wissen über die bestehenden Geschlechterverhältnisse sowie über die Wirkungen von Geschlechternormen und Geschlechterrollen. Das Element *Können* bezieht sich auf die Handlungsebene und beschreibt die Fähigkeit, Gender-Aspekte in den jeweiligen Handlungsfeldern und Tätigkeitsbereichen identifizieren und Methoden und Instrumente, die der geschlechtergerechten Gestaltung der pädagogischen Praxis und der institutionellen Strukturen und Abläufe dienlich sind, anwenden zu können. Beide Elemente - Wissen und Können - lassen sich unter dem Begriff der „Handlungsfähigkeit“ zusammenfassen. Handlungsfähigkeit führt jedoch nicht zwangsläufig zu einer Durchführung, hinzukommen muss die „Handlungsbereitschaft“. Der Aspekt *Wollen* bezeichnet in diesem Kontext also die Bereitschaft, geschlechterbewusst und gleichstellungsorientiert zu handeln.

Von einzelnen Autorinnen und Autoren (vgl. z.B. Wanzek 2004; Rösgen 2003) wird dieses Modell um ein viertes Element ergänzt, das ihrer Ansicht nach das Konzept von Genderkompetenz als „Handlungskompetenz“ vervollständigt. Denn inwiefern individuelle Kompetenz zielgerichtet zur Anwendung kommen kann, hängt letztlich von dem Zuspruch von Verantwortlichkeit sowie den zur Verfügung gestellten Rahmenbedingungen am Arbeitsplatz (z.B. Bereitstellung von Ressourcen, Klärung von Zuständigkeiten, Angebot von Fortbildungs- und Beratungsmaßnahmen) ab - dies alles umfasst den Bereich des *Dürfens.*

Deutlich wird, dass der Erwerb von Genderkompetenz ein sehr anforderungs- und anspruchsvolles Unterfangen ist, das sich weder innerhalb der Ausbildung durch den einmaligen Besuch einer Veranstaltung zur Gender-Thematik noch im Rahmen von Fort- und Weiterbildungsangeboten durch die Teilnahme an ein- bis dreitägigen Gender-Wokshops oder Gender-Trainings verwirklichen lässt.

Die Etablierung von Gender-Aspekten in der Ausbildung von sozialpädagogischen Fachkräften steht derzeit noch aus - aktuell wird in dem Professionalisierungsdiskurs der Erwerb von Genderkompetenz als Spezialwissen behandelt (vgl. Spieß 2004). Die Vermittlung von Gender-Wissen sowie von genderbezogener Selbst- und Praxiskompetenz gehört somit längst nicht zum Standard der Ausbildung (vgl. Kunert-Zier 2005/2008; Scherr 2001).

In diesem Sinne sollte die von uns im Sommersemester 2007 an der Westfälischen Wilhelms-Universität Münster durchgeführte Ringvorlesung „Genderkompetenz in der Sozialen Arbeit“ *einen* Beitrag leisten, um genderbezogenes Fachwissen, genderbezogene Selbst- und Sozialkompetenz seitens der Studierenden zu fördern. Im Zuge dieser Veranstaltung entstand auch die Idee zu der vorliegenden Publikation. Realisiert werden konnte sie schließlich durch die Mitwirkung fast aller an der Ringvorlesung Beteiligten sowie darüber hinaus durch die Mitarbeit weiterer Gender-Expertinnen aus dem Hochschulbereich sowie der außeruniversitären Forschung. Dem zuvor dargelegten Verständnis von Genderkompetenz als Handlungskompetenz folgend, ist es unser Anliegen einen fundierten Einblick in Inhalte der unterschiedlichen Kompetenzbereiche zu geben. Berücksichtigt werden können - aufgrund der Komplexität des

Themas - nur einzelne, ausgewählte Themenbereiche und Arbeitsfelder der Sozialen Arbeit, die jedoch zentrale Aspekte und Gegenstandsbereiche des geführten Fachdiskurses aufgreifen.

Der *erste Teil* des Buches widmet sich der Erörterung grundlegender Ansätze, Konzepte und Methoden im Kontext von Genderkompetenz in der Sozialen Arbeit, wobei der Blick insbesondere auf die Profession selbst gerichtet ist.

In dem einführenden Beitrag stellt *Barbara Stiegler* die neue geschlechterpolitische Strategie Gender Mainstreaming, deren Entstehungs- und Entwicklungsgeschichte, konzeptionelle Grundlagen, Methoden sowie den Stand der Umsetzung auf internationaler und nationaler Ebene vor. Deutlich wird, dass es auf den unterschiedlichen Ebenen bereits eine Vielzahl an Aktivitäten zur Implementierung von Gender Mainstreaming gibt. Umfassende und systematische wissenschaftliche Prozessbegleitungen sind derzeit hingegen noch rar. Darüber hinaus zeichnet Stiegler zentrale kritische Diskurslinien nach, die es u.a. bezüglich der Herkunft von Gender Mainstreaming, dem Verhältnis dieser Strategie zu anderen frauen- und gleichstellungspolitischen Ansätzen und dem Potential ihrer Einfluss- und Umsetzungsmöglichkeiten gibt und die die leidenschaftlich geführten Fachdebatten bestimmen.

Der Beitrag von *Margitta Kunert-Zier* widmet sich den Fragen, wie die neue Schlüsselqualifikation „Genderkompetenz" im Rahmen von Aus- und Weiterbildung erworben werden kann und welche Bedeutung sie für die Praxis der Geschlechterpädagogik besitzt. Grundlage für die Beantwortung dieser Fragen bilden die Ergebnisse einer von ihr durchgeführten Studie, die auf Literaturstudien zur geschlechtsbezogenen Pädagogik, einer Analyse von Praxismodellen geschlechtsbewusster Pädagogik und qualitativen ExpertInneninterviews mit Fachkräften der Geschlechterpädagogik basiert. Zugleich bildet diese Studie die Grundlage für die Generierung eines eigenen Modells zum Erwerb von Genderkompetenz. Ferner liefert der Beitrag eine Übersicht über die Entwicklungsgeschichte geschlechtsbezogener Pädagogik von den 1970er Jahren bis zum Beginn des 21. Jahrhunderts. Einen Einblick in die aktuelle Praxis der Geschlechterpädagogik ermöglicht schließlich die Beschreibung von drei erprobten Praxismodellen geschlechtsbewusster Koedukation, die an der Tradition von Mädchen- und Jungenarbeit anknüpfen und ein besseres Verständnis und Verhältnis zwischen den Geschlechtern zum Ziel haben.

Claudia Wallner zeichnet die Geschichte der Sozialen Arbeit - ausgehend von dem Wohlfahrtssystem im 19. Jahrhundert, das sich zunächst außerhalb des staatlichen Zuständigkeitsbereiches etablierte, der Gründung erster Ausbildungsstätten für soziale Hilfstätigkeiten zu Beginn des 20. Jahrhunderts bis hin zur Etablierung und Professionalisierung Sozialer Arbeit als (Erwerbs-) Beruf - nach und zwar unter der Fragestellung „Frauenarbeit unter Männerregie oder

Männerarbeit im Frauenland?". Im Mittelpunkt stehen hier somit die Geschlechterverhältnisse innerhalb der Sozialen Arbeit. Insbesondere mit Blick auf das Arbeitsfeld der Kinder- und Jugendhilfe beleuchtet sie, wie Frauenbilder, Frauenrollen und die Stellung von Frauen in der Sozialen Arbeit mit einander verflochten sind. Dagegen, so konstatiert Wallner, sei der Zusammenhang von Gesellschaftsbildern und beruflichen Positionen bislang kaum in den Fokus der Aufmerksamkeit gerückt worden und auch eine intensive, systematische Beschäftigung mit leitenden Männer- und Männlichkeitsbildern in der Sozialen Arbeit stehe noch aus. Sie fordert dazu auf, sich zukünftig aus der Sicht beider Geschlechter mit der Geschichte der Sozialen Arbeit auseinander zu setzen und so zu einer Neubestimmung des Geschlechterverhältnisses beizutragen.

Neben der hier angeregten Reflexion über die Geschlechterverhältnisse innerhalb der Sozialen Arbeit ist darüber hinaus für den Erwerb von Genderkompetenz die individuelle Auseinandersetzung u.a. mit der eigenen Lebensgeschichte, den eigenen Geschlechterrollenbildern, den eigenen Vorstellungen, Einstellungen und Erwartungen im Umgang mit dem eigenen und dem anderen Geschlecht erforderlich. Inwiefern insbesondere die biographische Selbstreflexion - als eine pädagogische Basiskompetenz - hierzu einen wesentlichen Beitrag leisten kann, erläutert *Ulrike Graff*. Dabei konzentrieren sich ihre Ausführungen auf die Bedeutung von biografischer Selbstreflexion für Genderkompetenz in der Arbeit mit Mädchen und Jungen und gewähren darüber hinaus einen Einblick in die vielfältigen Methoden biografischer Selbstreflexion, wie z.B. die Ethnopsychoanalyse und die Meditation.

Ausgehend von der Erkenntnis, dass die Kategorie „Geschlecht" nur eine von zahlreichen Differenz- und Ungleichheitskategorien, wie z.B. Klasse, Ethnizität, Alter, Sexualität und Behinderung, darstellt und es im Rahmen von Genderkompetenz in der Sozialen Arbeit unerlässlich ist, die vielfältigen Ungleichheitsdimensionen zu analysieren und zu bearbeiten, dienen die nachfolgenden zwei Beiträge einer Perspektivenerweiterung.

Catrin Heite setzt sich in ihrem Beitrag kritisch mit der Figur ‚Diversity' auseinander, die zunehmend Eingang in die Theorie und Praxis Sozialer Arbeit findet und geht der Frage nach, wie unterschiedliche Formen sozialer Ungleichheit und entsprechend verschiedene Bedürfnis- und Problemlagen im Zuge der reflexiven Professionalisierung Sozialer Arbeit angemessen in den Blick zu nehmen sind. Dabei geht es ihr zum einen um die Reflexion der professionellen Anerkennung von Differenz der AdressatInnen sowie der Diversity der Professionellen und zum anderen um die Relevanz von Diversity für eine anerkennungs- und gerechtigkeitstheoretische Fokussierung Sozialer Arbeit. In den nachfolgenden Ausführungen legt sie u.a. dar, dass die professionelle Notwendigkeit der Anerkennung von Diversity der AdressatInnen primär eine Frage der gerechtigkeitstheoretischen Analyse und Berücksichtigung komplexer Ungleichheiten und Differenzierungen ist, die u.a. auf den Kategorien Klasse, Geschlecht, Alter und Ethnizität beruht. Im Hinblick darauf, wie Soziale Arbeit die Ungleichheiten und Ungerechtigkeiten professionell berücksichtigen kann, knüpft Heite an zwei professionstheoretische Positionen an: die Forderung nach interkultureller Öffnung der sozialen Dienste sowie die Position der advokatorischen Ethik.

Ausgangspunkt des Beitrages von *Iris Bednarz-Braun* bildet die Feststellung, dass die bundesrepublikanische Frauen- und Geschlechterforschung sowie die Migrationsforschung der Analyse des Zusammenhangs von Migration, Ethnie und Geschlecht lange Zeit keine Beachtung geschenkt haben. Zunächst geht sie auf die Kritik an einer getrennten Betrachtung von Geschlecht und Ethnie ein, die insbesondere von US-amerikanischen Wissenschaftlerinnen formuliert wurde. Daran anschließend befasst sich Bednarz-Braun mit der Entstehung und Entwicklung von Sozialkonstruktionsansätzen, die eine Analyse der sozialen Strukturkategorien Geschlecht und Ethnie zum Gegenstand haben. Ein Analysekonzept, das die Betrachtung beider Kategorien zu einem integrierenden Konzept vereint, ist der Sozialkonstruktionsansatz von Evelyn Nakano Glenn, der einen Beitrag zur Lösung des Problems der Ethnieblindheit in der Gender-Forschung und - umgekehrt - der Gender-Blindheit in der ethniebezogenen Forschung leisten kann. Bednarz-Braun resümiert, dass eine Neuorientierung der Geschlechter- und Migrationsforschung sich in dem Paradigma gründet, die Simultaneität der sozialen Hervorbringung von Geschlechter- und Ethnieverhältnissen unter den Bedingungen multi-ethnischer Gesellschaften in den analytischen Blick zu nehmen.

Der *zweite Teil* der Publikation dient insbesondere dem Praxistransfer. Ausgangspunkt ist die Fragestellung, wie Genderkompetenz in unterschiedlichen Handlungsfeldern der Sozialen Arbeit auf den Ebenen der Organisations- und der Personalstrukturen sowie der Angebote und Maßnahmen umgesetzt werden kann.

Den Auftakt bildet der Beitrag von *Ulrike Werthmanns-Reppekus*, der das Arbeitsfeld der Kinder- und Jugendhilfe an Hand von sieben Beobachtungen beleuchtet. Beginnend mit einer Betrachtung das Verständnisses von Genderkompetenz in der Kinder- und Jugendhilfe und einem ‚Blick zurück' auf die Entstehungs- und Entwicklungsgeschichte geschlechtsbezogener Theorie- und Praxisansätze erfolgt eine differenzierte Darstellung zum Stand von Genderkompetenz in ausgewählten Arbeitsfeldern der Kinder- und Jugendhilfe, wie z.B. in der offenen und verbandlichen Kinder- und Jugendarbeit sowie in dem Bereich Hilfen zur Erziehung. Einer weiteren Beobachtung folgend, die den Fokus auf die institutionelle Verfasstheit und die Personalstrukturen der Kinder-

und Jugendhilfe richtet, resümiert Werthmanns-Reppekus, dass Gender Mainstreaming bislang nur mühsam umgesetzt wird und sich als fachlicher Standard in der Praxis eher personen- als institutionenabhängig zeigt. Als unzureichend und lückenhaft erweist sich ihres Erachtens zudem die derzeitige Verbindung zwischen Wirksamkeitsforschung und Gender-Wissen.

Die nachfolgenden Ausführungen widmen sich ebenfalls dem Handlungsfeld der Kinder- und Jugendhilfe. *Marita Kampshoff* und *Sabine Nover* stellen zentrale Evaluationsergebnisse des Modellprojekts „Gender Mainstreaming bei Trägern der Jugendhilfe in NRW“ vor - ein Projekt, das von der FUMA Fachstelle Gender NRW geleitet wurde und im Zeitraum 2004 bis 2006 stattfand. Ziel des Projekts war, die fünf beteiligten Träger aus verschiedenen Arbeitsfeldern der Kinder- und Jugendhilfe mittels unterschiedlicher Angebote, beispielsweise durch Informationsveranstaltungen, Gendertrainings, Coaching und Beratung, darin zu unterstützen, Gender Mainstreaming im Rahmen ihrer Organisationsstrukturen und pädagogischen Maßnahmen zu implementieren. Der Beschreibung des Projektes sowie der methodischen Vorgehensweise bei der Evaluation folgt eine Zusammenfassung ausgewählter Ergebnisse hinsichtlich der Wirkungen, Umsetzungserfolge und Schwierigkeiten, die das Projekt - nach Aussagen der Fachkräfte der beteiligten Träger - hatte. In ihrer abschließenden Bilanzierung weisen Kampshoff und Nover auf Aspekte hin, die sich für die Implementierungs- und Umsetzungsprozesse von Gender Mainstreaming als förderlich erweisen können.

Mit Genderkompetenz in der Jugendberufshilfe/Benachteiligtenförderung beschäftigt sich *Ruth Enggruber*. Auf der Basis eines kurzen Einblicks in das Maßnahmenangebot der Jugendberufshilfe/Benachteiligtenförderung und deren rechtliche Grundlagen erläutert sie ihr Verständnis von Genderkompetenz und begründet, inwieweit diese Kompetenz gerade in der Jugendberufshilfe/Benachteiligtenförderung eine entscheidende Rolle spielt. Zum Abschluss zeigt Enggruber zum einen allgemeine Voraussetzungen zur Förderung von Genderkompetenz auf, die in den Institutionen dieses Arbeitsfeldes auf den Ebenen der Organisationsentwicklung, der Personalentwicklung sowie der Angebote und Maßnahmen erfüllt sein sollten. Zum anderen stellt sie ausgewählte Beispiele u.a. aus den Bereichen „Berufsorientierung in allgemeinbildenden Schulen“, „Berufsberatung“ und „Berufsvorbereitende Bildungsmaßnahmen“ vor, die demonstrieren wie Genderkompetenz in der Praxis gefördert werden kann.

Ihren Ausführungen folgend, siedelt *Helga Krüger* ihren Beitrag im Spannungsbogen zwischen Tradition und Modernisierung, zwischen Familien- und Geschlechterpolitik an. Ausgehend von der Annahme, dass es zur Entwicklung von Genderkompetenz gehört, das eigene Leben zu verstehen, richtet sich der

Blick der Autorin auf Neuanfänge in der öffentlichen Debatte zum Verhältnis von Familie und Geschlecht. Diesbezüglich setzt sie sich damit auseinander, dass die Diskussion um die Familie noch nicht vom gewandelten Verständnis veränderter Geschlechterordnungen durchdrungen ist. Darüber hinaus konzentriert sich Krüger in ihrem Beitrag auf den Entwurf einer zukunftsorientierten Genderpolitik und thematisiert dabei die Ebene des Handelns sowie mögliche neue Weichenstellungen der Lebenslaufpolitik. Zusammenfassend konstatiert sie die Notwendigkeit einer De-Stereotypisierung sowohl in den Familien-, den Berufsrollen als auch in der Auffassung vom Kind.

Abschließend zeigt *Monika Weber* in ihrem Beitrag „Gender Mainstreaming in Gesundheitsversorgung und Gesundheitspolitik - Voraussetzungen und Erfahrungen am Beispiel Nordrhein-Westfalen" die Zusammenhänge zwischen Geschlecht und Gesundheit auf, indem sie ausgewählte geschlechterdifferenzierende Forschungsergebnisse sowie Erklärungsansätze hinsichtlich der Themenbereiche Gesundheitsbewusstsein, Gesundheitsverhalten, Lebenserwartung, Mortalität und Morbidität vorstellt. Am Beispiel von Herz-Kreislauf-Erkrankungen führt sie an, welche handlungspraktischen Konsequenzen sich im Gesundheitssystem aufgrund einer geschlechterdifferenzierten Betrachtung von Gesundheit und Krankheit ergeben. Daran anknüpfend nimmt Weber die Umsetzung von Gender Mainstreaming im Gesundheitswesen in den Fokus und beschreibt am Beispiel Nordrhein-Westfalens etwaige gesundheitspolitische Schritte und Maßnahmen. Faktoren einer gelingenden Implementierung von Gender Mainstreaming - so ihr Resümee - bilden u.a. das Zusammenwirken von Frauenpolitik, Gesundheitspolitik und Gender Mainstreaming sowie eine Kombination von politischem Willen und der Bereitstellung von Fachwissen, Beratung und Vernetzung aller beteiligten Akteurinnen und Akteure.

Zum Schluss möchten wir uns bei allen Autorinnen für die Mitwirkung und die gute Zusammenarbeit sehr herzlich bedanken. Zudem gilt unser Dank der Gleichstellungsbeauftragten der WWU Münster, Dr. Christiane Frantz für die Unterstützung der Ringvorlesung sowie Claudia Buschhorn für die Erstellung des Manuskriptes.

Literatur:

Blickhäuser, A./Bargen, H. v. (2005): Gender-Mainstreaming-Praxis. Arbeitshilfen zur Anwendung der Analysekategorie „Gender“ in Gender-Mainstreaming-Prozessen. Herausgegeben von der Heinrich-Böll-Stiftung. Berlin (http://www.boell.de/downloads/gd/GD-12.pdf [06.12.2007])

GenderKompetenzZentrum (2006): Gender-Kompetenz. (http://www.generkompetenz.info/genderkompetenz [06.12.2007])

Kunert-Zier, M. (2005): Erziehung der Geschlechter. Entwicklungen, Konzepte und Genderkompetenz in sozialpädagogischen Feldern. Wiesbaden

Kunert-Zier, M. (2008): Genderkompetenz in Aus- und Weiterbildung - Nicht alles muss neu erfunden werden! In: Betrifft Mädchen, 1/2008. i.E.

Ministerium für Gesundheit und Soziales des Landes Sachsen-Anhalt (Hrsg.) (2003): Gender Mainstreaming in Sachsen-Anhalt. Konzepte und Erfahrungen. Opladen

Niedersächsisches Ministerium für Frauen, Arbeit und Soziales (Hrsg.) (2001): Gender Mainstreaming. Informationen und Impulse. Hannover

Rösgen, A. (2003): Gender Trainings als Instrument des Gender Mainstreamings. In: Frauenministerium Luxemburg (Hrsg.): Gender Training. Luxemburg: 18-27

Scherr, A. (2001): Gender Mainstreaming als Lernprovokation - Anforderungen an die Ausbildung, Fortbildung und Personalentwicklung in den Organisationen der Jugendhilfe. In: Ginsheim, G. v./Meyer, D. (Hrsg.): Gender Mainstreaming. Neue Perspektiven für die Jugendhilfe. Berlin

Spies, A. (2004): Gender Mainstreaming in sozialpädagogischen Aus- und Weiterbildungsgängen - Schlüssel oder Schloss für die Weiterentwicklung der mädchenfördernden und geschlechterdifferenzierten Jugendhilfe? In: Bruhns, K. (Hrsg.): Geschlechterforschung in der Kinder- und Jugendhilfe. Wiesbaden: 317-332

Wanzek, U (2003): Gender Mainstreaming - Ansätze in Sachsen-Anhalt. In: Jansen, M./Röming, A./Rohde, A. (Hrsg.): Gender Mainstreaming. Herausforderungen für den Dialog der Geschlechter. München: 76-93

Wanzek, U. (2004): Gender Mainstreaming als Veränderungsprozess in Organisationen. In: Richter, U. (Hrsg.): Jugendsozialarbeit im Gender Mainstream. Gute Beispiele aus der Praxis. München: 25-35

Teil 1: Grundlagen von Genderkompetenz

„Heute schon gegendert?“ Gender Mainstreaming als Herausforderung für die Soziale Arbeit

Barbara Stiegler

1. Das Konzept Gender Mainstreaming

Gender Mainstreaming ist eine geschlechterpolitische Strategie, die aus den Erfahrungen der Frauen mit der internationalen Entwicklungspolitik entstand und die Frauen von der Position der Bittstellerinnen, die an ihre Regierungen Forderungen stellen, befreit. Bereits in den 80er Jahren haben Frauen gefordert, dass die großen entwicklungspolitischen Akteure, wie die Weltbank und die Vereinten Nationen, geschlechtersensible Konzepte in ihren Entwicklungsprogrammen einsetzen. Zum einen setzten sie mit dem Gender Budgeting der neoliberalen Strukturpolitik und insbesondere den Strukturanpassungsmaßnahmen ein vielfältiges analytisches Methodenset entgegen (vgl. Budlender u.a. 1998). Zum anderen konnten sie durch die Verankerung von Gender Mainstreaming in dem Abschlussdokument der Weltfrauenkonferenz 1995 erstmals die Regierungen verpflichten, die frauenpolitische Agenda auch in einer *bestimmten Weise* umzusetzen.

Auf europäischer Ebene wurde das Gender Mainstreaming Prinzip in den Amsterdamer Vertrag 1997 aufgenommen. Damit verpflichten sich alle Staaten der Europäischen Union, dieses Prinzip bei ihrer Politik anzuwenden. Der Europarat (1998) gibt dazu folgende Definition: „Gender Mainstreaming besteht in der (Re-)Organisation, Verbesserung, Entwicklung und Evaluation von Entscheidungsprozessen mit dem Ziel, dass die an politischer Gestaltung beteiligten Akteure und Akteurinnen den Blickwinkel der Gleichstellung zwischen Frauen und Männern in allen Bereichen und auf allen Ebenen einnehmen.“ „Gender“ bezeichnet den sozial und politisch gestalteten und gestaltbaren Aspekt von Geschlecht. Durch den Gebrauch der Kategorie „Gender“ wird anerkannt, dass alle politischen, ökonomischen, sozialen und kulturellen Strukturen die Handlungsmöglichkeiten von Männern und Frauen beeinflussen.

Gender Mainstreaming ist ein Prinzip zur Veränderung von Entscheidungsprozessen, ein konzeptionelles Instrument. Es ist eine systematisierende Verfahrensweise, die innerhalb der Entscheidungsprozesse von Organisationen von oben nach unten (Top down) implementiert, aber von unten nach oben (Bottom up) vollzogen wird. Die Anwendung von Gender Mainstreaming ist als Organisationsentwicklungsprozess zu gestalten. Sie zielt auch auf die Veränderung der Organisationskultur sowie auf Neuzuschnitte von Problembearbeitungen (vgl. Höying/ Lange 2004).

Die Anwendung dieses Prinzips dient allgemein der Herstellung der Chancengleichheit, verlangt aber eine genaue Zieldefinition für das jeweilige Arbeitsfeld. Die Operationalisierung von geschlechterpolitischen Zielsetzungen ist dabei eine der schwierigsten Implikationen von Gender Mainstreaming. Gender Mainstreaming ist nicht die Definition des Zieles selbst, sondern ein Verfahren, um ein bestimmtes Ziel zu erreichen. Damit ist das Konzept offen für verschiedene geschlechterpolitische Optionen.

Die Strategie ist für Organisationen geeignet, die im weitesten Sinne politisch handeln, seien es Ministerien, Behörden, kommunale Verwaltungseinheiten, Verbände, Vereine oder Gewerkschaften, aber auch Bildungsinstitutionen wie Schulen, Hochschulen oder Volkshochschulen. Gender Mainstreaming ist eine Strategie für Organisationen, die demokratisch legitimiert sind und die Lebensbedingungen allgemein und damit direkt oder indirekt auch die Geschlechterverhältnisse regeln und gestalten.

In Gender Mainstreaming Prozessen werden verschiedenste Methoden genutzt. Es wird unterschieden zwischen analytischen (z.B. 3-R-Methode, Gender Impact Assesment - GIA, Budgetanalysen, Checklisten), pädagogischen (Gendertraining, Genderworkshop) und partizipatorischen Techniken (Think-tanks, Zukunftswerkstätten, Hearings) (vgl. Meuser/Neusüß 2004).

2. Verhältnis zu anderen geschlechterpolitischen Strategien

Gender Mainstreaming ist eine neue geschlechterpolitische Strategie, die an den vorhandenen ansetzt und sie ergänzt. Die rechtliche Gleichstellungspolitik (Antidiskriminierung) bleibt eine Basisstrategie, mit der jede Form von Benachteiligung, von Nichtbeachtung, von Ausschluss oder von Ungleichbehandlung einzelner Menschen oder Gruppen auf Grund des Geschlechts beseitigt werden soll.

Die Strategie der Frauenförderung setzt dagegen an einer anderen Stelle an. Sie geht durch die kollektive Förderung von Frauen als Zielgruppe gegen strukturelle Defizite an, entwickelt korrigierende Programme und ist eine direkte Intervention kompensatorischer Art im Interesse einer Gruppe von Frauen.

Gender Mainstreaming ist die weitreichendste Strategie, da Analysen in allen Bereichen zur Frage der Geschlechterverhältnisse vorgenommen werden. Alle Strukturen und geplanten Maßnahmen werden auf ihre Auswirkungen untersucht, auch ohne dass eine konkrete Ungleichbehandlung oder ein Defiziterlebnis von einer bestimmten Person oder Personengruppe vorliegt. Gender Mainstreaming wirkt gestaltend auf Rahmenbedingungen für die Geschlechterverhältnisse.

3. Umsetzung

Seit 1995 gibt es im Entwicklungsprogramm der Vereinten Nationen (UNDP), in der Weltbank und in der Internationalen Labor Organisation Schritte zur Umsetzung von Gender Mainstreaming (vgl. Frey 2003: 75ff.). Auf europäischer Ebene beschreibt das Vierte Aktionsprogramm zur Chancengleichheit 1995 das Prinzip des Gender Mainstreamings. Allerdings gilt Gender Mainstreaming dort hauptsächlich als beschäftigungspolitische Strategie und beschränkt sich auf die Vergabe von Mitteln aus den Sozialfonds.

In Deutschland ist Gender Mainstreaming 2006 in fast allen Geschäftsordnungen der Länder und des Bundes implementiert (vgl. Döge/Stiegler 2004). Der Deutsche Städtetag empfiehlt die Umsetzung und viele Kommunen und Landkreise haben Parlamentsbeschlüsse zur Umsetzung von Gender Mainstreaming gefasst. In einigen Gesetzen und Verordnungen wird Gender Mainstreaming verbindlich vorgeschrieben (z.B. im Hochschulrahmengesetz oder im Europaanpassungsgesetz Bau - EAG Bau), in Förderplänen wird die Umsetzung zur Pflicht für die Mittelempfänger (z.B. im Kinder- und Jugendplan des Bundes oder in den Richtlinien zur Forschungsförderung). Auch von zivilgesellschaftlichen Organisationen wie Gewerkschaften oder Verbänden wurde Gender Mainstreaming in die Satzungen aufgenommen (z.B. ver.di, Deutscher Jugendring, Deutscher Sportbund). Neue Institutionen beraten und begleiten die Umsetzung (z.B. das GenderKompetenzZentrum an der Humbold-Universität zu Berlin und das Gender-Institut Sachsen-Anhalt - G/I/S/A).

Studien- und Ausbildungsangebote zur Genderberatung und zum Gendertraining (z.B. der Zusatzstudiengang Gender-Kompetenz an der FU Berlin oder das Projekt Gender-Kompetenz an der Universität Lüneburg) schaffen Möglichkeiten, sich in diesem Gebiet professionell zu qualifizieren.

In verschiedenen Netzwerken (Gender Netzwerk NRW und Gender Mainstreaming Experts International - GMEI) und dem ersten Berufsverband (Fachverband Gender Diversity) bilden sich bundesweite Kooperationen.

Bis heute liegt jedoch keine systematische Untersuchung über das Ausmaß der Aktivitäten zur Implementierung von Gender Mainstreaming auf diesen unterschiedlichen Ebenen und in unterschiedlichen Organisationen vor. Ebenso wenig gibt es wissenschaftliche Prozessbegleitungen. Die Einführung von Gender Mainstreaming in der Bundesregierung (vgl. Sellach u.a. 2004) und in Sachsen-Anhalt (vgl. Hoffmann u.a. 2003) wurde wissenschaftlich begleitet. Diese ersten wissenschaftlichen Untersuchungen verstanden sich aber nicht als reine Forschung, sondern vielmehr als Umsetzungshilfen im Prozess der Einführung von Gender Mainstreaming. Die ForscherInnen haben die Ergebnisse anwendungsorientiert aufgearbeitet. Erste Evaluationen der Strukturförderungsmaßnahmen (vgl. Englert 2002, Pimminger 1999) ergaben eine höchst mangelhafte Umsetzung von geschlechterpolitischen Zielsetzungen.

Auch empirische Studien zum Verständnis von Gender Mainstreaming bei Hochschulleitungen (vgl. Metz-Göckel/Kamphans 2002) und in der Europäischen Kommission (vgl. Schmidt 2005) zeigen, wie unklar und wie vage das Verständnis von Gender ist. Demgegenüber gibt es im Bereich der Kinder- und Jugendhilfe viele innovative Ansätze, die auf der Einführung von Gender Mainstreaming basieren und die zu einer Aufwertung der mädchen- und jungenspezifischen Ansätze in der Jugendarbeit führen (vgl. Richter 2004).

4. Gender Mainstreaming in der kritischen Diskussion

Ob Gender Mainstreaming eine neue geschlechterpolitische Chance bietet oder ob es ein Ausdruck des derzeitigen neoliberalen politischen Wandels ist, ist Gegenstand einer heftigen feministischen Debatte. Im Folgenden werden die kritischen Einschätzungen diskutiert (vgl. Stiegler 2003).

4.1 Herkunft

Schon die Herkunft ist umstritten. Einige sehen die Wurzeln in dem unternehmensbezogenen Human Ressource Management (vgl. Schunter-Klemann 2001, Wetterer 2002). Demgegenüber verweisen Frey/Kuhl (2003) darauf, dass in dem internationalen Diskurs diese Verbindung erst sehr spät auftaucht und in den 90er Jahren die Herkunft in der internationalen Frauenpolitik selbstverständlich war. Gender Mainstreaming entstand in den Auseinandersetzungen um die Effektivität und Zielgenauigkeit der Entwicklungshilfe.

4.2 Verflachung des Genderbegriffs

Gender Mainstreaming soll geschlechtsspezifische Sichtweisen berücksichtigen und diese gleichzeitig überwinden. Wetterer (2005) spricht von einer „Redramatisierung der Geschlechterunterscheidung“. Das Suchen nach den Differenzen zwischen den Geschlechtern könne nicht dazu führen, die bestehenden Unterschiede und Ungleichheiten aufzuheben. Aus diesem Grund wird Gender Mainstreaming ein Potential der Stereotypisierung und Homogenisierung vorgeworfen. Dieses Argument verkennt jedoch, dass gesellschaftliche Ungleichheit auch über die Geschlechtszugehörigkeit hergestellt wird. Analysen betrieblicher Lohnsysteme nach Geschlecht verstärken weniger zweigeschlechtliche Deutungsmuster vielmehr zeigen sie die Lohndiskriminierung aufgrund des Geschlechts erst einmal auf.

Eine weitere Diskussion gibt es um den Stellenwert der verschiedenen geschlechterpolitischen Strategien (vgl. Stiegler 2005). Frauenpolitik, so wird befürchtet, würde durch Gender Mainstreaming geschwächt, als alt und unmodern gekennzeichnet und letztlich überflüssig. Dies ist ein konzeptionelles Missverständnis: Gender Mainstreaming ersetzt nicht als expertokratischer Ansatz die Frauenpolitik, sondern ist im Gegenteil ein Ergebnis von erfolgreicher Frauenpolitik. Aus der Einsicht in die langsamen Veränderungen in den Geschlechterverhältnissen bzw. in Kenntnisnahme auch von Rückschritten ermächtigen sich die Frauen, die Männer endlich „zum Zuhören zu zwingen“ (Hagemann-White 2001:38). Auch Auswertungen der internationalen Anwendung von Gender Budget Analysen zeigen, dass es durchaus zu einer Stärkung der Position der Frauen kommen kann, wenn eindeutige Daten vorliegen, die die finanziellen Benachteiligungen von Frauen und frauendominierten Bereichen nachweisen (vgl. Madörin 2003). Zu solchen Daten muss die Regierung sich verhalten und sie werden zum Frühwarnsystem bei Einsparungen.

In der Debatte um die Abgrenzung von Gender Mainstreaming und Diversity Management wird Gender Mainstreaming als zu eng angesehen, weil hier nur die Geschlechterfragen und nicht die anderen Diskriminierungsfaktoren wie Alter, ethnische Herkunft, Behinderung und Religion berücksichtigt werden (vgl. Döge 2004). Gender Mainstreaming als Strategie zielt in der Tat nur auf die Ungleichheiten, die in der Geschlechtszugehörigkeit gründen. Bei den Analysen der Geschlechterverhältnisse wird das Geschlecht jedoch nie in Reinform untersucht, sondern ist immer mit bestimmten anderen Merkmalen verbunden. In Genderanalysen wird deutlich, dass die herrschende Orientierung an dem weißen, jungen, heterosexuellen und erwerbstätigen Mann der Mittelschicht nicht nur die meisten Frauen, sondern auch viele Männer ausschließt. Managing Diversity ist demgegenüber eine Antidiskriminierungsstrategie. Gender erscheint hier als Humanressource und nicht als Strukturmerkmal für Analysen von Ungleichheit. Sie findet ihre Grenzen an der Profitorientierung der Unternehmen, in denen sie eingesetzt wird.

4.3 Gender Mainstreaming als neoliberale Modernisierung

Wetterer (2002) sieht Gender Mainstreaming als rhetorische Modernisierung. Dadurch, dass in der Sprache der Verwaltungsreform über Geschlechterverhältnisse geredet wird, seien frauenpolitische Zielsetzungen kaum noch in ihrem transformatorischen und Paradigmen wechselnden Charakter denkbar. Gender werde mit Effizienz und Wirtschaftlichkeit als Kriterien bürokratischer Entscheidungen verbunden und gleichgestellt. In den Organisationen werde von den feministischen Forderungen nur so viel übrig bleiben, wie in das Denken nach Effizienzkriterien passt und unter ökonomischen Gesichtspunkten machbar ist (vgl. Pühl 2003). Hofbauer u. a. (2005) analysieren Dokumente der Europäischen Kommission. Für sie ist Gender Mainstreaming Teil von neoliberaler Politik: Ungleichheiten werden privatisiert und Chancengleichheit in der Rhetorik des Wettbewerbs verhandelt.

Demgegenüber sieht Woodward (2001) Gender Mainstreaming als trojanisches Pferd, das mit dem Gebrauch der Sprache der Macht Gleichstellungsziele erreichen will. Woodward befürwortet es, nach den Master-Instrumenten zu suchen, die den Master entblößen.

Auch der Technokratie-Vorwurf wird dem Konzept gegenüber vorgebracht: Gender Mainstreaming sei eine technokratische Herangehensweise und blende die Machtfrage in der Gesellschaft und in Organisationen aus - statt dessen setze die Strategie auf Sensibilisierung, Beratung und Training (vgl. Weinbach 2001). Diese Position stimmt, wenn das Konzept isoliert betrachtet wird: Gender Mainstreaming setzt voraus, dass die „Machtfrage“ entschieden ist, da die geschlechterpolitischen Ziele bereits vor der Anwendung genau bestimmt sein müssen.

4.4 Kritik an der Umsetzung

Während sich die bisher diskutierten Kritikpunkte auf der konzeptionellen Ebene bewegen, betreffen andere die Umsetzung.

Gender Mainstreaming wird als Alibiveranstaltung bezeichnet, wenn in der politischen Realität Marginales gegendert wird, kleine Projekte zu Randthemen beispielsweise als Prototypen charakterisiert werden, während große politische Konzepte unberührt bleiben und sich dadurch der Kritik entziehen (vgl. Weg 2003). Diese Beobachtung ist richtig, wenn man z.B. die Pilotprojekte in den Bundesministerien mit den großen Reformkonzepten der Regierung vergleicht. Der hier im Großen, z.B. bei den Hartz-Gesetzen, nicht eingelöste Anspruch des Gender Mainstreaming könnte aber zur Politisierung führen. Immer mehr

Stimmen fordern genau diese Geschlechteranalysen, zu denen der Staat sich verpflichtet hat, in den Reformkonzepten.

Einklagbar ist die systematische Berücksichtigung der Geschlechterperspektive bisher nicht (vgl. Schunter-Kleemann 2001). In der Debatte um die Perspektiven für das Konzept Gender Mainstreaming wird die stärkere rechtliche Verbindlichkeit auch als ein wichtiger Faktor diskutiert (vgl. Weg 2003).

Während damit nur Mängel auf dem im Prinzip richtigen Weg aufgezeigt werden, existieren auch Beispiele für den Missbrauch des Prinzips. Das Ziel von Gender Mainstreaming kann ins Gegenteil gekehrt werden: Gender Mainstreaming führt dann nicht zur Abschaffung von Strukturen, die traditionelle Geschlechterrollen aufrechterhalten, zur Stärkung der Positionen der Frauen und Veränderung der Positionen von Männern, sondern zur Vermeidung jeder Art von Geschlechterpolitik oder zur Schwächung (autonomer) frauenpolitischer Aktivitäten. Die Abschaffung von Gleichstellungsausschüssen, die Infragestellung von Gleichstellungsbeauftragten, die Mittelkürzung für Frauenprojekte oder die Umwidmung von Mitteln, die bisher für Frauenprojekte zur Verfügung standen zu Jungen- oder Männerprojekten, diese Maßnahmen im Namen von Gender Mainstreaming sind Realität. Solche Beispiele sprechen jedoch nicht gegen das Konzept Gender Mainstreaming, sondern vielmehr für eine verstärkte Kontrolle und ein frauenpolitisches Monitoring.

5. Ausblick für die Frauen und Geschlechterforschung

In Gender Mainstreaming Prozessen entsteht ein enormer Bedarf an Wissen über Geschlechterverhältnisse für alle Bereiche: in Ökonomie, Arbeit, Politik, Gesundheit, Bildung und Kultur, Raumplanung und Ökologie. Theorien und Erkenntnisse über die Herstellung von Geschlechterverhältnissen in den verschiedenen Bereichen können das nötige kritische Bewusstsein vermitteln. Es ist eine Herausforderung für die Frauen- und Geschlechterforschung, mit den wachsenden Ansprüchen der Praxis distanziert aber produktiv umzugehen.

Ohne eine starke Frauenpolitik wäre Gender Mainstreaming nie entwickelt worden. Gender Mainstreaming ist aber kein Zaubermittel zur Herstellung der Chancengleichheit oder zur Veränderung patriarchaler Strukturen. Es ist ein anspruchsvolles Konzept und setzt einen Lernprozess für Organisationen und einen Lernprozess für Männer und Frauen voraus. Um die geschlechterpolitischen Ziele der Prozesse muss es eine demokratische Auseinandersetzung geben.

Literatur

Behning, U./Sauer, B. (Hrsg.) (2005): Was bewirkt Gender Mainstreaming? Evaluierung durch Policy-Analysen. Frankfurt/New York

Braunmühl, C. von (2002): Gender Mainstreaming: neue Konzepte - neue Chancen? In: Nohr, B./Veth, S. (Hrsg.): Gender Mainstreaming - kritische Reflexionen einer neuen Strategie. Berlin: 17-26

Budlender, D./Sharp, R./Allen, K. (1998): How to do a Gender-Sensitive Budgets Analysis. Contemporary Research and Practise. Commonwealth Secretariat. Übersetzung von Regina Frey unter (http://www.gender-budgeting.de "Instrumente" [10.10.2007])

Callenius, C. (2002): Wenn Frauenpolitik salonfähig wird, verblasst die lila Farbe. Erfahrungen mit Gender Mainstreaming im Bereich internationaler Politik. In: Bothfeld, S./Gronbach, S./Riedmüller, B. (Hrsg.): Gender Mainstreaming - eine Innovation in der Gleichstellungspolitik. Frankfurt/Main: 63-83

Döge, P./Stiegler, B. (2004): Gender Mainstreaming in Deutschland. In: Meuser, M./Neusüß, C. (Hrsg.): Gender Mainstreaming. Konzepte, Handlungsfelder, Instrumente. Bundeszentrale für politische Bildung. Bonn: 135-158

Döge, P. (2004): Managing Diversity – Von der Antidiskriminierung zur produktiven Gestaltung von Vielfalt. In: Theorie und Praxis der Sozialen Arbeit, 3. 11-16

Englert, D./Kopel. M./Ziegler, A. (2002): Gender Mainstreaming im europäischen Sozialfond – das Beispiel Deutschland, WSI Mitteilungen, 8. 451-458

Europarat (Hrsg.) (1998): Gender Mainstreaming. Konzeptioneller Rahmen, Methodologie und Beschreibung bewährter Praktiken. Strassburg

Frey, R./Kuhl, M. (2003): Wohin mit Gender Mainstreaming? Zum Für und Wider einer geschlechterpolitischen Strategie. In: gender....politik...online, (http://web.fu-berlin.de/gpo/pdf/frey_kuhl/freykuhl.pdf [10.10.2007])

Frey, R. (2003): Gender im Mainstreaming. Geschlechtertheorie und -praxis im internationalen Diskurs. Königstein/Taunus

Hagemann-White, C. (2001): Von der Gleichstellung zur Geschlechtergerechtigkeit: Das paradoxe Unterfangen, sozialen Wandel durch strategisches Handeln in der Verwaltung herbeizuführen. In: FORUM Sexualaufklärung & Familienplanung, 4. 33-38

Hofbauer, I./Ludwig, G. (2005): Gender Mainstreaming - Geschlechtergerechtigkeit limited? Eine politische Strategie auf dem Prüfstand. In: femina politica 2/2005. 32-42

Höyng, S./Lange, R. (2004): Gender Mainstreaming - ein Ansatz zur Auflösung männerbündischer Arbeits - und Organisationskultur? In: Meuser, M./Neusüß, C. (Hrsg.): Gender Mainstreaming. Konzepte, Handlungsfelder, Instrumente. Bundeszentrale für politische Bildung. Bonn: 103-122

Lüdke, D./Runge, A./Koreuber, M. (Hrsg.) (2005): Kompetenz und/oder Zuständigkeit. Zum Verhältnis von Geschlechtertheorie und Gleichstellungspraxis. Wiesbaden

Madörin, M. (2003): Gender Budget. Erfahrungen mit einer Methode des Gender Mainstreaming. In: Widersprüche, 44, 1. Halbjahr. 35-51

Metz-Göckel, S. (2002): Etikettenschwindel oder neuer Schritt im Geschlechter- und Generationenverhältnis? Zur Karriere des Gender Mainstreaming in Politik und Wissenschaft. In: Zeitschrift für Frauenforschung und Geschlechterstudien, 20, 1 +2. 11-26

Metz-Göckel, S./Kamphans, M. (2002): Gender Mainstreaming in Hochschulleitungen von NRW. Mit gebremstem Schwung und alter Skepsis. Gespräche mit der Hochschulleitung. Forschungsbericht im Auftrag des Ministeriums für Schule, Wissenschaft und Forschung des Landes NRW. Dortmund

Meuser, M./Neusüß, C. (Hrsg.) (2004): Gender Mainstreaming. Konzepte, Handlungsfelder, Instrumente. Bundeszentrale für politische Bildung. Bonn

Ministerium für Gesundheit und Soziales des Landes Sachsen-Anhalt (Hrsg.): Gender Mainstreaming in Sachsen-Anhalt. Konzepte und Erfahrungen. Opladen

Nohr, B./Veth, S. (Hrsg.) (2002): Gender Mainstreaming - kritische Reflexionen einer neuen Strategie. Berlin

Pimminger, I. (1999): Chancengleichheit im ESF. Qualitative Analyse. L&R Sozialforschung/social research. Wien

Pühl, K. (2003): Geschlechterpolitik im Neoliberalismus. In: Widersprüche, 44, 1. Halbjahr. 61-84

Richter, U. (Hrsg.) 2004: Jugendsozialarbeit im Gender Mainstream. Gute Beispiele aus der Praxis. München

Roloff, C. (Hrsg.) (2002): Personalentwicklung, Geschlechtergerechtigkeit und Qualitätsmanagement an der Hochschule. Bielefeld

Schacherl, I. (Hrsg.) (2003): Gender Mainstreaming: Kritische Reflexionen. Innsbruck

Schmidt, V. (2005): Gender Mainstreaming. An Innovation in Europe? The Institutionalisation of Gender Mainstreaming in the European Commission. Opladen

Schunter-Kleemann, S. (2001): Gender Mainstreaming - Neoliberale Horizonte eines neuen Gleichstellungskonzeptes. In: Kurswechsel, Heft 3/2001. Wien. 15-25

Schunter-Kleemann, S. (2002): Gender Mainstreaming, Workfare und „Dritte Wege“ des Neoliberalismus. In: Nohr, B./Veth, S. (Hrsg.): Gender Mainstreaming - kritische Reflexionen einer neuen Strategie. Berlin: 125-141

Sellach, B./Enders-Dragässer, U./Kuhl, M./Baer, S./Kress, B. (2004): Implementierung von Gender Mainstreaming innerhalb der Bundesregierung. (http://www.gender-mainstreaming.net/bmfsfj /generator/gm/aktuelles,did= 21390.html [10.10.2007])

Stiegler, B. (1998): Frauen im Mainstreaming. Politische Strategien und Theorien zur Geschlechterfrage. Herausgegeben vom wirtschafts- und sozialpolitischen Forschungs- und Beratungszentrum der Friedrich-Ebert-Stiftung, Abt. Arbeit und Sozialpolitik. Bonn

Stiegler, B. (2000): Wie Gender in den Mainstream kommt - Konzepte, Argumente und Praxisbeispiele zur EU-Strategie des Gender Mainstreaming. Herausgegeben vom wirtschafts- und sozialpolitischen Forschungs- und Beratungszentrum der Friedrich-Ebert-Stiftung, Abt. Arbeit und Sozialpolitik. Bonn

Stiegler, B. (2002): Gender Macht Politik. 10 Fragen und Antworten zum Konzept Gender Mainstreaming. Herausgegeben vom wirtschafts- und sozialpolitischen Forschungs- und Beratungszentrum der Friedrich-Ebert-Stiftung, Abt. Arbeit und Sozialpolitik. Bonn

Stiegler, B. (2003): Gender Mainstreaming - Postmoderner Schmusekurs oder geschlechterpolitische Chance? Argumente zur Diskussion. Herausgegeben vom wirtschafts- und sozialpolitischen Forschungs- und Beratungszentrum der Friedrich-Ebert-Stiftung, Abt. Arbeit und Sozialpolitik. Bonn

Stiegler, B. (2004): Geschlechter in Verhältnissen – Denkanstöße für die Arbeit in Gender Mainstreaming Prozessen. Herausgegeben vom wirtschafts- und sozialpolitischen Forschungs- und Beratungszentrum der Friedrich-Ebert-Stiftung, Abt. Arbeit und Sozialpolitik. Bonn

Stiegler, B. (2005): Antidiskriminierung – Erschöpfung in der Geschlechterpolitik? Herausgegeben vom wirtschafts- und sozialpolitischen Forschungs- und Beratungszentrum der Friedrich-Ebert-Stiftung, Abt. Arbeit und Sozialpolitik. Bonn

Thürmer-Rohr, C. (2001): Gleiche unter Gleichen? Kritische Fragen zu Geschlechterdemokratie und Gender Mainstreaming. In: Forum Wissenschaft, 2. 34-37

Weg, M. (2003): Gender Mainstreaming - Zukunftsstrategie für Gleichstellungspolitik. In: Schacherl, I. (Hrsg.): Gender Mainstreaming: Kritische Reflexionen. Innsbruck. 29-57

Weinbach, H. (2001): Über die Kunst, Begriffe zu fluten. In: Forum Wissenschaft, 2. 6-10

Wetterer, A. (2002): Strategien rhetorischer Modernisierung. Gender Mainstreaming, Managing Diversity und die Professionalisierung der Gender-Expertinnen. In: Zeitschrift für Frauenforschung und Geschlechterstudien, 3. 129-148

Wetterer, A. (2005): Gleichstellungspolitik und Geschlechterwissen - Facetten einer schwierigen Vermittlung. Vortag im Gender Kompetenz Zentrum am 14.02.2005, (http://db. genderkompetenz.info/w/files/gkompzpdf/gl_wetterer_gleichstellungspolitik_und_geschlechterwissen_ 140205.pdf [10.10.2007])

Woodward, A. E. (2001): Gender Mainstreaming in European Policy: Innovation or Deception? Discussion Paper FS I 01-103. Wissenschaftszentrum Berlin für Sozialforschung. Berlin

Frauenarbeit unter Männerregie oder Männerarbeit im Frauenland?

Einblicke in die Geschlechterverhältnisse sozialer Fachkräfte im Wandel Sozialer Arbeit

Claudia Wallner

Einblicke in die Geschlechterverhältnisse Sozialer Arbeit sind - das sei vorweg gesagt - hauptsächlich Einblicke in die Rolle und Positionen von Frauen. Noch nicht sehr lange, aber doch schon einige Jahrzehnte beschäftigen sich vornehmlich Frauen in der Wissenschaft mit Fragen des Verhältnisses von Frauen und Sozialer Arbeit: Insbesondere die beiden Frauenbewegungen haben hier wesentlichen Anteil, wie später zu erkennen sein wird. Die Geschichte des Mannes in der Sozialen Arbeit muss noch geschrieben werden. Er taucht immer da auf, wo die Situation von Frauen im Gegensatz zu der von Männern analysiert wurde und wird. Nachforschungen über das leitende Männer- oder Männlichkeitsbild in der Sozialen Arbeit oder über den Zusammenhang von Gesellschaftsbildern und beruflichen Positionen sind bislang kaum im Fokus der Aufmerksamkeit.

Einblicke in die Geschlechterverhältnisse Sozialer Arbeit sollen im Folgenden von den Anfängen im 19. Jahrhundert bis heute gewährt werden. Einblicke in diesem Sinne bedeutet, Lichter zu werfen auf einzelne Bereiche - das wird der Weg von der Armenfürsorge zur Kinder- und Jugendhilfe sein - und Zeitabschnitte und daraus deutlich zu machen, wie insbesondere Frauenbilder und Frauenrollen und die Stellung von Frauen in der Sozialen Arbeit zusammenhängen.

1. Vorläufer Sozialer Arbeit: Armenfürsorge

Das Wohlfahrtssystem wurde ab der zweiten Hälfte des 19. Jahrhunderts, anders als beispielsweise der Aufbau von Justiz, Militär oder Wirtschaft, von Männern und Frauen aufgebaut und verzeichnet deshalb sowohl weibliche wie männliche Prägungen.

Die staatliche Armenfürsorge war im 19. Jahrhundert ehrenamtlich organisiert und ausschließlich den Männern überlassen. Es handelte sich um eine kommunales Ehrenamt, das an den Besitz des Wahlrechts gebunden war. Das wiederum hatten Frauen bis 1918 nicht.

Frauen wurden sukzessive ab 1894 zunächst als ehrenamtliche Helferinnen in der Waisenpflege zugelassen, nachdem die ehrenamtliche Armenpflege immer stärker wegen ihrer Unzulänglichkeit zur Lösung der sozialen Probleme in die öffentliche Kritik geriet. 1901 wurden in Frankfurt/Main erste Frauen zur Überwachung von Pflegefamilien in der städtischen Verwaltung eingestellt, mit geringem Lohn und tief unten in der Verwaltungshierarchie. Es war eine kostengünstige Lösung für die Armenpflege, die in ihrer Praxis in männlicher Ehrenamtshand blieb und in der Frauen schlecht bezahlt insbesondere in Pflegefamilien Schlimmstes verhinderten und damit einen Einstieg in die Erwerbstätigkeit im sozialen Bereich erlangten.

Viel stärker beteiligt als in den staatlichen Strukturen waren Frauen dagegen im Bereich der „civil society", d. h. beim Auf- und Ausbau der freien Wohlfahrt und der Sozialen Bewegungen. Nicht-staatliche Vereine, Verbände und Stiftungen übernahmen einen großen Teil der Wohlfahrt und waren damit einflussreich im Aufbau der Sozialen Arbeit. Frauen war es hier nicht verboten mitzuwirken und auch Erwerbsarbeit nachzugehen, wenn auch zumeist in geschlechtsspezifischen Positionen. Auch die Kindergartenbewegung, die zwar von Friedrich Fröbel und damit einem Mann initiiert wurde, war von Anbeginn bis in die 70er Jahre des letzten Jahrhunderts ein rein weibliches Berufsfeld. Bei den freien und konfessionellen Trägern war es Frauen also im Gegensatz zu allen anderen gesellschaftlichen Bereichen bereits Ende des 19. Jahrhunderts möglich Einfluss zu nehmen, mitzugestalten und einer Erwerbsarbeit nachzugehen, wobei dies immer auf den jeweiligen Vorstellungen vom Geschlechtscharakter basierte (vgl. Hering 2006: 19).

2. Wie und vor allem warum alles begann:

2.1 Verelendung der Bevölkerung als Folge der Industrialisierung

Dass sich die Notwendigkeit einer Sozialen Arbeit, die über das bisherige Maß von Armenfürsorge hinausgeht, neu stellte, ist der Industrialisierung und den damit verbundenen Verarmungsfolgen geschuldet. Durch die Industrialisierung setzte sich die Trennung in Privat- und Erwerbssphäre durch und damit die Ernährerrolle des Mannes und die Reproduktionsrolle der Frau. Ehrenamtliches Engagement reichte nicht mehr aus, um die sozialen Probleme zu bewältigen. Soziale Praxis und Ausbildung entwickelten sich also aus den gesellschaftlichen Herausforderungen der Zeit.

2.2 Zur Situation von Frauen um die Jahrhundertwende

Die Industrialisierung brachte neue Berufs- und Beschäftigungsfelder hervor, die aber für Frauen größtenteils verboten waren. Berufstätigkeit war für Frauen insgesamt problematisch, weil sie nicht in das gesellschaftliche Frauenbild passte. Während Frauen aus armen Familien der Not gehorchend niederen Tätigkeiten nachgehen mussten, war die Frage der Berufstätigkeit für Frauen aus dem Mittelstand schwierig:

- Berufstätigkeit schickte sich für diese Frauen nicht;
- sie waren nur zu wenigen Berufen zugelassen;
- wer nicht entsprechend versorgend verheiratet war oder eine wohlhabende Familie im Hintergrund hatte, musste in ärmlichen Verhältnissen leben.

Für viele Frauen der Mittelschicht gab es eine Notwendigkeit zum eigenen Broterwerb wegen der prekären sozialen Lage, doch machte ihre Schichtzugehörigkeit und die damit verbundenen Zuweisungen eine Berufstätigkeit kaum möglich.

Frauen besaßen bis 1918 kein Wahlrecht, und bis 1908 war ihnen jegliche politische Betätigung verboten. Das Wahlrecht wiederum war die Voraussetzung dafür, in der ehrenamtlichen Armenpflege tätig zu werden, wodurch diese ausschließlich von Männern geleistet wurde (vgl. Riemann 1992: 32).

2.3 Die bürgerliche Frauenbewegung als Motor für die Entstehung eines neuen Berufsfelds „Sozialer Arbeit"

Die erste Frauenbewegung wurde von Louise Otto-Peters in der zweiten Hälfte des 19. Jahrhunderts gegründet. Bereits Ende der 1840er Jahre forderte sie Bildung und das Recht auf politische Partizipation für Frauen, 1865 wurde der „Allgemeine Deutsche Frauenverein" gegründet, womit die organisierte Frauenbewegung in Deutschland begann. Ziele waren einerseits die erhöhte Bildung des weiblichen Geschlechts und andererseits die Befreiung der weiblichen Arbeit von allen Hindernissen (vgl. Nave-Herz 1997: 9).

Die Frauenbewegung bestand aus unterschiedlichen Lagern: Insbesondere zu unterscheiden sind das bürgerliche Lager und das proletarisch-sozialistische Lager. Die Lager verfolgten unterschiedliche Emanzipationskonzepte und Emanzipationsstrategien: Während die Sozialistinnen gleiche Löhne, bessere Arbeitsbedingungen sowie die Umwälzung der gesellschaftlichen Eigentums- und Produktionsverhältnisse anstrebten, fokussierten die bürgerliche Frauen die Vereinbarkeit von Mutterschaft und Beruf.

Zentrale Themen der ersten Frauenbewegung waren (in Addition der Forderungen der unterschiedlichen Richtungen):

- das Recht auf Erwerbsarbeit (insbesondere für bürgerliche Frauen, denen lediglich wenige Berufsfelder wie Lehrerinnen oder Gouvernanten offen standen, unter der Bedingung ledig zu bleiben)
- gleicher Lohn für Frauen und Männer
- Mutterschutz
- Gleichstellung im Familienrecht
- das Recht auf Bildung (insbesondere Zulassung zu den Universitäten: 1900-1909 je nach Land, Habilitationsrecht 1920)
- das Recht auf politische Teilhabe und speziell das Wahlrecht.

Besonders die bürgerlichen Frauen glaubten, dass ihnen der Weg zu mehr Rechten nur über eine bessere Bildung von Frauen und damit über den Beweis, dass Frauen auch „denken" können, gelänge: Bildung - Erwerbsarbeit insbesondere Soziale Arbeit - Selbständigkeit - politische Partizipation hieß die Gedankenkette (vgl. Nave-Herz 1997: 11).

3. Die Entstehung Sozialer Arbeit als Erwerbsarbeitsfeld für Frauen

Um die Jahrhundertwende 19. zum 20. Jahrhundert begann aus der bürgerlichen Frauenbewegung heraus die Etablierung eines sozialen Berufes durch Frauen aus bürgerlichen Kreisen. Gründe hierfür waren:

- Wunsch nach ökonomischer Selbständigkeit
- Versuch, dem eigenen Dasein Sinn zu verleihen
- Eheverweigerung und damit die Notwendigkeit zur eigenen materiellen Sicherung
- Aufwertung von Frauen insgesamt und von der bis dato gesellschaftlich wenig geachteten Hausfrauenarbeit durch ihre Professionalisierung
- gesellschaftlicher Machtzuwachs durch die Etablierung und Besetzung eines neuen Berufsfeldes durch Frauen.

3.1 Geistige Mütterlichkeit

Das Leitprinzip in der Etablierung sozialer Berufe war das der *geistigen Mütterlichkeit* und damit die Verbindung von politischen, religiösen und gesellschaftlichen Reformentwürfen mit Bestrebungen nach einer Gleichstellung der Geschlechter. Mütterlichkeit in diesem Sinne beinhaltete durch Bildungs- und Berufsmöglichkeiten eröffnete Emanzipationsbestrebungen mit dem Bemühen um neue Formen einer sozialen Gemeinschaft und der Kultur. Die geistiger Mütterlichkeit unterstrich den Wert weiblicher Begabung für die Erziehung und Gemeinschaftsbildung (vgl. Schimpf 2002: 268). Geschlechterunterschiede wurden in diesem Konzept als Wesensunterschiede betrachtet. Geistige Mütterlichkeit galt als weibliche Kulturleistung. Mütterlichkeit war gleichbedeutend mit Emotionalität, Wärme, Menschlichkeit und Lebendigkeit als Garant für eine moralische und sittliche Erneuerung der Gesellschaft. Durch die Verknüpfung traditionell weiblich-mütterlicher Ideale mit der sozialpädagogischen Berufsrolle wurde die geistige Mütterlichkeit für die Berufsethik der Sozialen Arbeit bestimmend und die Geschlechterdualität für den sozialen Beruf konstituierend. „Spezifisch weibliche Fähigkeiten" wurden zu Qualifikationsmerkmalen.

Als Ziele des Konzeptes der geistigen Mütterlichkeit gelten die Befreiung der Frau aus der Benachteiligung in der bürgerlichen Gesellschaft sowie die Forderung danach, dass Frauen und Männer in gegenseitiger, gleichwertiger Ergänzung eine Einheit in der Gesellschaft bilden. Als ein wichtiges Ziel gilt darüber hinaus die Übertragung familialer Aufgaben wie Sorge und Pflege auf gesellschaftliche Bereiche (Ziele formuliert nach Gertrud Bäumer, vgl. Schimpf 2002: 268).

Das Konzept der geistigen Mütterlichkeit verharrte somit einerseits in dem damaligen Frauenbild und manifestierte damit Geschlechterdualismen, andererseits steigerte es den Wert der „Frauenarbeit". Gleichzeitig manifestierte dieses Konzept die Position von Frauen in dem sich entwickelnden neuen Erwerbsarbeitsfeld. Das Konzept wies den Frauen die praktische Arbeit zu und war nicht geeignet, leitende oder verwaltende Arbeiten zu begründen oder erst in den Blick zu nehmen als mögliche Betätigungsfelder für Frauen. Hier liegt der Grundstein der Geschlechterverteilung in der Sozialen Arbeit, dessen Folgen bis heute deutlich zu sehen sind.

3.2 Die Gründung der Sozialen Frauenschulen

Vorläuferin der Sozialen Frauenschulen war die Gründung der „Mädchen- und Frauengruppen für soziale Hilfsarbeit" durch Alice Salomon im Jahr 1893. 1899/1900 initiierte sie den ersten Jahreskurs zur Ausbildung für eine Berufsarbeit in der Wohlfahrtspflege. Die erste Soziale Frauenschule zur Ausbildung zur „sozialen Arbeiterin" wurde von Alice Salomon 1908 in Berlin gegründet. Zwar wurden bereits 1904 und 1905 christliche Frauenschulen gegründet und damit wenige Jahre vor der von Alice Salomon, doch boten diese zunächst lediglich

Jahreskurse an. Die erste, die eine tatsächliche zweijährige Berufsausbildung anbot, war dann die Soziale Frauenschule von Alice Salomon in Berlin.

Alice Salomon wollte Frauen ausbilden, da sie eine Ausbildung für die Soziale Arbeit in einem neuen Verständnis von sozialer Gerechtigkeit und Fürsorge statt Armenpflege für absolut notwendig hielt. Jedoch ließ sie sich von ihren eigenen bürgerlichen Wurzeln leiten und trat dafür ein, dass diese Arbeit von höheren Töchtern ehrenamtlich geleistet werden sollte. Ihr ging es um die Erlösung der höheren Töchter aus dem Zustand des Nichtstuns, und die Soziale Arbeit sollte aus ihrer Sicht nicht als Erwerbsarbeit fehl verstanden werden. Die materielle Not vieler bürgerlicher Frauen und ihr Wunsch nach Unabhängigkeit und Selbständigkeit blieben ihr fremd. Es ging nicht um die erwerbstätige Wohlfahrtspflegerin, sondern um die gutbürgerliche Tochter, die gut qualifiziert, aber ehrenamtlich, der Sozialen Arbeit einen fachlichen Schub geben und Frauen auf der Grundlage ihrer spezifischen Qualifikationen Möglichkeiten eröffnen sollte, gesellschaftliche Pflichten zu erfüllen.

Die Sozialen Frauenschulen entwickelten eine Berufsethik für die Mütterlichkeit als Beruf und etablierten damit die Soziale Arbeit als Frauenberuf (vgl. Zeller 1992: 42).

4. Der Ausbau der Frauenbeteiligung in der Sozialen Arbeit im 1. Weltkrieg

Der Krieg führte zum Ausbau der Fürsorgearbeit: Immer größere Teile der Bevölkerung litten Not, quer durch alle Schichten. Die Arbeitslosigkeit stieg, Wohnungen und Nahrung waren für Viele nicht mehr zu bezahlen. Vorstandsvertreterinnen des Bundes Deutscher Frauenvereine (BDF gegründet 1894) wie Alice Salomon und Gertrud Bäumer bauten den „Nationalen Frauendienst“ auf (gegründet 1914 von Bäumer). Damit wurde in den öffentlichen Verwaltungen ein Gesamtkomplex sozialer Dienstleistungen errichtet, der von Frauen ehrenamtlich bewältigt wurde. In diesem Kontext wurde die fachliche Qualifizierung Sozialer Arbeit forciert und damit auch der Ausbau der Sozialen Frauenschulen. Zwischen 1916 und 1918 wurden 13 neue Schulen gegründet, und 1922 existierten 22 Frauenschulen. Die Ausbildung zur bezahlten Wohlfahrtspflegerin an den Sozialen Frauenschulen gewann für viele gutbürgerliche Frauen im 1. Weltkrieg an Bedeutung, da immer größere Anteile dieser Frauen darauf angewiesen waren, ihren Lebensunterhalt zu finanzieren. Zudem gewährleisteten die Frauenschulen, dass die Wohlfahrtspflegerinnen gut qualifiziert wurden und der wachsende Bedarf an ausgebildeten Kräften nach dem 1. Weltkrieg befriedigt werden konnte. Frauen eroberten nun auch den Erwerbsarbeitsanteil der Sozialen Arbeit, und die Kriegszeit hatte zur Professionalisierung Sozialer Arbeit beigetragen (vgl. Fesel 1992: 25).

Alice Salomon war es um die Bildung von Mädchen und Frauen gegangen und darum, die besonderen Fähigkeiten der Frau auch außerhalb der Familie der Gesellschaft im Ehrenamt zugute kommen zu lassen. Das Konzept der Sozialen Frauenschulen war in erster Linie auf die Erlangung von Allgemeinbildung ausgerichtet und hatte zusätzlich qualifizierende Anteile für das Berufsfeld der Sozialen Arbeit. Eine Qualifikation für eine bezahlte Berufstätigkeit wurde zunächst nicht angestrebt. Tatsächlich aber wurden die Sozialen Frauenschulen immer mehr zu Ausbildungseinrichtungen für Bürgerinnen zur Vorbereitung und Qualifikation auf eine Erwerbsarbeit.

5. Weimarer Republik und das Interesse von Männern an der Sozialen Arbeit

Nach Kriegsende erhielten die Frauen im November 1918 das Wahlrecht. Die Weimarer Verfassung schrieb erstmals gleiche Rechte und Pflichten für Männer und Frauen fest.

Die Sozialen Frauenschulen etablierten sich zu Wohlfahrtsschulen mit berufsbezogener Ausrichtung. Bedingt durch den Arbeitskräftebedarf wurden nun neben den bürgerlichen Töchtern zunehmend auch Mädchen und junge Frauen aus der Arbeiterschicht ausgebildet. Die Ausbildung wurde ab 1920 auf drei Jahre verlängert (2 Jahre Theorie, ein Jahr Praxis), die Ausbildungsinhalte wurden von der Allgemeinbildung zur Berufsbildung verschoben und damit ein weiterer Schritt hin zur Ausbildung von Erwerbsarbeitskräften vollzogen.

In Hamburg versuchte Gertrud Bäumer bereits 1917, die Gründung einer Sozialen Frauenschule mit der Eröffnung eines Sozialpädagogischen Instituts zu koppeln, in dem wissenschaftliche Lehrerinnen für die Lehre an den Frauenschulen ausgebildet werden sollten und Frauenschulabsolventinnen zusätzlich eine Aufbauausbildung in Verwaltungsarbeit absolvieren konnten. Das Institut musste 1921 wieder aufgegeben werden. Damit verschwand die Chance, eine explizite und eigenständige wissenschaftliche Qualifikation für Frauen in der Sozialen Arbeit aufzubauen (vgl. Fesel 1992: 29).

1925 gründete Alice Salomon die „Deutsche Akademie für soziale und pädagogische Frauenarbeit“ in Berlin, angeschlossen an die Soziale Frauenschule, die sie 1908 eröffnet hatte und die sie seitdem leitete. Hier sollten Frauen für Leitungsfunktionen in den öffentlichen Verwaltungen ausgebildet werden, um der neuen Arbeitsteilung zwischen den Geschlechtern - Männern in leitenden Verwaltungspositionen, Frauen in der Praxis der Fürsorge - entgegenzuwirken.

U. a. richtete die Akademie eine Forschungsabteilung ein, um die besonderen Erfahrungen und Einsichten der Frau in Familie, Beruf und öffentlichem Leben auszuwerten (vgl. Witt o. J.).

Die hohe Arbeitslosigkeit und Armut förderten nach dem Krieg das Interesse auch von Männern an sozialen Berufen: Ökonomische Unsicherheiten sowie das Scheitern an einer bürgerlichen Berufskarriere und auch die Erfahrungen in der Jugendbewegung ließen das Interesse von Männern an sozialen Berufen steigen. Parallel wuchs gesellschaftlich die Bedeutung sozialpädagogischer Tätigkeiten.

Und noch einen weiteren Aspekt gilt es festzuhalten: War der Zugang zur Ausbildung für einen sozialen Beruf über Jahrzehnte hinweg fast ausschließlich nur Frauen gestattet, so wurde Männern während der Weimarer Zeit der Zugang zu den Wohlfahrtsschulen gestattet, um einen Abschluss als "Wohlfahrtspfleger" zu erwerben (vgl. Amthor 2003: 6). Offiziell wurden sie ab 1927 zugelassen, de facto war dieser Erlass jedoch die Antwort auf die Praxis, in der mit Sondergenehmigungen bereits Jahre früher Männer die Sozialen Frauenschulen absolvierten. 1925 wurde die erste Ausbildungsstätte für Männer als Wohlfahrtsschule eröffnet (Seminar für Jugendwohlfahrt an der Hochschule für Politik in Berlin).

5.1 Leitprinzip

In der dualistischen Sichtweise der Geschlechterverhältnisse war es kaum möglich, dass auch Männer in der Fürsorgearbeit dem Prinzip der *geistigen Mütterlichkeit* folgten, da dies an die Frau gebunden war. *Väterlichkeit* als äquivalentes Prinzip wurde als onkelhaft und peinlich (vgl. Nohl 1926: 21) abgelehnt. Stattdessen wurden für den Mann *Hilfsbereitschaft und Ritterlichkeit* zum Leitbild erklärt.

Die Einbettung zunehmenden männlichen Interesses an der Sozialen Arbeit in ein patriarchales Gesellschaftssystem im Allgemeinen und in die Definition der Frauen bezüglich der differenzbedingten Wesensunterschiede von Frauen und Männern in den Anfängen Sozialer Arbeit führte dazu, dass Männern entsprechend eigene, männliche Eigenschaften in diesem Berufsfeld zugeschrieben und die gesellschaftlichen Zuschreibungen übertragen wurden. Der Mann als Beschützer mit der Fähigkeit zu abstrahieren, zu leiten, zu ordnen und zu verwalten war entsprechend eher für leitende, klientelfernere und verwaltende Tätigkeiten geeignet.

Männer arbeiteten in den Verwaltungen im Innendienst als Beamte, Frauen ausschließlich im Außendienst als weisungsgebundene Fürsorgerinnen. Zwischen beiden Gruppen bestanden Konkurrenzen: Die Verwaltungsbeamten standen in der Hierarchie und damit in der Machtbefugnis und dem Einkommen höher, während die Fürsorgerinnen bezüglich ihrer gesellschaftlichen Herkunft als gehobene Bürgertöchter höher standen, was das Verhältnis zusätzlich erschwerte. Die Männer schalteten, die Frauen führten die Aufgaben in der Praxis aus und fanden sich - schlecht bezahlt und kaum anerkannt - im Spannungsfeld von staatlicher Kontrolle und mütterlicher Fürsorge in ihrem Aufgabenfeld wieder.

Mütterlichkeit auf der Frauen- und Männlichkeit auf der Männerseite als Zuschreibungen führten also umgehend dazu, dass geschlechtsspezifische und geschlechtshierarchische Strukturen im sozialen Bereich manifestiert wurden. Männer machten Wohlfahrtspolitik, Frauen Wohlfahrtspflege; Männer waren verheiratet, Frauen mehrheitlich nicht - *Sozialpädagogik entwickelte sich zu einem „Frauenberuf in Männerregie"* (Schimpf 2002: 271).

6. Soziale Arbeit im Nationalsozialismus als weibliche Berufs- und Karrieremöglichkeit

1933 wird die „Deutsche Akademie für soziale und pädagogische Frauenarbeit" durch ihren Vorstand geschlossen, um die Übernahme durch die Nationalsozialisten zu verhindern. Alle Unterlagen wurden vernichtet, so dass das forscherische Lebenswerk Alice Salomons nahezu zerstört wurde (vgl. Witt o. J.).

Aus der Fürsorge wurde die Volkswohlfahrt, und die Ausrichtung der so modifizierten Sozialen Arbeit veränderte sich im Nationalsozialismus schnell und grundlegend. Die soziale Berufsausbildung orientierte sich am arischen, erbgesunden Menschen, die Schülerinnen und Schüler wurden zur Selektion und später zur „Ausmerze" von „lebensunwertem Leben" ausgebildet. Die Arbeitsplätze im Fürsorgebereich wurden erheblich aufgestockt, was mehr Erwerbsarbeit gerade für Frauen bedeutete. Grund hierfür war das Ziel, über die Volkswohlfahrt Kontrolle und Selektion nach innen durchführen zu können.

Was die Aufgabe und Funktion von Frauen in der Gesellschaft aber auch in der Sozialen Arbeit anging, so knüpfte der Nationalsozialismus ideologisch an Theoreme u. a. der bürgerlichen Frauenbewegung an. Das faschistische Frauenbild ähnelte dem der bürgerlichen Frauenbewegung durchaus, ohne dass dies rückwirkend bedeuten soll, dass die bürgerliche Frauenbewegung faschistisch war. Die Annahme der *besonderen Natur der Frau*, die der bürgerlichen Frauenbewegung zur Begründung für die sozialarbeiterischen Fähigkeiten der Frau gedient hatte, wurde vom Nationalsozialismus geteilt (vgl. Labonté-Roset 1992: 56). Unterschiedlich war hingegen, dass im Nationalsozialismus Frauen diese Fähigkeiten an erster Stelle in der eigenen Familie ausüben sollten. Weibliche

Berufstätigkeit wurde nur in speziellen Berufsfeldern und hier reduziert auf die Mütterlichkeit befürwortet. Frauen wurden aus leitenden Positionen in der Sozialen Arbeit wieder herausgedrängt und auf das Fürsorgerische in den Familien reduziert. Die Fürsorge wurde unter das Postulat der „Erb- und Rassenpflege" gestellt, die Fürsorgerinnen wurden verantwortlich für die Bewahrung der Rasse und dem Gesundheitsamt unterstellt.

Das Bildungsniveau in der fürsorgerischen Ausbildung für Frauen wurde abgesenkt: Praxis statt Wissenschaft lautete die Devise. Es ging nicht länger darum, Frauen Zugang zu geistiger Bildung und theoretischen Fachkenntnissen zu verschaffen, sondern darum, Frauen herauszubilden, die ihren Beitrag zur Erhaltung der gesunden deutschen Familie leisten (vgl. Baron 1992: 63f.). Die Lehrinhalte an den Sozialen Frauenfachschulen veränderten sich entsprechend: weniger Sozialrecht, -politik, Psychologie und Pädagogik, mehr Rassen- und Erblehre, Brauchtumslehre und Lehre über die „gesunde Familie". In den späten 30er Jahren wurden - dem gestiegenen Bedarf geschuldet - weitere Ausbildungsstätten gegründet. Angeboten wurden Kurzlehrgänge zur Erlangung des Berufsabschlusses. Die staatliche Anerkennung wurde zunehmend auch Ehrenamtlichen ohne Ausbildung verliehen, wodurch die mühsam errungenen Standards der Ausbildung verloren gingen (vgl. Kruse 2004: 53). Die Identität des Fürsorgeberufs wurde zerstört, der Beruf entprofessionalisiert.

Das so veränderte Berufsbild beinhaltete in der Realität auch die Denunziation von so genannten „Asozialen" oder „sozial Schwachen", Alkoholikern oder Menschen verschiedenster Behinderungen gegenüber den Behörden und der Partei, was durchaus zu Zwangssterilisation, Deportation und Tod der jeweiligen Menschen führen konnte. Die Volkswohlfahrt und mithin ihre Mitarbeiterinnen waren aktiv beteiligt an der Umsetzung der menschenverachtenden Selektionspolitik der Nationalsozialisten. Von den ursprünglichen Ideen der bürgerlichen Frauenbewegung bezüglich der Sozialen Arbeit und ihrer Funktion für Frauen war nicht mehr viel übrig geblieben am Ende der nationalsozialistischen Herrschaft. Und was die Frauen(-bewegung) und ihre Sicht des weiblichen Beitrags für die Gesellschaft anging, so zeigte die Beteiligung von Fürsorgerinnen an „Auslese" und Verrat auf das Grausamste und deutlich, dass die Ausgangstheorie vom besseren, sorgenden und bewahrenden, grundsätzlich friedvollen und humanen weiblichen Wesen absurd war. Frauen, so zeigte die Rolle von Fürsorgerinnen im Nationalsozialismus, sind weder die besseren Menschen noch deshalb besonders für die Soziale Arbeit geeignet, weil sie das Gute, das Reine in sich haben.

7. Frauen in der Sozialen Arbeit der BRD: die klassische Rollenverteilung geht weiter ...

Fachliche Diskussionen um die Weiterentwicklung der Sozialen Arbeit wurden in den 50er Jahren wieder aufgenommen, jedoch ohne Rückgriff auf die Entwicklungen in der Weimarer Republik, was einen Verlust insbesondere des Frauenwissens bedeutete. So wurden beispielsweise die von Alice Salomon formulierten Grundlagen für das fürsorgerische Handeln kaum noch zur Kenntnis genommen und andere Wege eingeschlagen. In den Professionalisierungsdebatten der 60er Jahre wurden die ehedem federführenden Frauen abgedrängt aus der theoretischen Konzeptentwicklung in die Praxis.

7.1 Die Kategorie Geschlecht wird aus dem Bewusstsein Sozialer Arbeit entfernt

„Die Kategorie Geschlecht verschwand aus der Fachdiskussion und jeglicher gesonderte oder besondere geschlechtsspezifische Blick in Theorie, Ausbildung und Praxis der Sozialen Arbeit galt als rückständig. Praxis- und Theoriediskussionen wurden geschlechtsneutral geführt, und die geschlechtsneutrale Fachkraft fand in männlicher Berufsbezeichnung (...) ihren Ausdruck." (Schimpf 2002: 274). Karin Windaus-Walser (1991) begründet diese Geschlechtsneutralisierung mit der Rolle von Fürsorgerinnen im Nationalsozialismus, wenn sie schreibt, dass versucht wurde, „die mystifizierenden Mütterlichkeitskonzepte der sozialen Frauenbewegung, die sich im Nationalsozialismus in tödlicher Konsequenz ad absurdum geführt hatten, durch eine kühle und wissenschaftlich untermauerte, geschlechtsneutrale Profession zu überwinden." (Windaus-Walser 1991: 105).

War sprachlich bis dato explizit von Fürsorgerinnen und Sozialarbeiterinnen die Rede, so wurde 1961 die männliche Form für beide Geschlechter als „neutrale Berufsbezeichnung" eingeführt. Frauen wurden sprachlich nicht mehr erwähnt, sondern unter dem vermeintlich übergreifenden männlichen Sprachgebrauch subsumiert.

7.2 Die Lehre wird männlich, die StudentInnen bleiben mehrheitlich weiblich

Neben der Sprache wurden Frauen auch aus der Ausbildung Sozialer Arbeit zurückgedrängt: Die Geschlechterverhältnisse veränderten sich an den Sozialen Frauenschulen und Wohlfahrtsschulen, die den nationalsozialistischen Staat und den zweiten Weltkrieg überlebt hatten. Lehrende Frauen waren prägend für die Entwicklung der Berufsidentität der Schülerinnen und Schüler und nahmen diese Rolle auch bewusst wahr. Gleichzeitig stieg der Anteil männlicher Ausbilder und Schüler parallel zur zunehmenden Wissenschaftlichkeit der Lehrinhalte (Ende der 60er Jahre lag der Männeranteil bei einem Drittel).

Diese Tendenz manifestierte sich weiter, als die Fachschulen in den Hochschulbereich eingebunden wurden und in Fachhochschulen für Sozialarbeit/Sozialpädagogik übergingen. Während die Studierenden zu zwei Dritteln weiblich waren, waren die Lehrenden nur zu einem Drittel weiblich. Geschlechterthemen, insbesondere das erhebliche Übergewicht von Frauen in der Sozialen Arbeit, wurden in Lehre und Wissenschaft nicht reflektiert zugunsten des neutralen Sozialarbeiters, der in der männlichen Sprachform daher kam.

Die Soziale Arbeit nahm weder in der Theorie, noch in der Lehre, der Verwaltung, der Politik oder der Praxis die Fäden zu ihren weiblichen Wurzeln wieder auf.

7.3 Die Reformbestrebungen der Siebziger kommen ohne den Geschlechterblick aus

Auch die vielfältigen Reformbestrebungen innerhalb der Sozialen Arbeit in den 70er Jahren folgten diesem Weg: So hatten Jugendzentrumsbewegung und Heimrevolten zunächst ausschließlich Jungen im Visier, doch nannten sie diese „Jugendliche“ und verdeckten damit die Realität. Die Einführung der Koedukation in Bildung und Jugendhilfe verstärkte diese Neutralisierung bis hin zur erneuten faktischen Ausgrenzung von Mädchen auf anderer Ebene, die von nun an immer als „auch eingeladen“ oder „mitgedacht“ galten, de facto aber nicht im Blick waren und nur schwer erreicht wurden.

Dass Männer in der Sozialen Arbeit in der Lehre und in leitenden Funktionen bei Verbänden und Verwaltungen sowie in der Politik und Frauen in der Praxis zu finden waren - ähnlich der Aufteilung, wie sie schon in der Weimarer Republik ihren Anfang genommen hatte, wurde im Feld nicht diskutiert, sondern als offenbar gegeben hingenommen. Dass die These der ersten Frauenbewegung von der angeborenen geistigen Mütterlichkeit und ihre Ausnutzung im Nationalsozialismus niemals diskutiert wurde, führte offenbar dazu, dass sich die Aufgabenverteilungen zwischen den Geschlechtern scheinbar naturgegeben weiterentwickelten. Und so blieb es bei einer Geschlechterverteilung, die bereits in den Anfängen und durch die gesamte Entwicklungszeit Sozialer Arbeit Bestand hatte: Frauen bildeten die Mehrheit, waren dabei aber randständig und abgehängt von Diskussionen um die Weiterentwicklung der Profession und von politischen Entscheidungskompetenzen.

7.4 Die Kritik aus der zweiten deutschen Frauenbewegung heraus veröffentlicht Ende der 70er Jahre die Geschlechterverhältnisse insbesondere in der Jugendhilfe

Erst die Zweite Frauenbewegung durchbrach dieses Kapitel der stummen Verdrängung von Frauen aus der Mitte der Sozialen Arbeit, indem sie die Rolle der Sozialarbeiterin insbesondere in der Jugendarbeit kritisierte als ungewollte Gefühlsarbeit, als Zuweisung von Männern an Frauen sich um das emotionale Wohl der Klientel zu kümmern und sich nicht in administrative und konzeptionelle Debatten einzumischen. Heiß diskutiert wurde, ob Gefühlsarbeit professionelle Arbeit sei, ob Frauen akzeptieren sollten, dass sie in der Sozialen Arbeit für die Gefühlsarbeit zuständig seien und welche Kluften sich dann zwischen der professionellen Reproduktionsarbeit von Sozialarbeiterinnen und der privaten der Frauen in ihren Familien auftun würden und was diese Kluft wiederum für die Frauensolidarität bedeute (vgl. Sozialwissenschaftliche Forschung und Praxis für Frauen e.V. 1979: 7). Gestellt wurde die Frage, ob die Sozialarbeiterin die weiblichste Frau sei, da sie privat wie beruflich in ihren „weiblichen Fähigkeiten“ gefragt sei. Feministische Sozialarbeiterinnen kritisierten die Rollenverteilungen in der Sozialen Arbeit und forderten Männer auf, sich auch an der Gefühlsarbeit zu beteiligen.

Die sich aus der Frauenbewegung heraus entwickelnde Frauenforschung untersuchte ab den 80er Jahren die Situation von Sozialarbeiterinnen aber auch die von Mädchen - gesamtgesellschaftlich und in der Jugendhilfe - und deckte geschlechtstypische Zuweisungen und das Abdrängen von Frauen und Mädchen zu Randgruppen auf. Der sechste Jugendbericht legte erstmals dezidiert offen, wie umfassend die Benachteiligung von Mädchen in der BRD war.

7.5 Feministische Bestrebungen beziehen sich zusehends auf die Klientel

Anschließend an die Diskussionen der Frauenbewegung und ausgelöst durch den sechsten Jugendbericht kam die Jugendhilfe nicht vorbei und musste sich der „Frauenfrage“ nach Jahrzehnten der Abstinenz wieder zuwenden, zumal in Folge der feministischen Diskussionen ein neuer Ansatz feministischer Mädchenarbeit Einzug hielt insbesondere in die Jugendarbeit (vgl. Wallner 2006). Allerdings konzentrierte sich die Debatte nach kurzer Zeit auf die Situation der Klientel, und die Geschlechterfrage um die Verhältnisse unter den Professionellen ebbte auch unter den Frauen wieder ab. Ebenfalls gelang es nicht, die „Frauenfrage“ in die Mitte sozialarbeiterischer Diskussionen zu tragen. Geführt wurde sie unter engagierten Frauen bei Gleichgültigkeit oder Widerstand durch die übrige Jugendhilfe.

Die Frauenforschung beschäftigte u.a. die Frage nach Theorien der Geschlechterverhältnisse. Diskutiert wurde, ob Frauen und Männer grundsätzlich gleich oder verschieden seien und wie auf dem Hintergrund der jeweiligen Annahme Maßnahmen zur Gleichstellung aussehen müssten. Damit wurde die Ausgangsanalyse der bürgerlichen Frauenbewegung, dass Frauen ein ihnen eigenes Wesen hätten, in der Forschung wieder aufgenommen und diskutiert.

7.6 Die Geschlechterfrage hält Einzug ins Gesetz

1990/91 wurde der Auftrag zur Beachtung der geschlechtsspezifischen Unterschiede von Mädchen und Jungen und der Auftrag zur Förderung der Gleichberechtigung im neuen Kinder- und Jugendhilfegesetz (§ 9,3 SGB XIII) rechtlich verankert und damit die Geschlechterfrage in der Kinder- und Jugendhilfe grundsätzlich festgeschrieben. Darüber hinaus erfolgte ein weiterer Ausbau von Angeboten für Mädchen und sukzessive und in geringem Umfang von Angeboten für Jungen. Sozialarbeiterinnen vernetzten sich und kämpften gemeinsam für die Rechte von Mädchen. Die Reflexion ihrer eigenen Situation als Frauen in der Sozialen Arbeit blieb dabei weitgehend auf die Situation als Mädchenarbeiterin beschränkt. Außerdem wurde die Geschlechterfrage weiterhin weitgehend auf Mädchen bezogen. Jungen bildeten den Mainstream, Mädchen waren die mit Geschlecht und damit die anderen, die Problemgruppe. Die alte patriarchale Gleichung Mensch = Mann, Frau = die Abweichung galt weiter.

7.7 Gender Mainstreaming öffnet den Blick auf die Geschlechterverhältnisse

Erst die politische Strategie des Gender Mainstreaming, gekoppelt mit der Öffnung der Frauenforschung zur Genderforschung und damit zur Fokussierung der Geschlechterverhältnisse, rückt seit der Jahrtausendwende die Frage nach Geschlechterverteilungen und -hierarchien innerhalb der Sozialen Arbeit in den Fokus der Diskussion. Gender Mainstreaming verweist darauf, dass nicht nur die Praxis, sondern auch die Organisations- und Personalebene gleichstellungsorientiert ausgerichtet werden müssen, soll Gleichstellung in einem System hergestellt werden. Damit kommen erstmals wieder die Hierarchieverhältnisse und die Aufgabenverteilungen zwischen Männern und Frauen in der Sozialen Arbeit in den Blick.

Erstes Fazit: Es hat sich nicht viel verändert in den Geschlechterverhältnissen: Männer leiten und machen Politik, Frauen sind in der Praxis zu finden. Waren 1974 84% der in der Jugendhilfe Beschäftigten weiblich, sind es heute 87% - die Kinder- und Jugendhilfe ist eine Frauendomäne. In der Kindertagesbetreuung sind 96% Mitarbeiterinnen, und 95% der Leitungen sind in Frauenhand. Exklusive der Kindertagesbetreuung liegt der Frauenanteil in den übrigen Jugendhilfefeldern bei 68%, ihr Anteil an Leitungen bei 45%; d.h. während fast 70% der Beschäftigten hier weiblich sind, verfügen sie lediglich über 45% Leitungskompetenz. Zudem kann festgehalten werden, je älter die Klientel wird, um so höher ist der Männeranteil in den Arbeitsfeldern: in der Jugendarbeit liegt er bei knapp 43% und in der Jugendsozialarbeit bei 39% (vgl. Arbeitsstelle Kinder- und Jugendhilfestatistik 2007).

Ist die Soziale Arbeit nun also Frauenarbeit unter Männerregie oder Männerarbeit im Frauenland? Diese Frage lässt sich auf der Grundlage der Entwicklungsgeschichte und der heutigen Verteilung durchaus beantworten: Soziale Arbeit ist immer noch weitgehend Frauenarbeit unter Männerregie. Erschreckend, wie wenig sich statistisch gesehen im Geschlechterverhältnis in den vergangenen 30 Jahren getan hat. Hoffnungsvoll macht aber, dass die aktuellen Entwicklungen um Genderforschung und Gender Mainstreaming sukzessive dazu führen, die Frage nach Geschlechtergerechtigkeit und nach den Aufgaben der Geschlechter in der Sozialen Arbeit ins Zentrum der Diskussionen zu leiten und sie damit aus der Nische feministischer Kontexte zu „befreien“, wo sie im Übrigen ja auch kaum geführt wurden und werden. Die Geschlechterverhältnisse in der Sozialen Arbeit zu analysieren und ein gleichberechtigtes Miteinander herzustellen, erfordert nicht nur, sich mit den aktuellen Verteilungen zu beschäftigen und politische Maßnahmen zur Umverteilung zu ergreifen. Es erfordert darüber hinaus, die Geschlechtergeschichten in der Entwicklung Sozialer Arbeit aufzuarbeiten und zu diskutieren: Über die Rolle von Männern im Spiegel der Zeit wurde bislang noch kaum geforscht, und was die Frauen angeht, so bedarf es einer Aufarbeitung des Ansatzes der geistigen Mütterlichkeit und seiner Folgen in den verschiedenen Geschichtsepochen bis heute sowie einer Neupositionierung: Wenn die geistige Mütterlichkeit als geschlechtsspezifisches Leitbild ausgedient hat, welches tritt dann an ihre Stelle? Und brauchen und wollen wir heute noch geschlechtsspezifische Leitbilder, oder sollten wir eher am Abbau geschlechtsspezifischer Zuweisungen arbeiten?

Entwickelt werden muss ein gemeinsames Verständnis darüber,

- warum Geschlechterverteilungen so sind, wie sie sind und offenbar schon lange Zeit waren,
- warum sich diese Geschlechterverhältnisse manifestiert haben,

- welchen Gewinn und welche Einschränkungen wer dadurch hinzunehmen hatte,
- was diese Geschlechterverteilung für die Entwicklung Sozialer Arbeit bedeutete und bedeutet,
- wie die Geschlechterverteilung bewertet wird,
- wie die Geschlechterverteilung zukünftig aussehen soll und
- welche Wege zur Erreichung dieses Ziels begangen werden müssen.

Das Bild, dass Männer leiten, während Frauen sich in der Praxis tummeln und dass ein Heer von Frauen sich von wenigen Männern dirigieren ließe, ist zu grobkörnig. Ebenso wenig stimmt, dass die Verhältnisse gleichberechtigt seien und Frauen und Männer in der Sozialen Arbeit gleiche Zugänge, Chancen und Aufgaben hätten. Unzulänglich beantwortet ist die Frage: Welchen spezifischen Beitrag haben Frauen an der Entwicklung geleistet, welchen Männer? Hier gilt es auch, die schmerzhaften Seiten aufzudecken. Was für Erkenntnisse können wir für eine gleichberechtigte Entwicklung Sozialer Arbeit daraus ziehen?

Es gibt deutlich geschlechtsspezifische, patriarchale Geschlechtermuster auch in der Sozialen Arbeit. Diese zu beseitigen erfordert, sich mit der Geschichte der Sozialen Arbeit aus der Sicht der Beteiligung beider Geschlechter auseinander zu setzen. Und es erfordert, dass sich im Mainstream, im Zentrum der Sozialen Arbeit mit diesen Fragen auseinander gesetzt wird und nicht in ausgegliederten Bereichen. Sonst wird sich an den immer noch sehr wirksamen und durchaus klassischen Geschlechterbildern und -hierarchien in der Sozialen Arbeit kaum etwas ändern. Und die Wahrnehmung junger Sozialarbeiterinnen, nicht benachteiligt zu sein oder alle Möglichkeiten zu haben, die Männer auch haben, wird eine subjektive Wahrnehmung bleiben, die der Realität der Geschlechterverhältnisse nicht entspricht. Es ist Zeit für einen Geschlechterdiskurs im Zentrum von Forschung, Lehre, Praxis und Politik und aus ihm heraus für eine Neubestimmung der Geschlechterverhältnisse.

Literatur:

Amthor, R.C. (2003): „Die Geschichte der Erzieherin in größeren Zusammenhängen verstehen“ - Zur Entwicklung der Berufsausbildung in der Sozialen Arbeit. (http://www.kindergartenpaedagogik.de/1149.html [05.09.2007])

Arbeitsstelle Kinder- und Jugendhilfestatistik (2007): Personal in der Kinder- und Jugendhilfe nach ausgewählten Merkmalen. (http://www.akjstat.uni-dortmund.de/akj/tabellen/standardtabellen/perso 29.pdf [11.11.2007])

Baron, R. (1992): Barbarische Mütterlichkeit; Auswirkungen der nationalsozialistischen Volkspflegevorstellungen auf den sozialen Frauenberuf. In: Fesel, V./Rose, B./Simmel, M. (Hrsg.): Sozialarbeit - ein deutscher Frauenberuf. Pfaffenweiler: 62-72

Fendrich, S./Fuchs-Rechlin, K./Pothmann, J./Schilling, M. (2006): Ohne Männer? Verteilung der Geschlechter in der Kinder- und Jugendhilfe. In: DJI Bulletin 75, 2/2006. 14-17

Fesel, V. (1992): „Die soziale Frage bewegt die bürgerlichen Männer, die Soziale Arbeit die bürgerlichen Frauen". In: Fesel, V./Rose, B./Simmel, M. (Hrsg.): Sozialarbeit - ein deutscher Frauenberuf. Pfaffenweiler: 21-30

Hering, S. (2006): Differenz oder Vielfalt? - Frauen und Männer in der Geschichte der Sozialen Arbeit. In: Zander, M./Hartwig, L./Jansen, I. (Hrsg.): Geschlecht Nebensache? Zur Aktualität einer Gender-Perspektive in der Sozialen Arbeit. Wiesbaden: 18-32

Hering, S. (1997): Die Anfänge der Frauenforschung in der Sozialpädagogik. In: Friebertshäuser, B./Jakob, G./Klees-Möller, R. (Hrsg.): Sozialpädagogik im Blick der Frauenforschung. Weinheim: 31-43

Labonté-Roset, C. (1992): Die „Volkspflege" im Nationalsozialismus als weibliche Berufs- und Karrieremöglichkeit. In: Fesel, V./Rose, B./Simmel, M. (Hrsg.): Sozialarbeit - ein deutscher Frauenberuf. Pfaffenweiler: 55-61

Kruse, E. (2004): Stufen zur Akademisierung. Wege der Ausbildung für Soziale Arbeit von der Wohlfahrtsschule zum Bachelor-/Mastermodell. Wiesbaden

Maurer, S. (1997): Zweifacher Blick: Die historische ReKonstruktion moderner Sozialarbeit als „Frauenarbeit" und die Perspektive der feministischen Enkelinnen. In: Friebertshäuser, B./Jakob, G./Klees-Möller, R. (Hrsg.): Sozialpädagogik im Blick der Frauenforschung. Weinheim: 44-56

Nave-Herz, R. (1997): Die Geschichte der Frauenbewegung in Deutschland. Hrsg. von der Niedersächsischen Landeszentrale für politische Bildung. Hannover (http://www.politische-bildung.de/niedersachsten/frauenbewegung.pdf [05.09.2007])

Nohl, H. (1927): Jugendwohlfahrt. Leibzig

Riemann, I. (1992): Frauenbewegung und Soziale Arbeit bis zum ersten Weltkrieg. In: Fesel, V./Rose, B./Simmel, M. (Hrsg.): Sozialarbeit - ein deutscher Frauenberuf. Pfaffenweiler: 31-40.

Schimpf, E. (2002): Geschlechterpolarität und Geschlechterdifferenz in der Sozialpädagogik. In Göttert, M./Walsern, K. (Hrsg.): Gender und soziale Praxis. Königstein/Taunus: 197-216.

Simmel-Joachim, M. (1992): Frauen in der Sozialen Arbeit - eine Mehrheit als Minderheit. In: Fesel, V./Rose, B./Simmel, M. (Hrsg.): Sozialarbeit - ein deutscher Frauenberuf. Pfaffenweiler: 109-122

Sozialwissenschaftliche Forschung und Praxis für Frauen e. V. (Hrsg.) (1979): Beiträge zur feministischen Theorie und Praxis. Bericht vom Kölner Kongress (Nov.78) „Feministische Theorie und Praxis in sozialen und pädagogischen Berufsfeldern." München

Wallner, C. (2006): Feministische Mädchenarbeit. Vom Mythos der Selbstschöpfung und seinen Folgen. Münster

Windaus-Walser, K. (1991): Geschlechterfrage in der sozialen Arbeit, in: Neue Praxis, 5 u. 6/1991. 383-391

Witt, N. (o.J.): Alice Salomon. (http://forge.fh-potsdam.de/~BiB/gruender/salomon.pdf [05.09.2007])

Den Mädchen und den Jungen gerecht werden - Genderkompetenz in der Geschlechterpädagogik

Margitta Kunert-Zier

1. Genderkompetenz im pädagogischen Alltag - eine Szene

Wenn Mädchen das Jugendhaus betreten, treffen sie regelmäßig auf Jungen, die den Eingangsbereich belagern. Besonders an Discotagen ist die Atmosphäre extrem aufgeladen. Mädchen, für die Disco gut gestylt, betreten das Haus. Sexistische Sprüche, Anmache, Anfassen, Anrempeln, stehen auf der Tagesordnung. Die meisten Mädchen huschen schnell an den Jungen vorbei, manche tun betont desinteressiert, manche sind sichtlich genervt, andere kreischen und rennen mit der besten Freundin auf die Mädchentoilette.

Die Sozialarbeiterin Anna schaut sich das Theater eine Weile an, imitiert die Jungen und regt die Mädchen ebenso dazu an, die das sichtlich amüsiert. Dann fragt Anna einige Jungen, ob die Kontaktaufnahme mit den Mädchen nicht auch anders ginge: „Das ist ja nicht die tolle Art, zu flirten. Wisst ihr überhaupt, dass man auch anders flirten kann?" Anna führt ihnen vor, wie auf charmante respektvolle Weise geflirtet werden kann. Die Jungen werden neugierig und probieren die Kontaktaufnahme mit Komplimenten, witzigen Fragen, einer höflichen Geste aus. Neu hinzu kommende Mädchen reagieren positiv überrascht. Mit viel Gelächter wird über die Möglichkeiten sympathischer Anmache zwischen Mädchen und Jungen geredet. Und es ändert sich etwas im Umgang zwischen Mädchen und Jungen. Fortan wird Anna an Discotagen von Jungen und Mädchen öfter gefragt, ob sie diese „Flirtschule" nicht wieder mit ihnen machen könne (vgl. Kunert-Zier 2005b: 135ff.).

Anna hat die ruppige Anmache der Jungen gegenüber den Mädchen als unbeholfene Kontaktversuche entschlüsselt. Statt moralisch oder mit erhobenem Zeigefinger zu reagieren, greift sie die Wünsche nach Kontakt produktiv auf, indem sie spielerisch und humorvoll andere Wege des Umgangs zwischen den Geschlechtern aufzeigt. Die pädagogischen Interventionen führen dazu, dass situativ, mit spielerischen pädagogischen Mitteln eine Ent-Dramatisierung des Geschlechterverhältnisses stattgefunden hat. Anna zeigt in dieser Szene „Genderkompetenz".

Was Genderkompetenz außerdem umfasst, wie diese pädagogische Schlüsselqualifikation erworben werden kann und welche Bedeutung sie für die genderorientierte (sozial-) pädagogische Praxis hat, wird im Folgenden dargestellt. Dazu werden zunächst die zentralen Begriffe erläutert, dann ein Streifzug durch die Geschichte und Entwicklungen der geschlechtsbezogenen Pädagogik der vergangenen 30 Jahre begangen und schließlich ein Einblick in die aktuelle Praxis der Geschlechterpädagogik gegeben.

2. Begriffsklärung

2.1 Sex und Gender

In der Genderforschung wird zwischen „Gender" und „Sex" unterschieden. Gender umschreibt das soziale und kulturelle Geschlecht, also die Zuschreibungen, die vor dem Hintergrund der jeweiligen sozialen und kulturellen Gegebenheiten durch die Individuen konstruiert werden. Mit „Sex" ist das biologische Geschlecht gemeint, also das Vorhandenensein von eindeutigen primären Geschlechtsmerkmalen. Diese Differenzierung soll verdeutlichen, dass die sozialen Zuschreibungen von Geschlecht durch die Individuen und die Gesellschaft veränderbar sind, die körperlichen jedoch nicht. Auch wenn diese Sichtweise sich im Mainstream der Genderforschung etabliert hat, öffnen poststrukturalistische Theorien neue Blickwinkel auf Geschlechterkategorien und deren Auflösung.

2.2 Transsexualität und Queer Theory

Die Aufmerksamkeit richtete sich sowohl in den Medien als auch in den Gendertheorien verstärkt auf Menschen, auf die eine Unterscheidung zwischen Sex und Gender nicht passt, die so genannten „Transsexuellen". Transsexuelle sind diejenigen Menschen, die im Laufe ihres Lebens feststellen, dass sie sich nicht mit ihrem biologischen Geschlecht identifizieren und dann zumeist eine Geschlechtsumwandlung anstreben.

Aus einer Kritik an dem Zwang zur Vereindeutigung von Menschen in männlich bzw. weiblich, entwickelte sich in den 1990er Jahren die so genannte „Queer-Bewegung". Sie geht von einer Vielfalt der Geschlechter zwischen den traditionellen Klischees von weiblich und männlich aus (vgl. Perko 2005). Auch wenn es sich hier um eine Minderheiten-Bewegung handelt, sind die sich daraus entwickelnden, vom Dekonstruktivismus beeinflussten, Queertheorien auch für die Geschlechterpädagogik interessant, weil sie mit der Aufhebung von Geschlechterzuordnungen „spielen“, ein Thema, das in der Praxis von Mädchen- und Jungenarbeit an Bedeutung gewinnt (vgl. dazu Hartmann 2004: 255f., Jantz 2001: 43f.).

2.3 Genderkompetenz

Die Auseinandersetzung über die Notwendigkeit von Genderkompetenz wird von zwei Zugängen geprägt:

1. Dies sind die seit den 1970er Jahren existierenden, aus der 2. Frauenbewegung hervorgegangenen Ansätze feministischer Mädchenarbeit und Frauenarbeit in (sozial-) pädagogischen Feldern und der klassischen Sozialarbeit. Eine geschlechtsbezogene Jungenarbeit, die durch männliche Pädagogen aufgenommen werden sollte, wurde aus diesen Kontexten heraus gefordert. Die im Zuge dieser Entwicklungen sich etablierende Frauen- und Geschlechterforschung hat in ihren Studien vielfache theoretische und empirische Belege für die Notwendigkeit genderbezogener Pädagogik mit Mädchen und Jungen geliefert.

2. Fragen der Geschlechtergerechtigkeit sind als Querschnittsaufgabe in den Grundsätzen des Kinder- und Jugendhilfegesetzes im 8. Sozialgesetzbuch eingeflossen, in denen gefordert wird, dass in allen Maßnahmen der Kinder- und Jugendhilfe „die besonderen Lebenslagen von Mädchen und Jungen zu berücksichtigen, Benachteiligungen abzubauen und die Gleichberechtigung von Mädchen und Junge“ zu fördern sind (§9,3 KJHG). Infolge der Einführung des Gender Mainstreaming als einer europäischen politischen Strategie zur Herstellung von Geschlechtergerechtigkeit in Deutschland im Jahr 2000 wurden auch die Träger der Kinder- und Jugendhilfe dazu aufgefordert. Sie sollten künftig „grundsätzlich danach zu fragen, wie sich Maßnahmen und Gesetzesvorhaben jeweils auf Frauen und Männer, Mädchen und Jungen auswirken und ob und wie sie zum Ziel der Chancengleichheit der Geschlechter beitragen können“ (Ministerium für Familie, Senioren, Frauen und Jugend 2002, zit. n. Helming/ Schäfer 2006: 18). Neu ist, dass im Gender Mainstreaming die Verantwortung für deren Umsetzung eine Top-Down-Strategie ist. Sie soll von den Leitungsebenen von Institutionen aus in allen Praxisbereichen umgesetzt werden. Neu ist außerdem, dass dies in gemeinsamer Verantwortung von Männern und Frauen stattfinden soll.

Beide Zugänge sind ineinander verwoben - die rechtlichen Verankerungen zur Geschlechtergerechtigkeit wären ohne die Frauenbewegung nicht entstanden und auch die Umsetzung des Gender Mainstreaming funktioniert nur dort, wo engagierte AkteurInnen dieses Feld besetzen.

Die Fähigkeit, geschlechts- oder genderbewusst zu arbeiten, wurde in den Anfängen feministischer Forschung und Praxis den Frauen aufgrund ihrer eigenen Betroffenheit an Unterdrückung und Diskriminierung unterstellt. Geschlechtsbewusst zu arbeiten war und ist eine persönliche und politisch motivierte Haltung. Mit der Forderung nach Gendertrainings zum Erwerb von Genderkompetenz zur Umsetzung des Gender Mainstreaming in der Kinder- und Jugendhilfe (vgl. Meyer/Ginsheim 2002: 104ff.) ist dies eine *professionelle* Qualifikation geworden, die allmählich Eingang in die (sozial-) pädagogischen Studiengänge hält (vgl. Ehlert/Hasenjürgen 2005). Was aber unter Genderkompetenz verstanden wird, wurde lange Zeit nicht definiert. Diese Lücke wurde für die sozialpädagogischen Felder im Rahmen eines Dissertationsprojektes in einem ersten Entwurf geschlossen (vgl. Kunert-Zier 2005a). Aus Literaturstudien zur geschlechtsbezogenen Pädagogik (Zeitraum 1970 - 2003), einer Analyse von Praxismodellen geschlechtsbewusster Pädagogik in außerschulischen Feldern und qualitativen Experteninterviews mit weiblichen und männlichen pädagogischen Fachkräften über Entwicklungen und Perspektiven der geschlechtsbezogenen Pädagogik, wurde ein Modell zum Erwerb von Genderkompetenz generiert. Genderkompetenz wird darin wie folgt definiert:

> *„Genderkompetenz kann als die Fähigkeit verstanden werden, aus einer genauen Kenntnis und Wahrnehmung der Geschlechter im pädagogischen Alltag Strategien und Methoden zu entwickeln:*
> - *die den Individuen im Prozess des Doing Gender hilfreich sind,*
> - *die auf die Erweiterung von Optionen bei beiden Geschlechtern abzielen,*
> - *die der Verständigung zwischen den Geschlechtern dienen.*
>
> *Die pädagogischen Fachkräfte benötigen dafür*
> - *Genderbezogenes Fachwissen,*
> - *Genderbezogene Selbstkompetenzen,*
> - *Genderbezogene Praxiskompetenzen,*
> - *die Fähigkeit zu Genderdialogen und genderbewussten Reflexionen zwischen weiblichen und männlichen Fachkräften.*
>
> *Genderkompetenz liegt eine Haltung der Anerkennung der Verschiedenheit der Individuen bei Anerkennung gleicher Rechte zugrunde" (Kunert-Zier 2005a: 281f).*

Genderkompetenz unterscheidet sich von anderen professionellen Kompetenzen dadurch, dass die PädagogInnen eigene Geschlechterthemen und geschlechterpolitische Haltungen mit ihrem professionellen Auftrag verknüpfen müssen. Ohne einen persönlichen Bezug, ohne ein Bewusstsein über den eigenen Umgang mit Geschlechterthemen ist Geschlechterpädagogik kaum denkbar. Gleichzeit bedeutet der Abbau traditioneller Geschlechterrollen, dass Geschlechterpädagogik immer einen Beitrag zur Veränderung der Geschlechterordnung leistet. Dies ist ohne kritische Auseinandersetzung mit der bestehenden

Geschlechterordnung und ihren Auswirkungen auf die Individuen nicht möglich. Genderkompetenz beinhaltet deshalb immer eine reflektierte Verbindung zwischen dem „Privaten“, dem „Politischen“ und dem professionellen Auftrag (vgl. Kunert-Zier 2005a: 72f.).

Die Geschlechterdifferenzierung in den Grundsätzen des KJHG und das Gender Mainstreaming zur Herstellung von Geschlechtergerechtigkeit erfordern Genderkompetenz bei den pädagogischen Fachkräften. Wie diese schon während des Studiums (vgl. dies.: 290) oder berufsbegleitend (vgl. dies.: 295f.) entwickelt werden kann, wurde ebenfalls in der oben genannten Studie herausgearbeitet. Die Vermittlung von Genderwissen, von Selbst-, Praxis- und Handlungskompetenzen sollten in einem genderbezogenen Studium gleichrangig vermittelt werden.

Genderwissen umfasst z.B. ein nach Geschlechtern differenziertes Grundwissen über gesellschaftliche Strukturdaten, Macht-, Ressourcen- und Arbeitsverteilung, Kenntnisse über die Konstitution und Hierarchisierung von Geschlechterverhältnissen, Geschlechtertheorien, historisches Wissen über die Frauenbewegungen, Erwerb von auf die jeweiligen Zielgruppen bezogenes Fachwissen, Kenntnisse über theoretische und empirische Studien zu den Lebenslagen etc. (eine umfangreiche Auflistung in Kunert-Zier 2005a: 290f.).

Zum Erwerb von Selbstkompetenzen sind Formen des biographischen Arbeitens sinnvoll, Reflexionen über den Umgang mit dem eigenen Geschlecht, bewusstes Wahrnehmen eigener Ambivalenzen, Ängste und Vorstellungen von den Geschlechtern. Eine Kultur der Akzeptanz von Verunsicherung über Geschlechter ist notwendig, um grundsätzlich eine Haltung der begleitenden Offenheit in pädagogischen Interaktionen zu erwerben. Des Weiteren gehört ein bewusster Umgang mit Grenzen und Möglichkeiten im Umgang mit den Geschlechtern, die bewusste Qualifizierung eigener Fähigkeiten für die geschlechtsbezogene Pädagogik sowie die Entwicklung kommunikativer Kompetenzen, Konflikt- und Dialogfähigkeit zum Erwerb von Genderkompetenz (vgl. ebd.).

Zu den Praxis- bzw. Handlungskompetenzen zählt, z.B. schon während des Studiums in Praktika die Wahrnehmung von Verhaltensweisen und Interaktionsmustern der Geschlechter zu schulen und zu interpretieren sowie die eigenen Wirkungen auf Mädchen und Jungen wahrzunehmen und zu überprüfen. Sinnvoll ist es überdies, die Praxisreflexion von Anbeginn geschlechtsbezogen und im Geschlechterdialog zu betreiben. Praktika in Gender-Tandems oder generell zu Zweit sind ein weiterer Weg, geschlechtsbewusste Pädagogik reflektiert einzuüben (vgl. dies.: 228f.). Wünschenswert wäre es, wenn auch die Lehrenden genderkompetent Lehrveranstaltungen paritätisch besetzt durchführen und dabei beispielhaft in einen bewussten Genderdialog treten würden (vgl. dies.: 294).

2.4 Geschlechterpädagogik

Der Begriff „Geschlechterpädagogik“ fasst, unter Anerkennung von geschlechtshomogenen und koedukativen Arbeitsweisen, Ansätze von Mädchen- und Jungenarbeit unter einer gemeinsamen Konzeption geschlechtsbewusster Pädagogik zusammen (vgl. Kunert-Zier 2000/2004: 254, Neubauer/Winter 2001: 103). Sie nimmt bewusst das Verhältnis zwischen den Geschlechtern in den Blick und richtet ihre Aktivitäten auf die Herstellung von Geschlechterdemokratie. Geschlechterpädagogik findet in drei Arbeitsformen statt, in

- Mädchengruppenarbeit,
- Jungengruppenarbeit,
- Ansätzen geschlechtsbewusster/-sensibler/-reflexiver Koedukation.

Dieses Verständnis ist, im Verhältnis zu der mehr als dreißigjährigen Geschichte geschlechtsbezogener Pädagogik, relativ neu. Es kann als Ergebnis der sich von einer dezidiert feministischen pädagogischen Praxis in den Anfängen hin zu einem professionell verstandenen Ansatz der Kinder- und Jugendhilfe gewandelten Praxis geschlechtsbezogener Pädagogik verstanden werden. Im Folgenden werden die Entwicklung dieser Ansätze und das heutige Verständnis von Geschlechterpädagogik rekonstruiert.

3. Geschichte der geschlechtsbezogenen Pädagogik - Theorien und Konzepte

3.1 Die 1970er Jahre

Die ersten Ansätze geschlechtshomogener Mädchenarbeit fanden etwa Mitte der 1970er Jahre in Jugendzentren (vgl. Jödicke 1975) und in der Jugendbildungsarbeit (vgl. Naundorf/Wetzel 1978) statt. Durch die Frauenbewegung beeinflusste Pädagoginnen, warfen einen kritischen Blick auf die offene Jugendarbeit und die Jugendbildungsarbeit und erklärten: „Jugendarbeit ist Jungenarbeit!“, allerdings ohne geschlechtsbewussten Blick (vgl. Naundorf/Wetzel 1978). Sie gründeten Mädchengruppen und eroberten - auch im symbolischen Sinn - Mädchenräume. In der Jugendbildungsarbeit wurden Jungen von Mädchen getrennt. Die Betreuung der Jungen fand allerdings vor allem als „Mädchenschutzpädagogik“ statt. Die Geschlechtszugehörigkeit der Jugendlichen geriet erstmalig bewusst in den Blick. Gleichzeitig fand eine kritische Auseinandersetzung mit den androzentristischen Theorien der Jugendarbeit statt (vgl. Savier/Wildt 1978, Wallner 2006: 28f.). Prinzipien feministischer Mädchenarbeit waren das Ansetzen an den Stärken der Mädchen, Parteilichkeit, das Einbringen eigener Betroffenheit an Unterdrückung und Diskriminierung, das Bereitstellen als Identifikationsfigur und das Arbeiten von Pädagoginnen in Mädchengruppen (vgl. Berliner Pädagoginnengruppe 1979). Neben der Mädchenarbeit sollten männliche Fachkräfte eine geschlechtsbezogene Jungenarbeit entwickeln.

In der ersten Buch-Veröffentlichung zur Mädchenarbeit, die den Untertitel: „Neue Ansätze zur feministischen Jugendarbeit“ trug, wurde ein Modell entwickelt, das einen „geschlechtsspezifischen Ansatz“ in der Gesamtkonzeption eines Jugendfreizeitheimes vorsah. Dieser Ansatz umfasste die geschlechtergetrennte Arbeit in Mädchen- und Jungengruppen sowie „gemeinsame Gruppenaktivitäten, in denen die Jugendlichen überprüfen können, inwieweit das Gelernte ihren tatsächlichen Bedürfnissen entspricht bzw. welche Gemeinsamkeiten Jungen und Mädchen haben, welche sie ausbauen wollen/sollten und wo die Grenzen ihrer Gemeinsamkeiten liegen“ (Savier/Wildt 1978: 171f.). Dieses Modell, das sich heute in den Vorstellungen von Geschlechterpädagogik wieder findet, wurde seinerzeit aber kaum beachtet. Vor allem die Geschlechtertrennung galt als Innovation (vgl. Friebertshäuser 1997: 113f.). Jungenarbeit, so wie die feministischen Pädagoginnen es sich von Anbeginn wünschten, entstand erst mehr als 10 Jahre später.

Theorien zur geschlechtsspezifischen Sozialisation (vgl. Belotti 1975, Scheu 1977) prägten die Diskurse der Mädchenarbeit in dieser Zeit. Mädchen wurden darin vor allem als Opfer einer geschlechtsspezifischen Konditionierung gesehen. In der Praxis wurden Mädchen in ihren Fähigkeiten zumeist an denen der Jungen gemessen. Sie sollten in ihrer beruflichen Orientierung gestärkt werden, sich in technischen Dingen erproben, aber sich vor allem gegen sexuelle Fremdbestimmung wehren lernen (vgl. Savier/Wildt 1978).

3.2 Die 1980er Jahre

Mit der Veröffentlichung des 6. Jugendberichts zur Verbesserung der Chancengleichheit für Mädchen (vgl. Sachverständigenkommission 6. Jugendbericht 1984) erlangte die Mädchenarbeit erstmalig öffentliche Würdigung. Die Mädchenförderung wurde in den Bundesjugendplan aufgenommen, erstmalig wurden auch Mittel für Mädchenforschung bereitgestellt. Eine Vielzahl von Modellprojekten wurde aufgelegt. Dazu zählte auch das Projekt der Heimvolkshochschule Alte Molkerei Frille zur „Parteilichen und Antisexistischen Pädagogik mit Mädchen und Jungen“ (1989), aus dem erste Qualifizierungsprogramme für männliche und weibliche Fachkräfte zur geschlechtsbezogenen Pädagogik hervorgingen. Erste Veröffentlichungen zur Jungenarbeit mit Berichten aus der

Jugendbildungsarbeit und der offenen Jugendarbeit erschienen (vgl. Kunert-Zier 2005a: 57ff.).

In den Theorien der achtziger Jahre kam es zu einem Perspektivenwechsel von den Mädchen und Frauen als Opfer hin zur Entdeckung der weiblichen Subjektivität. Hagemann-White (1984) entwarf die Theorie von der Zweigeschlechtlichkeit als soziale Konstruktion. Parallel dazu entwickelten sich Differenztheorien, welche die Aufwertung des weiblichen Lebenszusammenhangs und die Anerkennung von Differenzen zwischen den Geschlechtern thematisierten (z.B. Irigaray 1987). Das schon zu Beginn der Mädchenarbeit postulierte „An den Stärken der Mädchen ansetzen“ (Berliner Pädagoginnengruppe 1979) erhielt durch die Differenztheorien eine theoretische Basis. Die Autoren zur Jungenarbeit zeichneten sich vor allem durch gegenseitiges Abgrenzen der unterschiedlichen Ansätze aus, auch wenn diese in der Praxis kaum entwickelt waren (vgl. dazu Hafeneger 1998).

3.3 Die 1990er Jahre

Mit der Neuformulierung des Kinder- und Jugendhilfegesetzes im Sozialgesetzbuch VIII (1990) erhielt die Geschlechterdifferenzierung in der Kinder- und Jugendhilfe eine juristische Grundlage (§9,3 KJHG, s.o.). Mädchenarbeit fand nun mit allen Altersgruppen und in fast allen Arbeitsfeldern der Kinder- und Jugendhilfe statt.

Jungenarbeit wurde modellhaft in Baden-Württemberg (vgl. Neubauer/Winter 2001) und in Nordrhein-Westfalen gefördert und verabschiedete sich zum Ende der 1990er Jahre vom Streit über den „richtigen“ Ansatz (vgl. Sturzenhecker/Winter 2002). Damit wurde gleichzeitig die Gewichtung vom „Geschlechterpolitischen zum Pädagogisch-Professionellen“ (Neubauer/Winter 2001: 29) vollzogen.

Mit dem Begriff der „Reflexiven Koedukation“ (vgl. Faulstich-Wieland 1991) geriet das Geschlechterverhältnis in den Schulen in den Blick. In den Bereichen der Kinder- und Jugendhilfe fanden erste Untersuchungen über „Mädchen und Jungen im Kindergarten“ statt (vgl. Verlinden 1995). Für die Jugendarbeit zeigen Brenner und Grubauer (1991) auf, wie Geschlechterthemen auch in koedukativen Zusammenhängen gemeinsam bearbeitet werden können. Die Idee, Mädchen- und Jungenarbeit nicht länger isoliert zu betrachten, wurde vereinzelt im Rahmen von Fachveranstaltungen aufgegriffen (vgl. Zusammenschluss freier Kinder- und Jugendeinrichtungen in Frankfurt a.M. e.V. 1994, AGJF 1997).

Mädchenarbeit geriet zum ersten Mal öffentlich in die Kritik: sie sei nicht mehr zeitgemäß und würde an veralteten Theorien festhalten (vgl. Meyer/Seidenspinner 1999). Dies löste heftige Kritik und eine bis heute andauernde Suche nach einer Neubestimmung von Mädchenarbeit aus (vgl. Bundesarbeitsgemeinschaft Mädchenpolitik 2006).

In den 1990er Jahren fand Annedore Prengels Theorie von einer „Egalitären Differenz" hohe Resonanz. Es könne keine Gleichheit im Sinne der Durchsetzung gleicher Rechte ohne die Anerkennung von Verschiedenheit geben. Diese müsse aber einer Hierarchisierung entzogen sein, so Prengel (1993/1995: 131). Gleichzeitig entbrannte die Auseinandersetzung mit der von der Sprachphilosophin Judith Butler (1991) entwickelten Vorstellung von der Dekonstruktion von Geschlecht, welche die Kategorien wie „Mann, Frau und Geschlecht" grundlegend in Frage stellte und dadurch zunächst der Mädchen- und Frauenarbeit ihre theoretischen Grundlagen zu entziehen schien (vgl. dazu auch Gildemeister/ Wetterer 1992).

3.4 Am Beginn des 21. Jahrhunderts

Mit der Einführung des Gender Mainstreaming in den Bundesjugendplan im Jahr 2000 erhielten auch die Ansätze geschlechtsbezogener Mädchen- und Jungenarbeit eine neue Orientierung. Ansätze zur Geschlechtergerechtigkeit sollten in gemeinsamer Verantwortung von Frauen und Männern umgesetzt werden und dies unter der Federführung der jeweiligen Leitungen in Institutionen. Während für Mädchenprojekte das Gender Mainstreaming bei einer engen Auslegung zur Existenzbedrohung führen kann, sehen BefürworterInnen des Zusammendenkens von Mädchen- und Jungenarbeit darin eine neue Chance für eine breitere Umsetzung. Die geschlechtshomogenen Arbeitsansätze der Geschlechterpädagogik stehen aber vor der Aufgabe, ihre Qualität und Notwendigkeit für die Umsetzung des Gender Mainstreaming unter Beweis zu stellen. Eine dreijährige Evaluation des Deutschen Jugendinstituts von Modellprojekten zum Gender Mainstreaming von Trägern, die aus dem Bundesjugendplan gefördert werden, wurde 2006 erfolgreich abgeschlossen (vgl. Helming/Schäfer 2006). Beispielhaft ist ebenfalls ein Pilotprojekt des Gender Mainstreaming in der offenen Jugendarbeit von 2002-2006 in Zürich, das erfolgreich alle oben beschriebenen Aspekte von Genderkompetenz umsetzte (vgl. Denis 2006).

In den theoretischen Diskursen der Geschlechterpädagogik werden aktuell vorrangig die Vorstellungen von einer egalitären Differenz favorisiert. Gleichzeitig fließen die Vorstellungen von der Dekonstruktion von Geschlecht auch in konzeptionelle Überlegungen für die Praxis ein. Unter dem Konzept des Doing

Gender, also der Vorstellung von einer alltäglichen Konstruktion des Geschlechts durch die Individuen, plädieren Kuhlmann (2000: 234) und Voigt-Kehlenbeck (2001: 250) dafür, die unterschiedlichen Geschlechtertheorien nicht gegeneinander zu setzen, sondern in der Geschlechterpädagogik zu nutzen. So könne es vor dem Hintergrund dekonstruktivistischer Theorien nicht mehr darum gehen, Mädchen und Jungen in einer stabilen Geschlechtsidentität zu unterstützen, sondern sie in ihren individuellen Suchbewegungen im Prozess des Doing Gender zu begleiten. Die PädagogInnen bräuchten dazu eine „Akzeptanz über die eigene Verunsicherung hinsichtlich von Geschlechterkonstruktionen" (dies.: 251). Auch diese wäre ein Indiz für Genderkompetenz.

Die frühen Ansätze geschlechtsbezogener Pädagogik hatten die Intention, Mädchen und Jungen jenseits traditioneller Geschlechterklischees bei der Herausbildung einer selbstbestimmten Geschlechtsidentität zu unterstützen. Dafür existierten häufig klare Vorstellungen von emanzipierter Weiblichkeit und Männlichkeit. Heute besteht Genderkompetenz darin, ohne klare Leitbilder für Weiblichkeit und Männlichkeit auszukommen und offen zu bleiben für die Entwicklungen von Mädchen und Jungen.

4. Beispiele aus der Praxis

In den folgenden Beispielen werden kurze Schlaglichter auf Projekte geworfen, die neue Wege in der Geschlechterpädagogik erprobt haben und dabei konstruktiv an den Traditionen von Mädchen- und Jungenarbeit anknüpften, um diese in neuen Konzeptionen weiter zu entwickeln.

4.1 Mädchen und Jungen im Kindergarten

In einer Beobachtungsstudie in Kindergärten wurde ein Modell des genauen Hinschauens auf die Interaktionen zwischen Mädchen und Jungen einerseits, den ErzieherInnen und den Mädchen wie Jungen andererseits sowie Wegen eines neuen Umgangs mit beiden Geschlechtern entwickelt (vgl. Verlinden 1995). Ausgehend von der Frage, welches Vorbild die Erziehenden für partnerschaftliches und gleichberechtigtes Verhalten darstellen, wurden Beobachtungen aufgezeichnet und auch unter Einbeziehung von Eltern analysiert. Momente und Situationen, in denen Mädchen und Jungen gern und kooperativ zusammen spielten und ihre Konflikte lösten, standen im Mittelpunkt. Ein Ergebnis war, dass die Spielarrangements, die traditionelles Geschlechterverhalten förderten umstrukturiert wurden. So verwandelten sich Puppenecken in attraktive Wohnbereiche, in denen Jungen und Mädchen zu neuen Spielformen animiert wurden. Bauecken wichen gezielt angebotenen Bauprojekten mit ungewöhnlichen und „belebten" Materialien wie Tier- und Menschenfiguren, an denen sich Mädchen gleichermaßen wie Jungen beteiligten. Das Spiel- und Sozialverhalten zwischen Mädchen und Jungen entwickelte sich deutlich hin zu einem egalitären Umgang. Die Sensibilisierung für geschlechtsbedingte Vorurteile und Verhaltensweisen schlug sich bei den Erzieherinnen nachhaltig nieder (vgl. auch Walter 2005).

4.2 MaDonna - Jungen im Mädchentreff und interkulturelle Genderpädagogik

Der Mädchentreff MaDonna in Berlin öffnete über mehrere Jahre auf den Wunsch der Mädchen einmal wöchentlich den Mädchentreff auch für Jungen, die auf Einladung der Mädchen dort gemeinsam mit ihnen ihre Zeit verbringen konnten. Dazu wurde ein ausführlicher Katalog an Regeln aufgestellt, über deren Einhaltung die Pädagoginnen wachten. Ziel war es, die Mädchen darin zu unterstützen, sich auch in Gegenwart von Jungen selbstbestimmt und selbstbewusst zu verhalten (vgl. Kunert-Zier 2005a: 103ff.). Aktuell startete MaDonna eine Kampagne gegen die sogenannten Ehrenmorde in Berlin-Neukölln. Gemeinsam mit Jungen entwarfen die Besucherinnen von MaDonna Postkarten, z.B. mit dem Titel: „Ehre ist für mich, für die Freiheit meiner Schwester zu kämpfen". Mit dieser Aktion erntet der Mädchentreff großen Respekt. Allerdings zeigt ein über diese Aktion gedrehter Film „Ehre, Stolz und Scham - Islam im Kiez" (Steinhausen 2005), dass die Aktionen insbesondere für die beteiligten Jungen nicht ohne Gefahren waren (vgl. www.madonnamaedchenpower.de [14.09.2007]). Die Arbeit im MaDonna Mädchentreff zeigt, in welch hohem Maß die pädagogischen Fachkräfte über interkulturelle Genderkompetenzen verfügen müssen, um eine derartige Arbeit umsetzen zu können.

4.3 MezzoMezzo - Mädchen- und Jungenzentrum

Aus einem Mädchen- und Frauenprojekt heraus entstand auf Wunsch der Mädchen, das erste Mädchen- und Jungenzentrum in Frankfurt a.M. Hier wurden die Räume so gebaut, dass Mädchen und Jungen sowohl gemeinsam kochen, Billard spielen und an verschiedenen kreativen Angeboten teilnehmen können. Alternativ dazu existiert ein Mädchen- und ein Jungenraum, die zum Rückzug einladen aber auch, um ungestört Hausaufgaben zu machen, zu tanzen, zu boxen und sich mit interessanten Themen zu befassen (vgl. Hecht/Dietiker/Kieltsch 2004). Die BesucherInnen waren anfänglich nicht alle begeistert, dass sie sich im Mädchen-

und Jungenraum ausschließlich mit ihren GeschlechtsgenossInnen aufhalten durften. Inzwischen werden die getrennten Räume sehr bewusst genutzt. So forderten die Mädchen auch einen Boxsack und die Jungen einen Tanzlehrer nur für sich, um sich ungestört im HipHop zu üben.

Ein wichtiger Schwerpunkt von MezzoMezzo sind Soziale Basistrainings, in denen Mädchen und Jungen geschlechtergetrennt in Gruppen ein dreistündiges Programm über Umgangsformen, die Bedeutung von Schimpfwörtern, die Frage, was ist kränkend etc., durchlaufen und dies mit einer Prüfung abschließen. Wer die Prüfung besteht, bekommt einen Mitgliedsausweis. Fast 100 Jugendliche verfügen über diesen Ausweis und die reflektierten Umgangsformen haben das Klima deutlich verbessert (vgl. www.mezzomezzo.net [14.09.2007]).

6. Paradoxien - aktuelle Herausforderungen und Konsequenzen

Auch wenn die Offenheit der PädagogInnen hinsichtlich der Geschlechterbilder unter dem Aspekt dekonstruktivistischer Pädagogik gefordert ist, kommt die Geschlechterpädagogik nicht ohne Elemente der Dramatisierung von Geschlecht aus. Sie steht vor dem Paradoxon, dass sie ihre Berechtigung nach wie vor aus einer Benachteiligungsperspektive von Mädchen (und Jungen) zieht. In den Feldern der Kinder- und Jugendhilfe kommen außerdem häufig problematische Lebenszusammenhänge hinzu. Hier gilt es, den Blick auch auf Zusammenhänge zwischen der Geschlechtszugehörigkeit, der sozialen und der ethnischen Herkunft von Mädchen und Jungen zu richten. Die Verschränkungen der Kategorien Gender, Class und Race erfordern analytische Kompetenzen hinsichtlich der sozialen Zugehörigkeit und den daraus entstehenden möglichen Konsequenzen für die Individuen und sie erfordern interkulturelle Genderkompetenzen.

Geschlechterpädagogik bewegt sich immer zwischen Dramatisierung und Entdramatisierung, zwischen Konstruktion und Dekonstruktion, zwischen Doing Gender und Undoing Gender (vgl. Wertmanns-Reppekus 2004). Differenzen und Benachteiligungen zwischen den Geschlechtern sind zunächst wahrzunehmen, als real anzuerkennen und dann Aktivitäten zu deren Aufhebung zu entfalten, sofern dies überhaupt in pädagogischen Kontexten möglich ist. Genderkompetenz bedeutet also, zwischen den genannten Polen immer eine Balance zu finden (vgl. ebd.). Dabei ist das Wissen um die strukturellen Bedingungen von Benachteiligung und Möglichkeiten zu deren individueller und politischer Überwindung unentbehrlich.

Die professionelle Aufgabe in der Kinder- und Jugendhilfe ist es überdies, Mädchen und Jungen in ihrer Entwicklung zu eigenverantwortlichen und gemeinschaftsfähigen Persönlichkeiten zu fördern (§1 KJHG). Die Kunst besteht darin, die realen Möglichkeiten und Grenzen, die im Rahmen von Geschlechterpädagogik dafür gegeben sind, immer wieder auszuloten. Eine selbstkritische Reflexion der Praxis und der darin enthaltenen Handlungsmöglichkeiten sind ein weiteres Merkmal von Genderkompetenz.

Geschlechterpädagogik braucht für ihre Qualifizierung die Implementierung der Elemente von Genderkompetenz in pädagogischen Studiengängen und in den Fachschulen für ErzieherInnen. Für eine Weiterentwicklung der Geschlechtertheorien, weitere konzeptionelle und methodische Qualifizierungen für die pädagogische Praxis sind der Ausbau der Genderforschung sowie die Aktualisierung und Neugewinnung quantitativer und qualitativer Daten unverzichtbar.

Zur Sicherung der Praxis haben sich die Vernetzung von pädagogischen Fachkräften und die aktive Beteiligung in mädchenpolitischen bzw. jugendpolitischen Gremien als sinnvoll und notwendig erwiesen. Genderkompetenz und stetige Genderqualifizierungen sowie geschlechtsbewusste Evaluationen in pädagogischen Teams sichern die Qualität der Geschlechterpädagogik.

Was allerdings bis heute in den Theorien und der Praxis geschlechtsbezogener Pädagogik fehlt, sind Visionen über neue, egalitäre Geschlechterverhältnisse. In einer Geschlechterpädagogik, die bewusst die bessere Verständigung zwischen den Geschlechtern und ein egalitäres Geschlechterverhältnis anstrebt, müssen diese erst entfaltet werden. Dazu könnte die Frage nach einem guten Leben zwischen den Geschlechtern ein Schlüssel sein (vgl. Voigt-Kehlenbeck 2003: 13). Ein weiterer Weg könnte sein, Verhältnisse zwischen Mädchen und Jungen nicht mehr in erster Linie als problematisch zu sehen, sondern, wie die Sozialpädagogin Anna es in der eingangs beschriebenen Szene tat, einen Perspektivenwechsel auf gelingende Geschlechterbeziehungen zu lenken und diese zum Ausgangspunkt weiterer geschlechtsbewusster Interventionen und Überlegungen zu machen.

Literatur

Arbeitsgemeinschaft Jugendfreizeitstätten (AGJF) Baden-Württemberg e.V. Frauenkommission (Hrsg.) (1997): Geschlechtsbezogene Kinder- und Jugendarbeit. Dokumentation der Fortbildung für MitarbeiterInnen der offenen und verbandlichen Jugendarbeit. Stuttgart

Belotti, E. G. (1975): Was geschieht mit kleinen Mädchen? Über die zwangsweise Herausbildung der Mädchenrolle in den ersten Lebensjahren durch die Gesellschaft. München

Berliner Pädagoginnengruppe (1979): Feministische Mädchenarbeit. In: Sozialwissenschaftliche Forschung und Praxis für Frauen e.V. (Hrsg.): Beiträge zur feministischen Theorie und Praxis, Heft 2. München

Brenner, G./Grubauer, F. (1991): Typisch Mädchen? Typisch Junge? Persönlichkeitsentwicklung und Wandel der Geschlechtsrollen. Weinheim/München

Bundesarbeitsgemeinschaft Mädchenpolitik e.V. (Hrsg.) (2006): Feministische Mädchenarbeit und Mädchenpolitik im Kontext aktueller Theorie- und Politikdiskurse. BAG - Info Nr. 6. Berlin

Butler, J. (1991): Das Unbehagen der Geschlechter. Frankfurt a. M.

Denis, M. (Hrsg.) (2006): Gender Mainstreaming in der offenen Jugendarbeit. Ein Praxisprojekt in der Stadt Zürich. Luzern

Ehlert, G./Hasenjürgen, B. (2005): Gender im Bolognaprozess. Zur Diskussion über die Reformierung des Studiums der Sozialen Arbeit. In: neue praxis. Zeitschrift für Sozialarbeit, Sozialpädagogik und Sozialpolitik, Heft. 5. 458-474

Faulstich-Wieland (1994): Reflexive Koedukation. In: Keiner, D./Bracht, U. (Hrsg.): Geschlechterverhältnisse und die Pädagogik. Frankfurt a. M.: 325-342

Friebertshäuser, B. (1997): Geschlechtertrennung als Innovation. Etappen geschlechtsbezogener Jugendarbeit im 20. Jahrhundert. In: Friebertshäuser, B./Jakob, G./Klees-Möller, R. (Hrsg.): Sozialpädagogik im Blick der Frauenforschung. Weinheim: 113-135

Gildemeister, R./Wetterer, A. (1992): Wie Geschlechter gemacht werden. Die soziale Konstruktion der Zweigeschlechtlichkeit und ihre Reifizierung in der Frauenforschung. In: Knapp, G. A./Wetterer, A. (Hrsg.): Traditionen und Brüche, Entwicklungen feministischer Theorie. Freiburg: 201-254

Hafeneger, B. (1998): Warum gibt es so wenig Jungenarbeit? Reflexionen über die Profession. In: Hessische Jugend, Heft 4. 21-23

Hagemann-White, C. (1984): Sozialisation weiblich - männlich? Reihe: Alltag und Biographie von Mädchen. Bd. 1. Opladen

Hartmann, J. (2004): Dekonstruktive Perspektiven auf das Referenzsystem von Geschlecht und Sexualität - Herausforderungen der Queer Theory. In: Glaser, E./Klika, D./Prengel, A. (Hrsg.): Handbuch Gender und Erziehungswissenschaft. Bad Heilbrunn: 255-271

Hecht, E./Dietiker, J./Kieltsch, P. (2004): Genderbewusste Jugendarbeit am Beispiel von MezzoMezzo. In: Dezernat Soziales und Jugend - Jugend- und Sozialamt (Hrsg.): Frankfurter Lesebuch zur Jungenarbeit. Frankfurt a. M.: 176-190

Heimvolkshochschule Alte Molkerei Frille (1989): Parteiliche Mädchenarbeit und antisexistische Jungenarbeit - geschlechtsspezifische Bildungsarbeit für Jungen und Mädchen. Abschlußbericht des Modellprojekts „Was Hänschen nicht lernt…, verändert Clara nimmer mehr“. Petershagen

Helming, E./Schäfer, R. (2006): Viel Gegacker – und keine Ei? Chancen, Risiken, Nebenwirkungen beim Umsetzen von Gender Mainstreaming. In: DJI Bulletin 75, Heft 2/2006. 18-21

Irigaray, L. (1987): Zur Geschlechterdifferenz. Wien

Janz, O. (2001): Gleich und fremd zugleich. Die produktive Herausforderung dekonstruktivistischer Gedanken für die geschlechtsbezogene Pädagogik. In: Rauw, R./Jantz O.,u.a. (Hrsg.): Perspektiven geschlechtsbezogener Pädagogik. Impulse und Reflexionen zwischen Gender, Politik und Bildungsarbeit. Opladen: 43-65

Jödicke, A. (1975): Mädchenarbeit im Jugendzentrum. In: Info Sozialarbeit 9/75. 21-26

Kuhlmann, C. (2000): „Doing Gender“ - Konsequenzen der neueren Geschlechterforschung für die parteiliche Mädchenarbeit. In: neue praxis, Heft 3. 225-239

Kunert-Zier, M. (2000): Von harten Mädchen und zarten Jungs. Über Geschlechterverhältnisse und Erziehung am Beginn des 21. Jahrhunderts. In: Frankfurter Rundschau Dokumentation Nr. 110 vom 12. Mai 2000

Kunert-Zier, M. (2004): „Dolle Deerns, PfundzKerle und MezzoMezzo“. Gender in der außerschulischen Kinder- und Jugendarbeit. In: Glaser, E./Klika, D./Prengel, A. (Hrsg.): Handbuch Gender und Erziehungswissenschaft. Bad Heilbrunn: 448-460

Kunert-Zier, M. (2005a): Erziehung der Geschlechter. Entwicklungen, Konzepte und Genderkompetenz in sozialpädagogischen Feldern. Wiesbaden

Kunert-Zier, M (2005b): „Genderkompetenz. Die Schlüsselqualifikation in der Sozialen Arbeit“. In: Sozialmagazin, Heft 10/2005. 21-28

Meyer, D./Ginsheim, G. von (2002): Gender Mainstreaming. Zukunftswege der Jugendhilfe. Ein Angebot. Berlin

Meyer, D./Seidenspinner, G. (1999): Mädchenarbeit - Plädoyer für einen Paradigmenwechsel. In: Arbeitsgemeinschaft für Jugendhilfe (Hrsg.): 50 Jahre AGJ, Jubiläumsband. Bonn: 58-71

Naundorf, G./Wetzel, S. (1978): Wochenkurse für Hauptschüler/innen im Wannseeheim für Jugendarbeit e.V.. Berlin

Neubauer, G./Winter, R. (2001): So geht Jungenarbeit. Geschlechtsbezogene Entwicklung von Jugendhilfe. Berlin

Perko, G. (2005): Queer-Theorien. Ethnische, politische und logische Dimensionen plural-queeren Denkens. Köln

Prengel, A. (1993/1995): Pädagogik der Vielfalt, Verschiedenheit und Gleichberechtigung in Interkultureller, Feministischer und Integrativer Pädagogik. Opladen

Savier, M./Wildt, C. (1978): Mädchen zwischen Anpassung und Widerstand. Neue Ansätze zur feministischen Jugendarbeit. München

Sachverständigenkommission 6. Jugendbericht (Hrsg.) (1984 ff): Alltag und Biographie von Mädchen. 17 Bände. Opladen

Scheu, U. (1977): Wir werden nicht als Mädchen geboren, wir werden dazu gemacht! Zur frühkindlichen Erziehung in unserer Gesellschaft. Frankfurt a.M.

Steinhausen, M. (2005): Ehre, Stolz und Scham - Islam im Kiez. Film, Erstausstrahlung am 23.10.2005, Arbeitshilfen zum Film: www.matthias-film.de [14.09.2007]

Verlinden, M. (1995): Mädchen und Jungen im Kindergarten. Köln

Voigt-Kehlenbeck, C. (2001): …und was heißt das für die Praxis? Über den Übergang von einer geschlechterdifferenzierenden zu einer geschlechterreflektierenden Pädagogik. In: Fritzsche, B. u.a. (Hrsg.): Dekonstruktive Pädagogik. Erziehungswissenschaftliche Debatten unter poststrukturalistischen Perspektiven. Opladen: 237-254

Voigt-Kehlenbeck, C. (2003): Raus aus der Zuschreibungsfalle. Gender Dialog als pädagogische Zukunftsaufgabe. In: Betrifft Mädchen. Heft 4. 10-14

Wallner, C. (2006): Feministische Mädchenarbeit. Vom Mythos der Selbstschöpfung und seinen Folgen. Kritische Beiträge aus der Mädchenarbeit. Münster

Walter, M. (2005): Jungen sind anders, Mädchen auch. Den Blick schärfen für eine geschlechtergerechte Erziehung. München

Wertmanns-Reppekus, U. (2004): Under Construction: die Kategorie Geschlecht in der Kinder- und Jugendhilfe - die Gender- (Mainstream-) Debatte und der Elfte Kinder- und Jugendbericht. In: Bruhn, K. (Hrsg.): Geschlechterforschung in der Kinder- und Jugendhilfe. Praxisstand und Forschungsperspektiven. Wiesbaden: 51-72

Zusammenschluss freier Kinder- und Jugendeinrichtungen in Frankfurt a.M. e.V. (Hrsg.) (1994): Mädchenwelten – Jungenwelten. Anregungen zu einer geschlechtsbewussten Pädagogik. In: frankfurter zeitung für kinder- und jugendarbeit, Heft 8. Frankfurt a.M.

Gut zu wissen!
Biografische Selbstreflexion als Genderkompetenz

Ulrike Graff

Biografische Selbstreflexion gilt allgemein als wichtige Grundlage von Genderkompetenz - aber selten wird sie systematisch eingeführt, konkret beschrieben oder angeleitet (vgl. Kunert-Zier 2005, Rauw u.a. 2001). Der folgende Beitrag soll diese Lücke füllen. Der Referenzrahmen für Theorie und Praxis ist dabei die Sozialpädagogik, insbesondere die Mädchen- und Jungenarbeit.

Der Beitrag beginnt mit einer praktischen Übung, führt den Begriff der biografischen Selbstreflexion ein im Kontext von Genderkompetenz als Teil von Handlungskompetenz in der Sozialen Arbeit, gibt ein Beispiel für die Relevanz selbstreflexiver Kompetenz aus der Praxis der Mädchenarbeit und stellt abschließend verschiedene Formen biografischer Selbstreflexion vor.

1. Die Übung

Nehmen Sie sich fünf Minuten Zeit. Betrachten Sie als Frau das Mädchenbild und als Mann das Jungenbild. (Diese geschlechtshomogene Kombination begründet sich aus einem Verständnisbiografischer Selbstreflexion, die im ersten Schritt eine Annäherung an Lebensgeschichte im Spiegel des eigenen Geschlechtes geben soll; vgl. 6.5 in diesem Text).

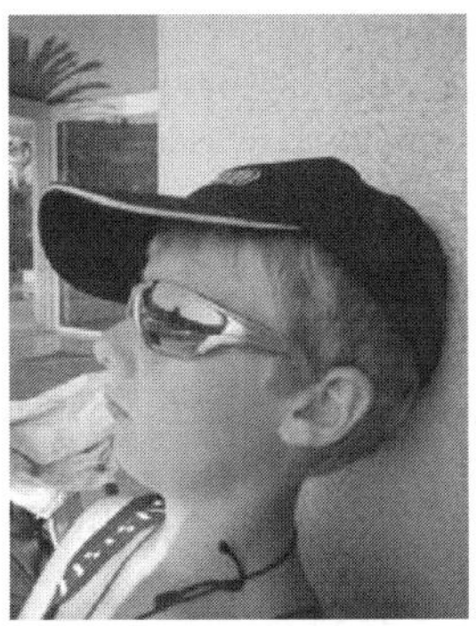

Portraitieren Sie die Figur nun spontan:

- Wie heißt sie?
- Wie alt ist sie?
- Welche Vorlieben hat sie?

Fragen Sie sich dann: was hat sie / was hat er mit mir zu tun? Folgen Sie dabei Ihrer ersten Idee (- dies oder das ..., - viel, weil ..., - gar nichts, weil ....). Abschließende Reflexion: Was ist mir aufgefallen? Welche Frage an meine eigene Biografie erscheint mir nach dieser Übung interessant?

2. Begriff und Begründung

> „Unter ‚biografischer Selbstreflexion' verstehen wir eine (Wieder) Aneignung der eigenen Biografie, den Versuch, die Erfahrungen, die unsere Identität geprägt haben und in unser heutiges Handeln eingehen, transparent zu machen." (Gudjons/Pieper/Wagner 1986: 24)

Biografisch reflektieren heißt „Auf meinen Spuren" sein - so der Titel des fundierten Manuals zu diesem Thema, dem das obige Zitat entstammt.

Biografische Selbstreflexion als zentrale pädagogische Handlungskompetenz begründet sich aus der Tatsache, dass Pädagogik bedeutet, Menschen vermitteln Inhalte, und sie begründet sich aus ihrem humanistischen Erziehungsziel, Selbstbestimmungsprozesse zu unterstützen. Eine Selbstbestimmung zulassende professionelle Haltung impliziert, die Eigenwilligkeit des Klientels aushalten zu können, ohne die pädagogische Beziehung zu verlieren. Dies verlangt Selbstreflexivität als Wissen um das eigene Gewordensein, der eigenen Vorstellungen, Vorlieben, Abneigungen oder heikle Themen. Diese gilt es zu kennen - so wie man alte Bekannte kennt - damit sie nicht unbemerkt in der pädagogischen Beziehung ausagiert werden. Es soll die Aufmerksamkeit für die Wahrnehmung eigener Muster geübt werden. Ein humorvolles Motto dabei könnte lauten: „Denkst du noch oder merkst du schon?". Das Ziel ist nicht, Projektionen im pädagogischen Kontakt auszuschalten, das ist nicht möglich. Aber pädagogische Professionalität bedeutet, sich genau dieses Sachverhaltes bewusst zu sein und eine reflexive Haltung zu den eigenen Mustern zu entwickeln. Dafür ist die biografische Selbstreflexion ein wichtiges Instrument.

Dies gehört zu den pädagogischen Basiskompetenzen. Diese Kompetenz wird jedoch wenig gelehrt und geübt. Im Hinblick auf das hier zur Rede stehende Thema Genderkompetenz, also geschlechterbezogene Selbstreflexivität, gibt es klassische Studien aus dem schulischen Kontext, die zeigen, wie die Mädchen- und Jungenbilder der Lehrkräfte im Physikunterricht die Abstinenz der

Mädchen und die Engagiertheit der Jungen in diesem Fach reproduzieren (vgl. Hoffmann/Häußler/Lehrke 1998).

Die Beziehung zwischen biografischer Selbstreflexion und Therapie stellt sich so dar: bei biografischer Selbstreflexion geht es nicht um Therapie, sie kann jedoch einen Therapiebedarf deutlich machen.

3. Der Bezugsrahmen: biografische Selbstreflexion als Teil von Handlungskompetenz im Feld der Sozialen Arbeit

„Medium eines erziehenden, beratenden, betreuenden oder helfenden Umgangs mit anderen Menschen ist seine eigene Person." (Schiek 1982: 50). Handlungskompetenz in dieser Profession ist nach Hiltrud von Spiegel (2005: 595) zunächst grob zu differenzieren mit Bezug auf die zwei Prozessebenen professionellen Handelns: Primärprozesse beziehen sich auf die Fallarbeit mit Adressatinnen und Adressaten, Sekundärprozesse auf Organisation und Management in Systemen: Institutionen, Organisationen, Gesellschaft.

Handlungskompetenz wird allgemein beschrieben als Dreiklang von *Wissen, Können, Wollen. Wissen* meint theoretisches und instrumentelles Wissen, Wissen aus den Bezugswissenschaften, mindestens der Soziologie und der Psychologie. *Können* bedeutet dann, dieses Wissen praktisch umsetzen zu können, d.h. Strukturen und Bedingungen herstellen zu können, in denen Selbstbildung und Hilfe möglich sind und entsprechende Methoden adressatInnenbezogen anwenden zu können. *Wollen* umfasst den Bereich der beruflichen Haltung, das Selbstverständnis als Professionelle in der Sozialen Arbeit, das Wissen um die eigenen Werte, Ziele und Parteilichkeiten. Biografische Selbstreflexion kann als der erste Schritt bezeichnet werden, diesen Punkten bei sich selbst auf die Spur zu kommen und eine reflektierte Wertehaltung zu entwickeln. Nach Hiltrud von Spiegel wirkt eine erkennbare professionelle Haltung förderlich auf die Beziehung zwischen AdressatInnen und Fachkräften. Vermeintliche Unparteilichkeit erweist sich stets als Stabilisierung bestehender Dominanzstrukturen. Da Soziale Arbeit gesellschaftlich im Spannungsfeld von Hilfe und Kontrolle agiert, verlangt sie Handlungskompetenz als Kritikkompetenz, die nach Karlheinz Geissler nur durch Aufklärung über die eigene Lebensgeschichte erlangt werden kann (vgl. Geissler/Hege 1974: 48).

Genderkompetenz auf der sekundären Ebene wäre das Gender Mainstreaming (vgl. Stiegler 2008 und Werthmanns-Reppekus 2008, in diesem Band).

Für *Genderkompetenz* auf der primären Ebene sind alle drei Handlungskompetenzen von Bedeutung: theoretisches *Wissen* um Geschlechterverhältnisse und Betroffenheiten von Frauen und Männern, Mädchen und Jungen, praktisches

Können/Umsetzten von geschlechtergerechten pädagogischen Bedingungen und Methoden und vielleicht hier zuallererst: eigenes *Wollen* als berufliche Haltung, die Geschlecht als wichtige Kategorie Sozialer Arbeit ansieht und die eigenen Modelle von Geschlechtergerechtigkeit reflektiert (vgl. Kunert-Zier 2005: 283). Dass dafür biografische Selbstreflexion der eigenen Lebensgeschichten, Sternstunden und Verletzungen als Mädchen oder Junge sowie der Konzepte und Beziehungen als Erwachsene zentral sind, leuchtet unmittelbar ein: - gut zu wissen...! Der eigene Hintergrund prägt aktuelle Muster, Vorlieben, Abneigungen und Visionen.

4. Prominente Zitate zum Thema

Die folgenden Zitate fassen die allgemeine Bedeutung biografischer Selbstreflexion für die Soziale Arbeit zusammen und sie leiten über zu ihrer spezifischen Bedeutung für Genderkompetenz in der Arbeit mit Mädchen und Jungen.

- Das Potential von biografischer Selbstreflexion allgemein

> „Ein Akt der Selbstreflexion, der ‚ein Leben ändert', ist eine Bewegung der Emanzipation." (Habermas 1968: 261)

- Die Bedeutung biografischer Selbstreflexion für die Erziehung

> „Weil wir Kinder nur in Analogie zu uns selbst verstehen können, liegt es nahe, zunächst über uns, über Erwachsene nachzudenken." (Mollenhauer 1983: 160)

- Negativfolie: Konsequenz der Verdrängung der Selbstbezogenheit Sozialer Arbeit

Theorie und Praxis der Sozialen Arbeit gehören zu den Verhaltenswissenschaften, sie beziehen sich auf Menschen. Insofern berühren sie immer auch persönlich. Georges Devreux vertritt die radikale These:

> „Kurz, verhaltenswissenschaftliche Daten erregen Ängste, die durch eine von der Gegenübertragung inspirierte Pseudomethodologie abgewehrt werden." (Devereux 1984: 18)

D.h. wenn ich nicht um meine lebensgeschichtlichen Verletzungen weiß, werde ich Soziale Arbeit unbewusst so organisieren, dass sie mir möglichst wenig Angst macht.

- Biografische Selbstreflexion im Rahmen feministischer Mädchenpädagogik

Im Zitat reflektieren Lehrerinnen ihre Vorbildfunktion gegenüber ihren Schülerinnen:

> „Zuerst hatten wir das Gefühl eines Schocks und dann das Gefühl einer tiefen, wissenden Trauer, als wir den Mädchenstimmen zuhörten und die uns sagten, dass es die erwachsenen Frauen in ihrem Leben seien, die sie sich zum Vorbild nahmen, wenn sie sich selbst zum schweigen brachten oder sich wie ‚gute kleine Mädchen' verhielten. Dann tauchten die erwachsenen Frauen, die wir alle aus unserer Kindheit kannten, wieder auf. Wir konnten uns deutlich und voller Wut an die Frauen erinnern, die uns kontrolliert und uns zum Schweigen gebracht hatten, aber wir konnten uns auch an die Frauen erinnern, die es toleriert hatten, wenn wir in ihrer Gegenwart anderer Meinung und nicht zu bändigen gewesen waren, und bei denen wir das Gefühl gehabt hatten, vollständig akzeptiert zu werden." (Brown/Gilligan 1994: 243 f.)

- Exemplarisches Thema für biografische Selbstreflexion in der Jungenarbeit

> „Auch die Jungen selbst ahnen, dass es bzgl. Nähe, Zuwendung und Erotik mehr gibt, als ihnen erlaubt ist, als sie sich selbst zugestehen. Insofern können die vielen Sprüche zum ‚Schwulsein' usw. auch als Interesse oder sogar als Faszination gedeutet werden. (...) Dafür (i.S.v. Genderkompetenz; U.G.) ist es notwendig, dass Männer, hervorgehoben diejenigen, die sich heterosexuell orientieren, ihre eigene Homophobie transparent gestalten und deren Zugewinn an Männlichkeit, auch für sie als ‚reflektierte Pädagogen', nicht verleugnen - die Jungen sind gar nicht so anders als wir." (Rauw 2001: 140)

5. Das Praxisbeispiel: Kannst du gut Handball spielen?

Das folgende Praxisbeispiel zeigt die Bedeutung biografischer Selbstreflexion aus der Adressatinnensicht. Es beschreibt eine paradoxe pädagogische Situation, die dadurch entstehen kann, wenn Wünsche der Professionellen unbewusst an das Klientel delegiert werden. Es handelt sich um den Fall eines Paradoxons, das in „feministischer Selbstbehauptungspädagogik" entsteht und deshalb interessant im Hinblick auf konkrete Dimensionen genderkompetenten Handelns in der Mädchenarbeit ist.

Das Beispiel stammt aus einer qualitativen Studie über den Mädchentreff Bielefeld, in der ich die Beziehung zwischen Pädagoginnen und Mädchen untersucht habe (vgl. Graff 2004). Der Mädchentreff ist seit 1985 ein „Jugendzentrum für Mädchen“ mit Freizeit-, Bildungs- und Beratungsangeboten. Die Studie vergleicht die Perspektive der Mädchen und der Pädagoginnen auf die pädagogische Beziehung.

In der folgenden Passage erzählt Judith (17 Jahre alt, Gymnasiastin), wie sie ihren ersten Besuch im Mädchentreff erlebt hat:

> J.:„Ich bin mit 'ner Freundin da hingekommen, also mit Cecilia, und, ja die hat mich erstmal vorgestellt bei den Pädagoginnen. Ja, und die haben mich dann eben mehr oder weniger ausgefragt, so'n bisschen, was ich mache in meiner Freizeit. Und da habe ich erzählt, dass ich Handball spiele. Und dann war es ein bisschen seltsam, weil dann kam eben gleich die Frage: ‚Kannst du gut Handball spielen?' Ja, und weiß ich auch nicht mehr. Dann hatte ich so das Gefühl, dass es so die Pflicht war zu sagen: ‚Ja, ich kann gut Handball spielen', um sich so'n bisschen selbst zu behaupten.“

Pädagogisch interessant ist die „seltsame“ Frage: „Kannst du gut Handball spielen?“ und Judiths Gefühl dazu: „Es war die Pflicht zu sagen: Ja, ich kann gut Handball spielen“.

Was ist passiert? Judith empfindet den Druck, etwas Bestimmtes auf eine Frage zu antworten, als sei eine ehrliche, für sie wahre Antwort nicht von Interesse. Die Frage ist für sie eine rhetorische, die nur Bestätigung zulässt. Insofern ist die Frage keine echte nach ihrer Leistung im Handball, sondern eine Prüfungsfrage, die ihr Selbstbewusstsein betrifft. Die Prüfung scheint bestanden, wenn Judith sich selbst als „gut“ bezeichnet und damit die Erwartung der Pädagogin an sie erfüllt, unabhängig davon, ob sie sich wirklich so empfindet oder nicht. Das, worum es in der Prüfung geht, ist: „- sich so'n bisschen so selbst zu behaupten“, aber nicht gegenüber der Pädagogin, sondern irgendwie gegen eine unbestimmte Macht, die meint, dass Mädchen nicht gut Handball spielen können - Lehrer, Eltern, andere Handballer, ... die Gesellschaft. Selbstbehauptung ist jedenfalls nicht gegenüber der Pädagogin erwünscht, die unbeabsichtigt eine „seltsame“ Form der Pflichterfüllung verlangt. So erschließt sich die Qualität von „seltsam“: Es wird eine Demonstration von Selbstbehauptung gegen eine potentiell mädchenfeindliche Welt draußen verlangt. Die dahinter stehende feministische These könnte so lauten: „Weil die Gesellschaft meint, Mädchen können nicht gut Handball spielen, müssen Mädchen auf jeden Fall von sich selbst sagen, dass sie es gut können.“ Es wird in der Situation so etwas wie eine stellvertretende Selbstbehauptung konstruiert gegen potentielle Diskriminierung. Gleichzeitig wird die doppelte Botschaft vermittelt: „Du musst dich gegen gesellschaftliche Diffamierung behaupten, aber hier musst du die Erwartungen der Pädagoginnen erfüllen.“

Das ist wirklich seltsam, im Sinne von widersprüchlich, unklar, gut gemeint, aber quer. Judith schildert hier eine Situation, die Fallen feministischer „Selbstbestimmungspädagogik“ deutlich macht und zeigt, wie Mädchen sie erleben. Sie ist ein Beispiel dafür, wie situativ die Differenz zwischen pädagogischen Zielen der Pädagogin und authentischem Kontakt verloren geht. Judith soll den Wunsch der Pädagogin, dass Mädchen selbstbewusst sind, exemplarisch erfüllen. Dieses Paradox spürt Judith und es befremdet sie. Sie fühlt sich als Objekt von Pädagogik. Eine selbstreflexive Differenz zwischen Pädagogin und Mädchen zeichnet sich auf dem Hintergrund dieser Geschichte dadurch aus, dass die Pädagogin auf der Basis gleicher Anerkennung der eigenen und der Ansichten des Mädchens die Beziehung gestaltet. Das hieße, dass die Pädagogin um ihre pädagogischen und feministischen Herzenswünsche weiß und sie bei sich selbst anerkennen kann, etwa: „Ich möchte, dass Mädchen selbstbewusst sind" - bei gleichzeitiger Anerkennung der Wünsche von Mädchen nach Eigenständigkeit und Selbstbestimmung - auch gegenüber der Pädagogin. Das wiederum bietet die Chance, dass die Pädagogin im Kontakt zwischen sich und den Mädchen zu unterscheiden weiß und nicht unbewusst die Erfüllung ihrer Ziele an die Mädchen delegiert (vgl. Brown/Gilligan 1994: 247).

Aus dieser Geschichte kann nicht der Schluss gezogen werden, dass mit genügend biografischer Selbstreflexion Interaktionen wie diese zu verhindern seien. Im Gegenteil - wenn biografische Selbstreflexion normativ gewendet wird im Sinne absoluter Reflexivität und Distanz in pädagogischen Situationen, verhindert sie, was sie erreichen will.

Pädagogische Reflexivität als Element im Kanon von Professionalität ist in sich ambivalent und muss im Spannungsfeld von Ideologie und notwendiger pädagogischer Kompetenz beschrieben werden. Sie ist einerseits Ideologie, denn niemand hat immer reflexive Distanz zu eigenen Gefühlen. Selbstreflexivität ist anderseits notwendig, weil sich SozialpädagogInnen in der Ausübung ihrer Profession in erster Linie mit Lebenslagen anderer beschäftigen, nicht mit den eigenen. Das verlangt Distanz zu eigenen psychischen Befindlichkeiten, die nur durch Anerkennung eigener innerer Bilder und Urteile geübt werden kann. Ziel biografischer Selbstreflexion ist eine verständnisvolle, wache Aufmerksamkeit gegenüber sich selbst. Sie meint nicht das Verbot von Projektionen, sondern das Ernstnehmen ihrer Existenz als Versuch einer selbstreflexiven Haltung.

Darin liegt eine Paradoxie: selbstreflexive Distanz verlangt die Wahrnehmung eigener Vorurteile und Emotionen; um eigene Vorurteile und Emotionen wahrnehmen zu können, muss ich aber zunächst mein Nicht-Distanziertsein anerkennen. Wenn Selbstreflektiertheit normativ gesetzt wird, verhindert sie genau das, was sie leisten soll.

Hans Thiersch bestätigt, dass diese Normativität im pädagogischen Diskurs nach wie vor zu finden sei: „Die Gefährlichkeit dieser Befangenheiten und Projektionen sind offenkundig; Nietsche, Benfeld und Schmidbauer haben das

Helfersyndrom hinreichend analysiert. Aber: Erledigt das das Problem? Das Wissen um diese Gefährdungen hat in der sozialpädagogischen Diskussion eine Art von social correctness ausgebildet, die die hier gegebene Realität von Gefühlen und Erlebnissen ableugnet.“ (Thiersch 1998: 266).

Vor diesem Hintergrund sind Beispiele wie die Handballgeschichte so wertvoll: Sie ermöglichen den Diskurs über Fehler und Misserfolge, über Anspruch und Realität, über Bemühen und Scheitern. Selbstreflexive Genderkompetenz braucht den Diskurs, nicht das Tabu ihres Misslingens, ihr Ziel wäre Verständnis und Humor im pädagogischen Geschäft frei nach dem Satz der Kabarettistin Edda Schnittgard: „Das Ziel ist im Weg“.

6. Methoden und Praxis

Es gibt vielfältige Methoden biografischer Selbstreflexion (vgl. Gudjons/Pieper/Wagener 1986). Zwei hilfreiche Schulen seien hier exemplarisch genannt: zum einen die *Ethnopsychoanalyse* und zum anderen *Meditation.*

6.1 Ethnopsychoanalyse

Aus der Ethnopsychoanalyse lassen sich eher entfernte Analogien für biografische Selbstreflexion ableiten. Sie liefert jedoch interessante Anregungen für die Selbstbeobachtung vor allem in Stresssituationen. Die Ethnopsychoanalyse ist eine Forschungsrichtung, die fremde Kulturen psychoanalytisch untersucht. Ihr Hintergrund, die Psychoanalyse geht davon aus, dass die menschliche Psyche traumatische Erfahrungen oder Kränkungen verdrängt und ins Unbewusste verschiebt. Im Prozess der psychoanalytischen Therapie wird dies Unbewusste stellvertretend auf die TherapeutInnen übertragen und damit dem Bewusstsein und der Bearbeitung zugänglich. Die Psychoanalyse will also die Übertragung befördern. Der Begriff der Gegenübertragung meint die Regungen der AnalytikerInnen auf KlientInnen im Prozess der Analyse und ist damit wichtiges Datum für die professionelle Selbstreflexion. In der Ethnopsychoanalyse sind das Untersuchungsinstrument für eine fremde Kultur die ForscherInnen selbst. Sie dokumentieren ihre Gegenübertragungen als die relevanten Daten im Forschungsprozess und wertet sie aus, d.h. Ärger, Verwirrung, Langeweile gelten nicht als Störungen, sondern als das entscheidende Forschungsmaterial (vgl. stellvertretend Weiss 1991). Hier ergibt sich die Verbindung zum Thema biografische Selbstreflexion: wenn es pädagogische Kompetenz ist, selbstreflexive Distanz zu üben, dann wäre ein erster Schritt all das, was allgemein als Störung gewertet wird, also unbequeme Regungen wie Ungeduld, Druck umzuwerten als guten Hinweis auf eigene Befindlichkeiten und Empfindlichkeiten. Ein innerer Satz wie: „Das ist ja interessant, gut, dass ich's gemerkt habe!" kann helfen, aus eingefahrenen Reaktionsmustern, wie z.B. den Druck in der jeweiligen Situation noch zu erhöhen, auszusteigen. Eine Lehre aus der ethnopsychoanalytischen Schule ist also: Störungen oder Unbequemes in pädagogischen Situationen liefern die Anlässe für biografische Selbstreflexion und spiegeln die Themen, um die es geht. Das Anliegen besteht darin, sich selbst besser zu verstehen. Es bedeutet auch, die eigene Befindlichkeit ernst zu nehmen und unter Umständen Bedingungen angemessen verändern zu können (vgl. Würker 2006).

Aus der Schule der Ethnopsychoanalyse lassen sich Spuren für biografische Selbstreflexion finden: Störungen im pädagogischen Alltag zeigen relevante Reflexionsthemen. Diese zu bemerken, ist ein erster distanzierender Schritt heraus aus der Identifikation und kann in überfordernden Situationen entlasten.

6.2 Meditation

Eine konkrete Technik für die biografische Selbstreflexion ist die Meditation. Meditation heißt wörtlich übersetzt „sinnende Betrachtung, kontemplative Versenkung". Die Funktionsweise der Meditation wird häufig mit folgender Metapher beschrieben: aufgewühltes Wasser ist trübe; wenn es eine Weile ruhig steht, setzt sich der Sand ab und das Wasser wird klar. Die Analogie zum Wasser ist der Geist, die Fähigkeit zu denken, der Sand steht für die Gedanken. Die Fülle unterschiedlicher Gedanken und der emotionale Zustand beeinflussen die Fähigkeit, auf Wissen zugreifen zu können. Ein deutliches Beispiel ist die Situation, wenn wir uns unbedingt an den Namen einer bestimmten Person erinnern wollen. Wir sehen sie vor uns und wir wissen, dass wir den Namen kennen, aber je stärker wir wollen, dass er uns einfällt, desto weniger Erfolg haben wir. In der Regel fällt er uns nach einer Weile ein, wenn wir die gedankliche Suche aufgeben, im Bild des Wassers gesprochen, wenn wir es in Ruhe lassen. Dieses Phänomen macht sich die Meditation systematisch zu nutze. Es wird eine Technik praktiziert, die Ruhe und bewusste Entspannung fördert, um Einsicht (klare Gedanken) oder Konzentration (die Fähigkeit, bei meinem Tun „bei der Sache zu sein") zu unterstützen. Das können Atemmeditation, Autogenes Training, ein Spaziergang, Körperübungen oder kreative Techniken wie Malen sein (vgl. Mannschatz 2005). Entscheidend für die Übung ist die Motivation, mit der sie praktiziert wird. Hier sind sie als Vorbereitung für biografische Selbstreflexion genannt: eine entspannte Haltung ermöglicht einen gedanklichen Ausflug in die eigene Geschichte. Die Politologin und buddhistische Meditationslehrerin

Sylvia Wetzel hat hierzu zahlreiche geleitete Übungen entwickelt. Die folgende ist exemplarisch für die Reflexion von männlichen und weiblichen Vorbildern in der eigenen Lebensgeschichte. Sie kann im Anschluss an eine kurze Entspannung oder Meditation durchgeführt werden:

> „Wir denken an die Zeit, als wir vier oder fünf Jahre alt waren und noch nicht zur Schule gingen. Wir fragen uns: ‚Wer war damals ein Vorbild für mich? Was mochte ich an dieser Person? Was haben wir miteinander gemacht? Worüber haben wir geredet? Hat die Person zugehört oder vor allem selbst geredet? War sie höflich oder laut und direkt? Schüchtern oder selbstbewusst?' Dann gehen wir in Schritten von etwa fünf Jahren durch unser Leben, denken an Vorbilder und stellen die gleichen Fragen. Zum Abschluss fragen wir uns: ‚Welche Frauen waren Vorbilder? Was mochte ich? Welche Männer waren Vorbilder? Was mochte ich? Worüber haben sie mit mir und mit anderen geredet? Wie haben sie geredet?'" (Wetzel 2007: 82).

Und weiter:

> „Lesen Sie die Übung zuerst ganz durch. Dann lesen Sie den ersten Satz oder Abschnitt noch einmal, schließen die Augen und lassen die Fragen auf sich wirken. Lesen Sie den nächsten Abschnitt und achten Sie entspannt auf die Bilder, Gedanke und Gefühle, die aufsteigen. Bleiben Sie am Ende einige Momente still sitzen und lassen Sie dabei die Gedanken frei schweifen. Es ist hilfreich, die Gedanken in ein Tagebuch niederzuschreiben und sich die Notizen in regelmäßigen Abständen wieder anzuschauen." (ebd.: 12)

Im Hinblick auf Genderkompetenz wird diese Übung Hinweise über biografische Hintergründe für die Frauen- und Männerbilder geben, die aktuell favorisiert werden. Dies wiederum hilft bei der Reflexion darüber, welche Rolle sie in der pädagogischen, der kollegialen und der institutionellen Interaktion spielen.

6.3 Methoden biografischer Selbstreflexion: individuell, im Dialog, in der Gruppe

Biografischer Selbstreflexion, die allein praktiziert wird, braucht eine Methode, mit der Reflexionsmaterial erhoben werden kann. Die genannte Methode der analytischen Meditation in geführten Übungen erhebt in diesem Sinne Erinnerungen, die aufgeschrieben und dann ausgewertet werden können.

Eine weitere Methode ist Schreiben. Dazu gehören das assoziative, kreative Schreiben, als Sammlung aller Gedanken zu einer Frage, einem Begriff oder Bild (s.o.), das Tagebuch schreiben, als Dokumentation von Praxis und Erfahrung (vgl. Stübig 1995, Grabrucker 1985) sowie der Dialog auf dem Papier mit einem fiktiven Gegenüber, als Spiegel für Meinungen, die man zu einer Person oder einem Sachverhalt hat.

Die klassische Methode im Dialog für Selbstreflexion im beruflichen Kontext wäre die Supervision. Dort steht die eigene berufliche Situation im Mittelpunkt, die lösungsorientiert reflektiert wird. Biografische Hintergründe können dort auftauchen und wichtige Daten für das Verstehen von Konflikten sein. Biografische Selbstreflexion hat also Schnittmengen in dieser Form, sie steht in der Regel nicht im Mittelpunkt. Die moderne Variante zur Supervision ist das *Coaching*.

Formen der biografischen Selbstreflexion in der Gruppe können sein:

- die kollegiale Beratung in Selbstorganisation,
- die Gruppensupervision (s.o.),
- die Selbsterfahrungsgruppe als Selbsthilfe oder angeleitet,
- sowie Fortbildungen und Weiterbildung.

6.4 Fortbildung

Zunächst ein Beispiel aus der Gender Fortbildungsarbeit zu der Perspektive des Crosswork. Crosswork meint die geschlechterbewusste pädagogische Arbeit mit dem jeweils anderen Geschlecht: der Arbeit von Frauen mit Jungen und von Männern mit Mädchen. Diese Perspektive ist bisher wenig beachtet worden. Es ist eine positive Entwicklung zu verzeichnen von der Mädchen- und Frauenarbeit hin zu einer geschlechterbewussten Pädagogik, die die Jungenarbeit befördert und auch die Koedukation in den Blick nimmt.

Ein interessantes Beispiel aus dieser Fortbildungsarbeit kommt von der Kontakt- und Informationsstelle für Mädchenarbeit der Initiative für Mädchen in München (IMMA e.V.) in Kooperation mit dem dortigen Netzwerk Jungenarbeit. Im Rahmen des Studientages der BAG Mädchenpolitik e.V. in München am 15. April 2007 berichtet Hanne Güntner, Mitarbeiterin bei IMMA, aus einem Crosswork Seminar für Männer aus der Jugendarbeit. Dort kristallisiert sich in der Diskussion über Haltungen Mädchen gegenüber das folgende Thema heraus: Die Jugendarbeiter berichten, dass die Mädchen immer zusammen sitzen und Kaffee trinken. Im weiteren Verlauf des Gesprächs wird deutlich, dass sie diesem Kaffeeklatsch der Mädchen im Grunde mit Abwertung begegnen. In der biografischen Reflexion stellt sich die Verbindung heraus zu dem Fremdheitsgefühl gegenüber dem gemütlichen Zusammensitzen und Reden von Frauen, das sie aus ihrer Lebensgeschichte kennen. Daraufhin entschließen sie sich, selber einen Kaffeeklatsch zu spielen, so wie sie ihn bei den Mädchengruppen in ihrer Arbeit wahrnehmen. Sie spielen die Mädchen, sie kaufen ein, sie richten den Raum her, sie kochen, decken den Tisch und dann sprechen sie - wie die Mädchen sprechen.

Ein Ergebnis dieser Übung war, dass die Jugendarbeiter nun nachvollziehen konnten, was die Mädchen an dieser Situation schätzen: Infos werden ausgetauscht, es werden Meinungen gebildet, es ist ein Raum, in dem über Glück und Leid gesprochen werden kann, es passiert Begegnung, Beziehungen zu anderen werden verhandelt und Beziehungen untereinander werden gepflegt und nicht zuletzt: es macht Spaß (zu mädchenbezogener Geselligkeit vgl. Branner 2003).

Dieses Beispiel zeigt, wie Genderkompetenz konkret gelernt werden kann. Die biografische Selbstreflexion ist hier der Zugang für ein besseres Verstehen eigener geschlechtbezogener Projektionen. Darauf aufbauend ist das Genderplay, d.h. Übungen des Rollenwechsels oder Psychodrama, eine effektive und „leichte" Methode, um spielerisch fremde, irritierende Subjektpositionen zu erfahren (vgl. dazu auch Reinhard Winter: Soziodramen der Geschlechter, Seminar: 19.10.-21.10.2007, http://www.sowit.de [25.09.2007]).

6.5 Qualitätsmerkmal: Reflexion in der geschlechtshomogenen Gruppe

Ein entscheidendes Qualitätsmerkmal angeleiteter biografischer Selbstreflexion mit geschlechterdemokratischer Zielsetzung ist die Organisation in geschlechtshomogenen Gruppen (vgl. Burbach/Schlottau 2001), d.h. Fortbildungsangebote richten sich exklusiv an Männer oder Frauen oder gemischte Seminare arbeiten flexibel in geschlechtshomogenen und -heterogenen Gruppen.

Biografische Selbstreflexion in der Gruppe beginnt in der Gruppe des eigenen Geschlechts. Dies begründet sich durch ihr Ziel, Selbstbestimmung für Frauen und Männer anzustreben, um auf dieser Grundlage, der Utopie eines gleichberechtigten Miteinanders von Verschiedenen (vgl. Prengel 1993) näher zu kommen. Sylvia Wetzel vertritt die These, dass Frauen und Männer dafür bestimmte Beziehungen zum eigenen Geschlecht brauchen,

1. auf horizontaler, gleicher Ebene (FreundInnen, KollegInnen, NachbarInnen als soziales Netz) und
2. auf vertikaler, ungleicher Ebene (Vorbilder, LehrerInnen, Autoritäten, von denen sie lernen können),

damit Beziehungen zum anderen Geschlecht sowohl horizontal als auch vertikal gelingen können. Anders ausgedrückt: Frauen und Männer brauchen Rückhalt und Vergewisserung im eigenen Geschlecht, um sich sinnvoll auf das andere Geschlecht beziehen zu können (vgl. Wetzel 2000: 21f.). Darüber hinaus brauchen Frauen und Männer die Beziehung zum anderen Geschlecht als Korrektiv für die eigene geschlechtsbezogene Perspektive.

7. Fazit oder: Es gibt nichts Gutes, außer man tut es! (Erich Kästner)

Biografische Selbstreflexion gehört zu den Voraussetzungen für genderkompetentes Handeln in der Sozialen Arbeit. Daher ist es eine wichtige Aufgabe des Studiums, entsprechende Angebote für Studierende zu machen (vgl. Kunert-Zier 2005: 291f.). Damit könnte der von Hiltrud von Spiegel kritisierten Fokussierung auf die Wissensdimension in der Ausbildung entgegengesteuert werden:

> „(...) es gelingt aber selten, eine reflexive Verbindung zwischen lebensgeschichtlich erworbenen und beruflichen Wertorientierungen herzustellen. Daraus kann folgen, dass Fachkräfte später Schwierigkeiten haben, ihre eigenen Wertestandards zu reflektieren und Etikettierungen der von Sozialer Arbeit Betroffenen zu vermeiden." (v. Spiegel 2005: 599)

Studienveranstaltungen sollten einen Rahmen bieten, verschiedene Methoden biografischen Arbeitens auszuprobieren, sie sollten sowohl geschlechtshomogen als auch für Männer und Frauen gemeinsam angeboten werden und sie sollten vor allem Lust machen, die eigene Lebensgeschichte zu erforschen. Das wäre ein Weg, die große Diskrepanz zwischen Theorie und Praxis biografischer Selbstreflexion zu überwinden.

Literatur

Branner, R. (2003): Scherzkommunikation unter Mädchen. Eine ethnografisch-gesprächsanalytische Untersuchung. Frankfurt a.M.

Brown, L. M./Carol, G. (1994): Die verlorene Stimme. Wendepunkte in der Entwicklung von Mädchen und Frauen (im Original: Meeting at the Crossroads). Frankfurt/New York

Burbach, C./Schlottau, H. (Hrsg.) (2001): Abenteuer Fairness. Ein Arbeitsbuch zum Gendertraining. Göttingen

Devereux, G. (1984): Angst und Methode in den Verhaltenswissenschaften. München

Geissler, K./Hege, M (1974): Konzepte sozialpädagogischen Handelns. München/Wien/Baltimore

Grabrucker, M. (1991): „Typisch Mädchen ..." Prägung in den ersten drei Lebensjahren. Ein Tagebuch. Frankfurt a.M.

Graff, U. (2004): Selbstbestimmung für Mädchen. Theorie und Praxis feministischer Pädagogik. Königstein/Taunus

Gudjons, H./Pieper, M./Wagner, B.(1986): Auf meinen Spuren. Das Entdecken der eigenen Lebensgeschichte. Reinbek

Habermas, J. (1968): Erkenntnis und Interesse. Frankfurt a.M.

Heiner, M. (Hrsg.) (1998): Methodisches Handeln in der Sozialen Arbeit. Freiburg

Hoffmann, L./Häußler, P./Lehrke, M. (1998): Die IPN – Interessenstudie Physik. Schriftenreihe IPN 158

Kunert-Zier, M. (2005): Erziehung der Geschlechter. Wiesbaden

Lattschar, B./Wiemann, I. (2007): Mädchen und Jungen entdecken ihre Geschichte. Grundlagen und Praxis der Biografiearbeit. Weinheim

Mannschatz, M. (2005): Meditation. München

Mollenhauer, K. (1983): Vergessene Zusammenhänge. Über Kultur und Erziehung. München

Prengel, A. (1993): Pädagogik der Vielfalt. Opladen

Rauw, R. (Hrsg.) (2001): Perspektiven geschlechtsbezogener Pädagogik. Opladen

Schiek, G. (1982): Die Rückeroberung der Subjektivität: der selbstreflexive Ansatz in der Ausbildung von Sozialwissenschaftlern. Frankfurt a.M.

Schweppe, C. (2004): Das Studium der Sozialpädagogik als biografischer Aneignungsprozess. In: Hanses, A. (Hrsg.): Biographie und Soziale Arbeit. Institutionelle und biographische Konstruktionen von Wirklichkeit. Hohengehren: 144-165

Spiegel, H. von (2005): Methodisches Handeln und professionelle Handlungskompetenz im Spannungsfeld von Fallarbeit und Management. In: Thole, W. (Hrsg.): Grundriss Soziale Arbeit. Wiesbaden: 589-602

Stübig, F. (1995): Schulalltag und Lehrerinnenbewusstsein: das Tagebuch einer Lehrerin und seine Reflexion im Gespräch mit Birke Mersmann. Weinheim

Thiersch, H. (1998): Profession und Person. In: Böhnisch, L./Rudolf, M./Wolf, B. (Hrsg.): Jugendarbeit als Lebensort. Weinheim und München: 263-270

Weiss, F. (1991): Die dreisten Frauen. Ethnopsychoanalytische Gespräche in Papua-Neuguinea. Frankfurt/New York

Wetzel, S. (2007): Worte wirken Wunder. Reden mit Herz und Verstand. Stuttgart

Wetzel, S. (2000): Mädchen und Freiheit - Wege zur freien Frau: sechs Beziehungen und eine Einsicht. In: LAG Mädchenarbeit in NRW e.V. (Hrsg.): Erster Vernetzungskongress Mädchenarbeit in NRW. Dritter Rundbrief: 19-23

Winter, R. (2007): Soziodramen der Geschlechter, Seminar 19.10.-21.10.2007, (http://www.sowit.de [25.09.2007])

Würker, A. (2006): „Wenn sich die Szenen gleichen ..." Ausbalancieren von Nähe und Distanz als Aufgabe der Lehrerbildung und das Konzept psychoanalytisch orientierter Selbstreflexion. In: Müller, B./Dörr, M. (Hrsg.): Nähe und Distanz. Ein Spannungsfeld pädagogischer Professionalität. Weinheim und München: 123-139

Ungleichheit, Differenz und ‚Diversity' - Zur Konstruktion des professionellen Anderen

Catrin Heite

Das Aufgabenfeld Sozialer Arbeit ist von diversen Ungleichheitskategorien wie u.a. Klasse, Geschlecht, Sexualität, Staatsbürgerschaft, Religion, Behinderung strukturiert. Deren Komplexität und Zusammenwirken zu analysieren und in Theoriebildung und sozialarbeiterischen Handlungskonzepten zu bearbeiten, stellt sich für das Projekt der reflexiven Professionalisierung als unabgeschlossene Herausforderung, um AdressatInnengruppen in ihren je spezifischen Bedürfnislagen gerecht zu werden: Insofern Soziale Arbeit auf die Herstellung sozialer Gerechtigkeit und die Ausweitung der Handlungsmöglichkeiten der AdressatInnen zielt, ist es eine professionelle Notwendigkeit, die Diversität der Problem- und Bedürfnislagen der AdressatInnen anzuerkennen und zu repräsentieren. Damit stellt sich die Frage nach dem Wie dieser Repräsentation, die aktuell dominant mittels der Figur ‚Diversity' erfolgt. Im Folgenden geht es mit einer Betrachtung der Ambivalenzen der Figur ‚Diversity' um eine Annäherung an die Frage, wie unterschiedliche Formen sozialer Ungleichheit und entsprechend unterschiedliche Bedürfnis- und Lebenslagen in Sozialer Arbeit angemessen zu repräsentieren sind.

1. Fragen und Verunsicherungen…

‚Diversity' und der damit verbundene Begriff Anerkennung sind Schlüsselkonzepte gerechtigkeitstheoretischer und -politischer Ansätze, aktueller politischer Auseinandersetzungen insbesondere in Form von Identitätspolitiken als auch Schlüsselkonzepte in Analyse, Theorie und Praxis Sozialer Arbeit. Soziale Arbeit beschäftigt sich ebenso wie Gerechtigkeitstheorie und -politik mit Differenzierungen und entsprechenden Ungleichheiten entlang von Stratifikationskategorien. Diese Kategorien sind neben Differenzierungen auch Produktionsmittel zur Herstellung von Ungerechtigkeit und daher zugleich Kategorien, um diesen Ungerechtigkeiten entgegen zu treten. So beziehen sich Identitätspolitiken affirmativ auf jene Kategorien, auf deren Basis Gruppen von Diskriminierung, Benachteiligung und Missachtung betroffen sind. Mit diesem affirmativen Bezug ist jenes Paradox verbunden, die Ungleichheitskategorien zu reifizieren und ihren Konstruktionscharakter nicht in hinreichendem Maße zu markieren: „Werden wir nicht ‚als Frauen' unterdrückt? - Einen solchen Satz zu formulieren ist guten theoretischen Wissens kaum mehr möglich. Ist er deswegen auch schon nicht mehr wahr?" (Rödig 1994: 98).

Trotz (de)konstruktivistischem Erkenntnisstand, dass Benachteiligung, Missachtung und Ausbeutung anhand naturalisierter, rassifizierter und kulturalisierter Differenzkonstrukte erfolgt, besteht eine Signifikanz von Anerkennungs- und Identitätspolitiken, um gegen die Benachteiligung *als* Frauen, *als* Homosexuelle oder *als* people of colour vorzugehen. Obgleich anerkennungspolitische Strategien, die auch auf den Begriff ‚Diversity' rekurrieren, gegenläufig zu Klassenpolitiken und Umverteilungspolitiken verlaufen, erscheinen sie notwendig, um Ungleichheiten substanziell zu begegnen. Im Kontext der Auseinandersetzung um die Verhältnisbestimmung von tendenziell differenzunsensiblen Umverteilungspolitiken und tendenziell differenzaffirmierenden Anerkennungspolitiken benennt Nancy Fraser (2005, 2006) drei Dimensionen von Gerechtigkeit: neben Umverteilung und Anerkennung akzentuiert sie die Dimension der Repräsentation. Alle drei Dimensionen können als wesentliche Elemente sozialer Gerechtigkeit und damit wesentliche Elemente von Theorie und Praxis Sozialer Arbeit gelten. In dieser Perspektive geht es im Folgenden um die Reflexion sowohl der professionellen Anerkennung von Differenz der AdressatInnen Sozialer Arbeit und der ‚Diversity' der Professionellen selbst, um die Frage nach deren angemessener Berücksichtigung und Repräsentation als auch um eine Problematisierung einer anerkennungstheoretischen und anerkennungspolitischen professionellen Perspektive.

2. ...sowie Erfordernisse

Die professionelle Notwendigkeit der Anerkennung von ‚Diversity' der AdressatInnen ist - so lautet die hier vertretene These - weniger eine Frage identitätspolitischer Anerkennung, sondern vorrangig eine Frage der gerechtigkeitstheoretischen Analyse und Berücksichtigung von vielfältigen Differenzierungen und Ungleichheiten, die auf Kategorien wie Klasse, Geschlecht, Ethnizität, Behinderung, Alter beruhen. Diese Kategorien und die korrespondierenden Diskriminierungen - diese „frontiers of justice" (Nussbaum 2007) - formieren und begrenzen die Lebensgestaltungsmöglichkeiten der AdressatInnen Sozialer Arbeit und sind zentrale Analysekategorien sozialarbeiterischer Theorie und Praxis. Insofern deren normatives Leitmotiv Gerechtigkeit ist, ist professionstheoretisch und professionspolitisch erforderlich, die entsprechenden Macht- und Herrschaftsverhältnisse zu analysieren und sie als Perspektive sozialarbeiterischer Methoden und Handlungskonzepte zu implementieren, um den Bedürfnissen der AdressatInnen gerecht zu werden. Solchermaßen produziert und fokussiert Soziale Arbeit unterschiedliche AdressatInnengruppen wie Frauen oder MigrantInnen sowie deren spezifischen Betroffenheiten von Diskriminierungen und die daraus resultierenden spezifischen Beschränkungen von Lebenschancen. In diesem Sinne erscheint es notwendig, die ‚Diversity' unterschiedlicher AdressatInnengruppen anzuerkennen, um deren spezifische Lage angemessen erfassen und in Theorie und Praxis hinsichtlich der Verbesserung von Lebenschancen und den Abbau von Ungleichheit in der professionellen Ausrichtung in Bezug auf Repräsentation und advokatorische Ethik umsetzen zu können.

Diese Perspektive verweist wiederum auf die Frage, auf welche Art und Weise unterschiedliche Formen von Ausbeutung, Missachtung und Diskriminierung sowie deren Überschneidungen und Zusammenwirken angemessen zu analysieren und zu repräsentieren sind. Bezüglich dieser Frage ist ‚Diversity' ein populärer Begriff, der zunehmend in die Soziale Arbeit Eingang findet (vgl. u.a. Hansen 2002, Harrison 2006, Hölzle 2006, Schröer 2006). Für die Rezeption und Implementation von ‚Diversity' in Sozialer Arbeit lassen sich zwei analytische Aspekte unterscheiden: Einerseits stellt sich der Terminus ‚Diversity' vor dem Hintergrund *politischer* ‚Diversity'-Thematisierungen seit den 1990er Jahren und im Rahmen von sozialen Bewegungen und Anerkennungskämpfen in Sozialer Arbeit dar als normativer Bezugsrahmen der Ausrichtung auf Gerechtigkeit, als Begriff einer differenzsensiblen NutzerInnenorientierung und Element der Organisation sozialer Dienstleistungen im Sinne kultureller Öffnung. Andererseits zielen *betriebswirtschaftliche* Thematisierungen von ‚Diversity' auf Leistungs- und Produktivitätssteigerung der einzelnen Beschäftigten, von Teams und von gesamten Unternehmen.

Damit stellt sich die vor allem professionstheoretisch zu beantwortende Frage nach dem Wie der Repräsentation, nach Möglichkeiten und Ambivalenzen repräsentatorischer, advokatorischer und anerkennungstheoretisch informierter Professionalität. In diesem Spannungsfeld politischer und betriebswirtschaftlicher Thematisierungen von ‚Diversity' lässt sich nach dem Professionalisierungspotential von ‚Diversity' und nach Herstellung und Relevanz professionellen Differenzwissens fragen: Wie wird Differenz und die Vielfalt von Ungleichheitsdimensionen in Sozialer Arbeit analysiert, bearbeitet und repräsentiert und welche Relevanz hat die Figur ‚Diversity' für eine anerkennungs- und gerechtigkeitstheoretische Fokussierung Sozialer Arbeit?

3. Anknüpfungen, Annäherungen und Auslotungen

Mit der Frage nach dem Wie einer angemessenen professionellen Repräsentation unterschiedlicher Betroffenheiten von Ungerechtigkeiten und diesen korrespondierenden Lebens- und Bedürfnislagen der AdressatInnen ist an zwei professionstheoretische Positionen anzuknüpfen: zum einen an die Forderung nach interkultureller Öffnung der sozialen Dienste und zum andern an die Position der „advokatorischen Ethik“ (Brumlik 1992, 2000).

Die Debatte um die Notwendigkeit interkultureller Öffnung sozialer Dienste und den Ausbau interkultureller Kompetenzen diskutiert und analysiert ‚Diversity' hinsichtlich Antidiskriminierungspolitiken, NutzerInnen- und Wirkungsorientierung, Qualitätssteigerung und konstatiert einen Professionalisierungsbedarf (vgl. u.a. AG IKSA 2001, Auernheimer 2002, Gaitanidis 2004, Griese 2004, Harrison 2006, Otto/Schrödter 2006). Antidiskriminierung und NutzerInnenorientierung sind die Hauptargumente für die Implementation von ‚Diversity' auf der Ebene des professionellen Personals unter anderem in Form von *managing diversity* oder ‚Diversity'-Trainings. Es erscheint sinnvoll, ‚Diversity' sowohl hinsichtlich der AdressatInnen als auch hinsichtlich des Personals Sozialer Arbeit als antidiskriminatorischen professionellen Standard zu implementieren.

In diesem Sinne wird ‚Diversity' nicht nur in Sozialer Arbeit vor allem hinsichtlich der AdressatInnen diskutiert, insofern es als notwendig angesehen wird, interkulturelle Kompetenzen auszubauen, um antidiskriminatorische, niedrigschwellige, nutzerInnenorientierte, effektive - kurz: professionelle - Soziale Arbeit anbieten zu können.

Als Konzept der Organisationsgestaltung und Unternehmensführung zielt beispielsweise das personalpolitische Steuerungsinstrument *managing diversity* auf die Anerkennung und den produktiven Einsatz der Unterschiede zwischen den Beschäftigten bezüglich kulturell/ethnischer und religiöser Zugehörigkeit, Geschlecht, sexueller Orientierung, Alter etc. *Managing diversity* thematisiert diese Differenzen und die entsprechende Vielfalt an Erfahrungen, Sichtweisen, Standpunkten, Eigenschaften und Kompetenzen im Hinblick auf Gerechtigkeit und Antidiskriminierung, KundInnen- bzw. NutzerInnenorientierung sowie Qualitäts- und Effektivitätssteigerung in Organisationen:

> „When nations and their organizations espouse beliefs such as (1) people are the most valuable resource, (2) every person will be treated with dignity and respect, and (3) there will be equal employment opportunities for people of all social-cultural groups, they take upon themselves a moral obligation to fulfill these promises. For this reason the quest to create organizational excellence to manage diversity is more than to maximize economic performance. It is, in part, a call to bring integrity to our governments and our organizations and to the people who lead them" (Cox 2001: 151, vgl. auch Finke 2006, Krell 2006, Stuber 2004).

Im Sinne gerechtigkeits- und sozialpolitischer, ethischer und fachlicher Überlegungen wird *managing diversity* auch in Sozialer Arbeit hinsichtlich interkultureller Kompetenzen und interkultureller Öffnung verstärkt rezipiert, diskutiert, eingefordert und implementiert. ‚Diversity' findet als Querschnittsaufgabe zunehmend Eingang in Leitbilder und Handlungspraxen sozialer Organisationen und wird derzeit im Rahmen der Modularisierung der sozialen Ausbildungsgänge curricular akzentuiert. Jedoch steht diesem aktuellen Boom des Themas keine demgemäße Breite systematischer Analyse und Theoriebildung gegenüber und es wird umfassender Forschungsbedarf konstatiert (vgl. u.a. Hansen 2002, Hölzle 2006). Vor allem erscheint die Frage bedeutsam, was „Soziale Arbeit von Diversity-Konzepten lernen kann" (Schröer 2006).

Die Analyse der sozialarbeiterischen Auseinandersetzung mit ‚Diversity' hat den weiteren gesellschaftspolitischen Kontext der Figur ‚Diversity' zu berücksichtigen. Diese hat seit den 1990er Jahren u.a. in der feministischen, queeren und postkolonialen Theorie als auch in den neuen sozialen Bewegungen in Form von Identitäts- und Anerkennungspolitiken an Bedeutung gewonnen. Der Erfolg dieser Entwicklung besteht in einer Ausweitung von Ungleichheitsanalysen über Klasse hinaus auf beispielsweise sexistische, rassistische, homophobe Diskriminierungen und Ausschlüsse. Gleichzeitig ist jedoch davon auszugehen, dass mit dieser Fokusverschiebung von makrostrukturellen Analysen und Umverteilungspolitiken hin zu einer Überpointierung von Identität und Anerkennungspolitiken eine Reifizierung der Differenz und eine Kulturalisierung von Benachteiligungsstrukturen verbunden ist. Insofern diese Vernachlässigung klassenanalytischen Vorgehens einhergeht mit „the rise of attempts by neoliberals to legitimise class inequalities" (Sayer 2005: 52, vgl. auch Fraser 2003) hat die Figur ‚Diversity' nicht nur im Rahmen neuer sozialer Bewegungen, sondern auch im Zuge der Durchsetzung neoliberaler Politiken betriebswirtschaftliche, politische und wissenschaftliche Popularität gewonnen.

Vor diesem Hintergrund ist zu problematisieren, ob eine diesem Entstehungshintergrund von *managing diversity* und einer entsprechenden Ausrichtung auf Profitmaximierung und dessen ökonomistische Rationalität im Widerspruch zur sozialen Rationalität der Profession steht und ob der in Sozialer Arbeit ausgetragene Konflikt zwischen Wettbewerbslogik, Kostenreduktion, Effektivitäts- & Effizienzsteigerung sowie KundInnenkonzept einerseits und Kooperationslogik, Fachlichkeit & Professionalität sowie NutzerInnenorientierung andererseits auch in der Theoretisierung von ‚Diversity' und der Implementation von *managing diversity* ausgetragen wird. Dies verweist auf jene Frage, wie sich eine angemessene Repräsentation der AdressatInnen, ihrer Lebenslagen und Bedürfnisse in Sozialer Arbeit mit der Figur ‚Diversity' implementieren lässt. Damit geht es um die Fundierung einer anerkennungstheoretischen und anerkennungspolitischen, repräsentatorischen und advokatorischen Sozialen Arbeit.

Im Sinne einer advokatorischen Ausrichtung hat professionelle Soziale Arbeit die persönliche Integrität und die Rechte der AdressatInnen im Sinne „körperlicher Unversehrtheit, psychischer Anerkennung als handlungs- und verantwortungsfähige Person sowie dem Respekt vor der kulturellen Zugehörigkeit der Person“ (Brumlik 2000: 281) zum Zentrum. Mit einem solchen anerkennungstheoretisch informierten Konzept von Professionalität als advokatorischem Handeln lässt sich hinsichtlich ‚Diversity' die These herleiten, dass AdressatInnen Sozialer Arbeit ein Recht auf die angemessene Repräsentation ihrer Lebens- und Bedürfnislagen haben. So haben beispielsweise „Mädchen-of-Colour […] ein Recht auf professionelle Betreuung, Beratung und Begleitung durch Pädagoginnen, die ihre Lebensrealitäten in Form eines gemeinsamen ‚Hintergrunds' reflektieren.“ (Raburu 1998: 223). In dieser Weise lässt sich die Bereitstellung professioneller Konzepte, Handlungsmodelle und Analysen, die den Bedürfnissen und Lebensrealitäten der jeweiligen NutzerInnen angemessen sind, begründen. Gleichzeitig ist diese These - die von der feministischen Frauen- und Mädchenarbeit hinsichtlich der Annahme eines gemeinsamen Erfahrungshintergrunds ‚Geschlecht' und Betroffenheit von sexistischer Diskriminierung und sexualisierter Gewalt einhergehend mit dem Prinzip der Parteilichkeit seit den 1970er Jahren begründet und praktiziert wird - daraufhin zu hinterfragen, inwiefern ein „gemeinsamer Hintergrund“ von Sexismus- und/oder Rassismuserfahrungen erstens einen erkenntnistheoretischen und zweitens einen kompetenzbezogenen und damit professionellen Vorteil oder gar ein Professionalisierungspotential impliziert.

Damit stellt sich die Frage nach dem Professionalisierungspotenzial der Figur ‚Diversity' hinsichtlich der Repräsentation der Vielfältigkeit sozialer Ungleichheitsrelationen und hinsichtlich möglicher Intervention in diese. Mit Bezug auf postkoloniale und postmoderne Theorieansätze ist die These zu überprüfen, ob SozialarbeiterInnen als professionsinterne RepräsentantInnen der ‚Anderen' - beispielsweise als Frauen oder MigrantInnen - subjektiviert werden. Inwiefern integriert Soziale Arbeit mit ihrer Ausrichtung auf und Betonung von ‚Diversity' beispielsweise ‚MigrantInnen als SozialarbeiterInnen' als ‚Andere' in die Profession? In dieser Perspektive bietet sich die Möglichkeit zur selbstreflexiven Verständigung darüber, ob und in welcher Weise in der Ausrichtung auf ‚Diversity' sowohl differenzfeministische Ansätze reformuliert werden als auch die „kulturalistischen Fußangeln des interkulturellen Paradigmas“ (Gaitanidis 2006: 228) als Tendenz zu essentialisierenden Zuschreibungen und Stereotypisierungen wirksam sind und ob und wie in diesem Zusammenhang stereotype Vorstellungen von Weiblichkeit und Weiß-Sein (re)produziert werden.

In diesem Kontext erscheint es angebracht, die 'Diversity' unterschiedlicher NutzerInnengruppen auch im professionellen Personal zu repräsentieren und das Problem der Unterrepräsentanz von SozialarbeiterInnen mit Migrationshintergrund zu bearbeiten. Dies stellt sich als antidiskriminatorische Aufgabe reflexiver Professionalisierung, die sich kritisch auf die Erkenntnis bezieht, dass Soziale Arbeit als so genannter Frauenberuf überwiegend Weiß ist. Die Unterrepräsentation von SozialarbeiterInnen mit Migrationshintergrund wird jedoch derzeit weniger als Thema reflexiver Professionalisierung, sondern vielmehr hinsichtlich eines "ethnic matching of clients and professionals [that] has been debated as one component of culturally competent services" (Engstrom/Won Min 2004: 78) besprochen und zielt auf die Herstellung eines "culturally pluralistic setting in which all workers perform at their optimal level" (Hyde/Hopkins 2004: 27).

4. Eventualitäten

Die zunächst überzeugende Position der Bereitstellung von sozialen Diensten, die von Professionellen angeboten werden, denen ein geteilter Standpunkt oder eine gemeinsame Betroffenheit mit den AdressatInnen unterstellt wird, ist in intersektioneller Perspektive hinterfragbar hinsichtlich der These, dass ein solcher gemeinsamer Standpunkt, geteilte Erfahrungen und gemeinsame Betroffenheit von bspw. Rassismus und/oder Sexismus einen epistemologischen und professionellen Vorteil bedingt. Professionstheoretisch ist hinsichtlich der Expertise Sozialer Arbeit anzuzweifeln, dass die Ausrichtung auf oder gar die personalisierte Inkorporation von ‚Diversity' hinsichtlich NutzerInnenorientierung, Effektivität und Qualität im Sinne gemeinsamer Betroffenheit oder eines gemeinsamen Standpunkts von Professionellen und NutzerInnen vermehrte professionalisierende Wirkung entfaltet. Statt dessen lassen sich professionstheoretische und politische Ambivalenzen identifizieren, wenn NutzerInnen und Professionelle als Frauen, MigrantInnen, Schwule o.ä. adressiert werden und durch diese Adressierung jene „Achsen der Differenz" und Ungleichheitskategorien reifiziert werden.

Trotz der Relevanz dieses paradigmatischen Dilemmas feministischer Theorie und Intervention und der damit gegebenen Bedeutsamkeit dekonstruktivistischer Ansätze, ist es unbegründet, jene Kategorien aufzugeben, so lange sie als Basis, als scheinbar selbstverständliche, vermeintlich selbstevidente and naturalisierte Ordnungsprinzipien von Ungerechtigkeiten im Sinne von Ungleichverteilung, Missachtung und Unterrepräsentation Wirkung entfalten. Die Realitäten von Sexismus, Rassismus, Homophobie etc. erfordern weiterhin Theorien und

Praxen, die beispielsweise als konstruktivistischer oder „strategischer Essentialismus" (Spivak 1999) zu bezeichnen sind. Es erscheint für eine auf die Herstellung von Gerechtigkeit zielende Soziale Arbeit angebracht, sich auf Identitätspolitiken diskriminierter Gruppen zu beziehen, um diese als diskriminiert zu repräsentieren, wobei stets zu akzentuieren ist, dass es sich um Positionierungen und Kategorisierungen ohne Essenz handelt. In einer solchen deontologischen Sichtweise und unabhängig von der Notwendigkeit strategisch essentialistischer Praxen sowie unabhängig von der Bedeutsamkeit von Anerkennungspolitiken ist die Subjektivierung von AdressatInnen und Professionellen als Frauen oder MigrantInnen, denen spezifische Betroffenheiten und Kompetenzen zugeschrieben werden - wie etwa Fürsorglichkeit und Empathie oder sprachliche und interkulturelle Kompetenzen - als professionelle Konstruktion des ‚Anderen' zu analysieren. Insofern nicht Antidiskriminierung, sondern die Differenzdenkweise weiblicher Eigenschaften oder die okzidentale Imagination kultureller Differenz sowie die personifizierende und naturalisierende Zuschreibung spezifischer Kompetenzen die Gründe für bspw. die Implementierung von *managing diversity* sind, so hat dies nichts zu tun mit einer adäquaten Repräsentation von differenten Ungleichheitsstrukturen. Vielmehr handelt es sich um die Subjektivierung von weiblichen und/oder migrantischen Professionellen als „native informant" (Spivak 1999).

Damit wird der/die inkorporierte professionelle RepräsentantIn ‚der Anderen' als doppelzugehörig zu AdressatInnengruppe und zur Profession konstruiert: Die weibliche Professionelle oder der migrantische Professionelle wird als einer spezifischen AdressatInnengruppe und gleichzeitig der Sozialen Arbeit zugehörig betrachtet und die Profession sollte von seinem/ihrem scheinbar leichterem Zugang zur entsprechenden AdressatInnengruppe profitieren:

> „Projekte der Jugendarbeit brauchen ‚credibility'. Sie benötigen professionelle AnsprechpartnerInnen, die die Lebenslagen der Jugendlichen, die Diskurse in ihren Elternhäusern und deren Verarbeitungsformen unter Jugendlichen kennen" (Olle Burg e.V. 2006).

Dies erscheint soweit zutreffend, doch ist insbesondere aus professionstheoretischer Perspektive auf Kompetenz und Expertise Sozialer Arbeit anzuzweifeln, warum „SozialarbeiterInnen mit Migrationshintergrund häufig einen besseren Zugang zu dieser Zielgruppe haben" (ebd.) sollten. Vielmehr erscheint die/der SozialarbeiterIn hier weniger als fachlich kompetenteR, wissenschaftlich ausgebildeteR ProfessionelleR, sondern als ZugangsagentIn zur adressierten Differenzgruppe und so als ‚native informant':

„Die ProjektleiterInnen haben Zugang zu den Erfahrungswelten der beteiligten Jugendlichen. Sie verfügen auch aufgrund eigener Migrationserfahrungen und einer identitären Bezugnahme auf den Nahen Osten über einen direkten Zugang zu den Erfahrungswelten der Jugendlichen. Sie werden, so ist zu vermuten, von den Projektteilnehmenden akzeptiert und als glaubwürdig angesehen." (Olle Burg e.V. 2006)

Die Inkorporierung in Soziale Arbeit bspw. als *migrantischeR* ProfessionelleR konstruiert eine ethnisierte, kulturalisierte und linguale Passung zwischen dem/der ‚migrantischen SozialarbeiterIn' und spezifischen AdressatInnengruppen. Der/die Professionelle wird adressiert als DolmetscherIn, als naturalisierteR Experte/Expertin für ethnisierte und kulturalisierte soziale Konflikte und AdressatInnengruppen. Die diskursive Figur der/des migrantischen SozialarbeiterIn, der ‚Diversity'-RepräsentantIn, ist weniger *professionelleR* SozialarbeiterIn sondern als ‚native informant' professionelleR RepräsentantIn der ‚Anderen'. Der/die professionelle Andere wird konstruiert als Agentin zur Konstruktion und Rekonstruktion des Wissens und der Wahrheit von Differenz und der impliziten Reproduktion von Ungleichheit - etikettiert mit dem Euphemismus *‚Diversity'*.

Damit ist zusammenfassend festzuhalten, dass ‚Diversity' weder für die Kategorie Geschlecht noch für die Kategorie Ethnizität als adäquates professionelles Konzept erscheint, da es weniger ein analytisches, sondern ein neoliberales Konzept und Teil jener Verschiebung von Umverteilungs- hin zu Anerkennungspolitiken ist. Die Rede über ‚Diversity' substituiert Analyse und Theorie über sowie Intervention in Strukturen sozialer Ungleichheit und Ungerechtigkeit: die Rede über ‚Diversity' und entsprechende Praxen ist Teil affirmativer Strategien, die Gruppenidentitäten reifizierend aufwerten, wohingegen transformative Strategien auf deren Dekonstruktion und die Veränderung der zugrunde liegenden sozialen Strukturen zielen, anhand derer subjektive und kollektive Akteure „durch institutionalisierte kulturelle Wertmuster daran gehindert werden, als Gleichberechtigte am Gesellschaftsleben zu partizipieren" (Fraser 2003: 45). Vor diesem Hintergrund erscheinen die Ansätze der Intersektionalität und Interdependenz als Perspektive einer im ungleichheitstheoretischen Sinne differenzsensiblen Sozialen Arbeit geeignet, um soziale Stratifikationen und (De)Privilegierungen als miteinander in Wechselbeziehungen stehende Macht- und Herrschaftsverhältnisse zu analysieren und entsprechend in Theoriebildung und sozialarbeiterischen Handlungskontexten angemessen zu berücksichtigen. Soziale Arbeit als in Macht- und Herrschaftsverhältnisse eingebettete Akteurin bearbeitet diese hinsichtlich der Betroffenheit der AdressatInnen von u.a. klassen-, geschlechts-, alters-, sexualitäts- und bildungsspezifischer Benachteiligung. So rückt die ‚Diversity' und das Zusammenwirken ökonomischer Benachteiligung und kultureller Missachtung und Abwertung in den

Blick, ohne dass sozio-ökonomische und strukturelle Konflikte kulturalisiert werden, sondern hinsichtlich der Frage, wie unterschiedliche „Achsen der Differenz“ und Herrschaftskategorien in ihrem Zusammenwirken und Überschneidungen (De)Privilegierung, Benachteiligung, Abwertung und Ungleichheiten reproduzieren. In einer solchen macht- und herrschaftsanalytisch informierten professionstheoretischen und professionspolitischen Verortung lassen sich sowohl für die Professionellen als auch für die AdressatInnen die Erbringungsverhältnisse und die Erbringungskontexte Sozialer Arbeit nach kulturellen Normen antidiskriminatorisch entlang des Leitmotivs sozialer Gerechtigkeit strukturieren.

Literatur

AG IKSA (2001): Sechs Thesen zur Interkulturellen Öffnung der Fachbereiche für Sozialwesen an den Fachhochschulen der BRD. Thesenpapier der AG interkulturelle Arbeit des Fachbereichstages Soziale Arbeit. Köln

Auernheimer, G. (2002): Interkulturelle Kompetenz und pädagogische Professionalität. Opladen

Brumlik, M. (1992): Advokatorische Ethik. Zur Legitimation pädagogischer Eingriffe. Bielefeld

Brumlik, M. (2000): Advokatorische Ethik und sozialpädagogische Kompetenz. In: Müller, S./Sünker, H./Olk, T./Böllert, K. (Hrsg.): Soziale Arbeit. Gesellschaftliche Bedingungen und professionelle Perspektiven. Neuwied: 279ff.

Cox, T. (2001): Creating the Multicultural Organization. A Strategy for Capturing the Power of Diversity. San Francisco

Engstrom, D./Won M. J. (2004): Perspectives of Bilingual Social Workers, In: Journal of Ethnic & Cultural Diversity in Social Work. Vol. 13. 59ff.

Fraser, N. (2003): Soziale Gerechtigkeit im Zeitalter der Identitätspolitik. Umverteilung, Anerkennung und Beteiligung. In: Fraser, N./Honneth, A. (Hrsg.): Umverteilung oder Anerkennung? Eine politisch-philosophische Kontroverse. Frankfurt a.M.: 13ff.

Fraser, N. (2006): Mapping the Feminist Imagination. From Redistribution to Recognition to Representation. In: Degener, U./Rosenzweig, B. (Hrsg.): Die Neuverhandlung sozialer Gerechtigkeit. Feministische Analysen und Perspektiven. Wiesbaden: 37ff.

Fraser, N. (2005): The darkest times and the urgent need for meta-politics. Interview with Nancy Fraser. In: femina politica, 1/2005. 109ff.

Finke, M. (2006): Diversity Management: Förderung und Nutzung personeller Vielfalt in Unternehmen. München

Gaitanidis, S. (2006): Interkulturelle Öffnung der Sozialen Dienste. In: Otto, H.-U./Schrödter, M. (Hrsg.): Soziale Arbeit in der Migrationsgesellschaft. Multikulturalismus - Neo-Assimilation - Transnationalität. neue praxis Sonderheft 8, Lahnstein. 222ff.

Gaitanidis, S. (2004): Interkulturelle Öffnung der sozialen Dienste. Visionen und Stolpersteine. In: Rommelspacher, B. (Hrsg.): Die offene Stadt. Interkulturalität und Pluralität in Verwaltungen und sozialen Diensten. Dokumentation der Fachtagung vom 23.09.2003, Alice-Salomon-Fachhochschule Berlin: 4ff.

Griese, H. (2004): Kritik der „Interkulturellen Pädagogik“. Essays gegen Kulturalismus, Ethnisierung, Entpolitisierung und einen latenten Rassismus. Münster

Hansen, K. (2002): Diversity Management: Vielfalt leben. In: Social Management 1/2002. 10ff.

Harrison, G. (2006): Broadening the Conceptual Lens on Language in Social Work: Difference, Diversity and English as a Global Language. In: The British Journal of Social Work, 36(3). 401ff.

Hölzle, C. (2006): Personalmanagement in Einrichtungen der Sozialen Arbeit. Grundlagen und Instrumente. Weinheim

Hyde, C./Hopkins, K. 2004: Diversity climates in human service agencies: an exploratory Assessment. In: Journal of Ethnic & Cultural Diversity in Social Work, Vol. 13. 25

Krell, G. (Hrsg.) (2006): Diversity Management. Impulse aus der Personalforschung. München

Nussbaum, M. C. (2007): Frontiers of Justice. Disability, Nationality, Species Membership. Cambridge

Olle Burg e.V. 2006: Pädagogik mit Jugendlichen mit muslimisch geprägtem Migrationshintergrund. (http://www.ajcgermany.org/atf/cf/%7B46AEE739-55DC-4914-959A-D5BC4A990F8D%7D/Positionspapier%20Taskforce%20Antis.pdf, [16.07.2007])

Otto, H.-U./Schrödter, M. (2006): Soziale Arbeit in der Migrationsgesellschaft. Multikulturalismus - Neo-Assimilation - Transnationalität, neue praxis Sonderheft 8, Lahnstein

Raburu, M. (1998): Interkulturelle Teams. Sprachlosigkeit und verwobene Machtstrukturen. Zum Rassismus im Alltag feministischer Frauenprojekte. In: Castro, V. (Hrsg.): Suchbewegungen. Interkulturelle Beratung und Terapie. Tübingen: 213ff.

Rödig, A. (1994): Ding an sich und Erscheinung. Einige Bemerkungen zur theoretischen Dekonstruktion von Geschlecht. In: Feministische Studien. 91ff.

Sayer, A. (2005): The Moral Significance of Class. Cambridge

Schröer, H. (2006): Vielfalt gestalten. Kann Soziale Arbeit von Diversity-Konzepten lernen? In: Migration und Soziale Arbeit 1/2006. 60ff.

Spivak, G. C. (1999): A Critique of Postcolonial Reason. Towards a History of the Vanishing Present. Calcutta/New Delhi: 270ff.

Stuber, M. (2004): Diversity: das Potenzial von Vielfalt nutzen - den Erfolg durch Offenheit steigern. Neuwied

Normalität, Ethnie und Geschlecht - ein Blick auf den US-amerikanischen Diskurs

Iris Bednarz-Braun

1. Einleitung

Die bundesrepublikanische Frauen- und Geschlechterforschung sowie die Migrationsforschung schenkten der theoretischen und empirischen Analyse des Zusammenhangs von Migration, Ethnie und Geschlecht lange Zeit keine Aufmerksamkeit. Bis in die Gegenwart lässt sich konstatieren, dass eine integrierte geschlechter- und ethniebezogene Forschungsperspektive bei der Analyse des gesellschaftlichen Wandels und der Entwicklung von Lebensbedingungen innerhalb der inzwischen multi-kulturell gestalteten deutschen Gesellschaft noch keinen Eingang in den Mainstream der sozialwissenschaftlichen Forschung gefunden hat. Erst seit kurzem bahnt sich eine zunehmende Befassung mit diesem Gegenstand an. Dazu tragen zum einen die im angelsächsischen Raum geführten empirischen Analysen zu den - auch, aber nicht ausschließlich durch soziale und geschlechterspezifische Ungleichheit gekennzeichneten - Lebensbedingungen von ethnischen Minderheiten und Bevölkerungsgruppen mit Migrationshintergrund bei. Zum anderen werden die empirisch fundierten und angeleiteten US-amerikanischen Theoriediskurse zur sozialen Konstruktion von gender- und ethniebezogenen Differenzierungen zwischen Angehörigen der Mehrheits- und Minderheitenpopulationen in (geschlechter-) soziologischen Publikationen stärker als zuvor rezipiert. Damit gehen neue Impulse zur Selbstreflexion einher: Letztere dokumentieren sich an einer beginnenden Bereitschaft zur Auseinandersetzung mit der fundamentalen Kritik US-amerikanischer WissenschaftlerInnen an - als universell deklarierten - Erklärungsansätzen zu Geschlechterverhältnissen, die den erkenntnistheoretischen Gehalt des Zusammenhangs von gender, class und race bisher unberücksichtigt ließen (vgl. Bednarz-Braun 2004: 245).

2. Zur Kritik an einer getrennten Betrachtung von Geschlecht und Ethnie

Schwarze und farbige Wissenschaftlerinnen in den USA warfen den im Wissenschaftsbetrieb vorrangig beschäftigten männlichen Akademikern weißer Hautfarbe vor, dass diese innerhalb der scientific community Wissenschaftsstandards schaffen, die nicht nur das andere Geschlecht, sondern auch das ethnisch Andere vernachlässigen oder aber beide Kategorien als nachrangig und unbedeutend behandeln. Patricia Hill Collins (1990) stellt die durchaus provozierende Frage, wie es dazu kommen konnte, dass durch männlich kontrollierte Wissensproduktion und Erkenntnisprozesse eine gesellschaftliche Zuschreibung sowohl von schwarzen Bevölkerungsgruppen als auch von Frauen insgesamt als inferior erfolgte. Sie gelangt zu der Schlussfolgerung, dass die durch weiße Männer beherrschten akademischen Disziplinen nicht in der Lage seien, adäquate Fragen zu stellen und differenzierte wissenschaftliche Erklärungen zu geben, die der gesellschaftlichen Realität von Frauen und von Personen mit schwarzer Hautfarbe gerecht werden.

Die Wissenschaftskritik vor allem schwarzer US-amerikanischer Forscherinnen richtete sich aber nicht nur an weiße Männer innerhalb der scientific community, sondern ebenso an weiße Frauen. Letzteren wurde attestiert, die prekären sozialen Lebensverhältnisse nicht-weißer Bevölkerungsgruppen lange Zeit vernachlässigt zu haben und in den zugrunde gelegten theoretischen Konzepten zu sehr von der Leitvorstellung eines Lebensstandards auszugehen, der sich an ihrer eigenen Zugehörigkeit zur weißen Mittelschicht orientiert. Ein solches Paradigma sei jedoch ungeeignet, die durch gesellschaftliche Ungleichheitsstrukturen geprägten prekären Lebensbedingungen *schwarzer* Bevölkerungsgruppen zu analysieren und zu erklären.

In diesem Zusammenhang fand auch eine kritische Auseinandersetzung mit biologischen und essentialistischen Konzepten statt, die sowohl Rasse als auch Geschlecht primär als statische und damit ahistorische Größen betrachteten. In der Folge dieser - hier nur kurz skizzierten - Debatten wurde ein Gegenkonzept entwickelt, nämlich der Sozialkonstruktions-Ansatz, der sich zunächst auf gender bezog. Er lenkte die Aufmerksamkeit auf die gesellschaftliche Hervorbringung, also auf die soziale Konstruktion von Geschlecht (vgl. Glenn 1998: 4).

3. Zur Entwicklung der Sozialkonstruktionsansätze von Geschlecht und Ethnie

Ein Kennzeichen dieses Ansatzes ist es, dass Geschlecht nicht unter dem Gesichtspunkt individueller Eigenschaften betrachtet wird. Vielmehr wird Geschlecht nach Candace West und Don Zimmerman (1998) zu einem durch soziale Situationen erzeugten Unterscheidungsmerkmal zwischen Frauen und Männern gemacht. Mit anderen Worten: In dem Sozialkonstruktions-Ansatz geht es um die sozialwissenschaftliche Analyse von Geschlecht als einem konstitutiven gesellschaftlichen Ordnungsprinzip, das wesentliche Lebensbereiche von Männern und Frauen nach geschlechterspezifischen Distinktionsmerkmalen regelt und sich auf die Entwicklung konfligierender Interessen, auf Machtunterschiede, auf die Herausbildung von Hierarchien, sowie unterschiedliche Privilegien und Teilhabechancen auswirkt (vgl. Glenn 1998: 5).

Gesellschaftlich dominante Normen und Werte, vorhandene Gesetze und sonstige Regelungen sowie die Ausgestaltung von Institutionen und Organisationen stellen gesellschaftliche Rahmenbedingungen dar, die in ihrer untrennbaren Verknüpfung mit alltäglichen Interaktionsprozessen, mit institutionellen Entscheidungsmustern und dem Handeln von Akteuren in Organisationen dazu beitragen, dass duale Konzepte von Männlichkeit und Weiblichkeit entstehen. Diese Geschlechterdifferenz fließt in die konkrete Strukturierung von Geschlechterverhältnissen ein. Verändern sich gesellschaftliche Normen und Strukturen, so bleibt dies nicht ohne Auswirkungen auf die Konstruktion von Geschlecht und Geschlechterverhältnissen, weil diese sich neu konfigurieren und ausdifferenzieren können. Geschlecht stellt damit als soziale Strukturkategorie keine starre, sondern eine wandelbare, flexible Größe dar (vgl. Connell 1989, Acker 1990, Lorber 1994, Thorne 1993, West/Zimmerman 1987, Glenn 1998).

In den späten 80er Jahren übernahmen Historiker und Sozialwissenschaftler, die sich mit *Ethnie* befassten, das analytische Konzept des Sozialkonstruktions-Ansatzes. So konnte z.B. Barbara Fields in ihren Arbeiten zeigen (1982, 1990), dass sich die gesellschaftliche Definition von Schwarzsein in den gesetzlichen Regelungen der USA über verschiedene Epochen hinweg veränderte. Auch die gesellschaftliche Definition von Weißsein unterlag Wandlungsprozessen. So wurden z.B. irische, jüdische und mexikanische Migranten zunächst nicht als Weiße definiert, um sie von den gesetzlich codifizierten Rechten und den damit einhergehenden Privilegien auszuschließen, die ausschließlich für die alteingesessenen weißen Amerikaner galten (vgl. Harris 1993; Glenn 1998: 7). Vor diesem Hintergrund definieren Michael Omi und Howard Winant (1986, 1994: 13). Rasse bzw. Ethnie nicht als eine fixe Größe, sondern als Ausdruck eines komplexen sozialen Zusammenhangs, der u.a. aufgrund politischer Kämpfe um Gleichberechtigung Wandlungsprozessen unterliegt. Ähnlich wie im Sozialkonstruktions-Ansatz von Geschlecht stellen Omi/Winant (1994) die These auf, dass Rasse bzw. Ethnie den Stellenwert eines zentralen gesellschaftlichen Organisationsprinzips innehaben. Sie beziehen sich dabei insbesondere auf den US-amerikanischen Staat, den sie als eine zentrale Arena sehen, in der rassisierende Ausgrenzungen und Deutungsmuster von Ethnie hervorgebracht und aufrechterhalten werden.

Anfängliche Bemühungen, ethniebezogene Fragestellungen im Rahmen der amerikanischen Frauen- und Geschlechterforschung zu untersuchen und in die Theoriebildung einzubeziehen, behandelten die Kategorien Rasse bzw. Ethnie als askriptive Merkmale, um die gesellschaftliche Situation und die Lebensbedingungen farbiger Frauen miterfassen zu können. Dies führte zu dem sogenannten additiven Ansatz, in dem farbige Frauen in zwei- oder dreifacher Hinsicht als benachteiligt gesehen wurden: einmal aufgrund ihres Geschlechts, weiterhin wegen ihrer Rassen-/Ethniezugehörigkeit und schließlich wegen ihres Klassenstatus (vgl. Glenn 1998: 4). Insbesondere schwarze Wissenschaftlerinnen lehnten ein solches additives Modell ab. Sie betonten anstelle dessen die Simultaneität von Benachteiligungen, die sich aus der im alltäglichen Leben verankerten engen Verknüpfung der drei Kategorien Rasse, Klasse und Geschlecht ergeben und aus diesem Grunde analytisch nicht voneinander zu trennen seien (vgl. Roschelle 1998: 324, Dill 1983, Collins 1990, Baca Zinn 1990, Glenn 1998: 4). Gefordert wurde ein theoretischer Perspektivenwechsel, der die *unterschiedliche* Bedeutung der gesellschaftlichen Verankerung von Frauen im Reproduktions- und Produktionsbereich in den Blick nimmt und nach der ethnischen Herkunft und Klassenzugehörigkeit von Frauen und Männern differenziert.

Was ist damit gemeint und wie kann man sich die dahinter stehenden Überlegungen konkret auf einen Gegenstand heruntergebrochen vorstellen? Dazu ein Beispiel:

Die weiße Frauenbewegung und feministische Wissenschaft - nicht nur in den USA, sondern auch in Europa und Deutschland - führten die gesellschaftliche Benachteiligung von Frauen auf die geschlechterspezifische Arbeitsteilung zurück. Weil Frauen überwiegend für die im Privatbereich stattfindende Reproduktionsarbeit zuständig sind, während die Männer durch außerhäusliche Erwerbsarbeit ihre Funktion als Familienernährer übernehmen, befinden sich - so die Argumentation - die Frauen in einer ökonomischen Abhängigkeit von ihren Männern. Dieses Erklärungsmodell für die Entstehung asymmetrischer Geschlechterverhältnisse wurde als ein für *alle* Frauen gleichermaßen geltendes und damit universelles Erklärungsmodell propagiert.

Dieser fundamentalen Grundaussage widersprachen jedoch Wissenschaftlerinnen aus ethnischen Minderheiten. Auf der Grundlage ihrer Kenntnisse über die Lebensbedingungen schwarzer und farbiger Frauen machten sie deutlich, dass sich dieses Konzept nicht ohne weiteres auf nicht-weiße Frauen und Männer übertragen lässt (vgl. Glenn 1998: 3). So sei für einen großen Anteil der afroamerikanischen männlichen Bevölkerung kennzeichnend, dass sie sich infolge des Zusammenwirkens verschiedener Segregationsfaktoren - insbesondere der Diskriminierung auf dem Arbeitsmarkt - in Armut befinden. Mit dieser depravierten Situation gehen häufig Alkoholismus, Drogenabhängigkeit, Kriminalität und Gesundheitsprobleme einher, die die Arbeitslosigkeit zementieren, sodass im Vergleich zu weißen Männern nur ein deutlich geringerer Anteil schwarzer Männer überhaupt in der Lage ist zu heiraten und die gesellschaftlich vorgesehene Rolle als Familienernährer auszufüllen (vgl. Almquist 1989: 420). Elizabeth Almquist stellt vor diesem Hintergrund eine Verbindung zwischen den Überlebensstrategien schwarzer Frauen und der von ihnen errichteten Familienstruktur her. Danach bilden schwarze Frauen Mehrgenerationenhaushalte, die oft drei Generationen umfassen, um diese Familienform als Ressource zu nutzen. Darüber hinaus pflegen sie ein Mutterschaftssystem, bei dem die Mutterschaft nicht nur von der leiblichen Mutter, sondern von einem in der Nachbarschaft bzw. in der Community bestehenden sozialen Netzwerk getragen wird (vgl. Roth 1999: 5). Dazu gehört, dass sich Bekannte und Freunde auch um Kinder kümmern, die nicht der eigenen Familie angehören. Sie übernehmen informelle Patenschaften für Minderjährige, deren Mütter sich in einer finanziellen oder emotionalen Notlage befinden. Die netzförmig gestaltete Reproduktionsarbeit stellt zugleich eine wichtige Voraussetzung für schwarze Frauen dar, einer eigenständigen Erwerbstätigkeit nachzugehen, denn die Mehrzahl der schwarzen Frauen war - wie Benita Roth ausführt - schon immer berufstätig, um ihre Familie zu ernähren (vgl. ebd.), d.h. hier übernehmen die Frauen und nicht die Männer die Funktion der Familienernährerinnen. Vor diesem Hintergrund wird die Kritik schwarzer Wissenschaftlerinnen an universalistischen Erklärungskonzepten zur geschlechterspezifischen Arbeitsteilung ebenso nachvollziehbar, wie ihre Forderung nach ethniebezogener Differenzierung in der empirischen Forschung und Theoriebildung.

4. Zum Geschlecht und Ethnie integrierenden Sozialkonstruktionsansatz von Evelyn Nakano Glenn

Evelyn Nakano Glenn (1999) versucht nun, das Problem der Ethnieblindheit in der Gender-Forschung und - umgekehrt - das Problem der Gender-Blindheit in der ethniebezogenen Forschung zu lösen. Sie entwickelt ein theoretisches und analytisches Gerüst, das in integrativer Absicht den Sozialkonstruktions-Ansatz von Geschlecht mit dem Sozialkonstruktions-Ansatz von Ethnie verbinden möchte. Ihr Ziel ist es zu zeigen, auf welche Weise und über welche Mechanismen Geschlecht und Ethnie gesellschaftlich konstruiert werden und welche Wechselbeziehungen dabei bestehen können. Der Ausgangspunkt ihrer Überlegungen ist folgender: Wenn Rasse/Ethnie sozial konstruiert und damit auch wandelbar sind, dann tauchen sie in spezifischen Momenten und unter spezifischen gesellschaftlichen Umständen auf. Sie sind Ergebnis von Handlungen und Verhaltensweisen von Frauen und Männern in je konkreten historischen Kontexten. Der Zusammenhang zwischen beiden Kategorien könne nur dann sichtbar gemacht werden, wenn nicht nur die dominierenden Personengruppen und Institutionen sowie deren Versuche untersucht werden, spezifische soziale Deutungen von Rasse und Geschlecht zu implementieren. Ebenso sei es notwendig herauszuarbeiten, wie gesellschaftlich untergeordnete Gruppen dominante Konzepte kritisieren und bekämpfen und ihrerseits versuchen, andere Bedeutungsgehalte zu schaffen und umzusetzen (vgl. Glenn 1999: 14). Dieser Ansatz betont also den Prozesscharakter der Hervorbringung und Veränderung von Geschlechter- und Ethnieverhältnissen.

Glenns Analysekonzept zur sozialen Dynamik von Geschlecht und Ethnie stützt sich auf drei aus ihrer Sicht grundlegende Dimensionen, die sowohl bei der Herstellung von Geschlecht als auch bei der sozialen Hervorbringung von Ethnie Wirkung entfalten und deren Analyse Einblicke gibt in die Konstruktionsmechanismen von Ethnie und Geschlecht. Es handelt sich

- um die Dimension Relationalität,
- um die Dimension Sozialstruktur und Repräsentation, die sie nicht getrennt, sondern eng miteinander verknüpft sieht,
- und um die Dimension Macht.

Unter der *Relationalität* von Ethnie- und Geschlechterverhältnissen wie z.B. schwarz/weiß und Frau/Mann versteht Glenn, dass diese Kategorien durch gesellschaftlich dominante Gruppen *kontrastierend* miteinander in Bezug gesetzt werden und dadurch ihre relationale gesellschaftliche Bedeutung erlangen. Solche sich gegenseitig ausschließenden und voneinander abgrenzenden Kategoriebildungen erfolgen in der Absicht, deutlich zu machen, dass es keine Variabilität, keine Durchlässigkeit zwischen den Kategorien gibt, mit der Folge, dass Differenz und Dichotomie hergestellt wird. Um angesichts einer komplexen Realität, die immer auch instabile Momente in sich trägt, die Dichotomie abzusichern, schaffen dominante Gruppen Über- und Unterordnungsverhältnisse, die sich u.a. darin äußern, dass bezogen auf Geschlecht die dominierende Kategorie „Mann" als das „Normale" etikettiert wird und in der Kategorie Ethnie/Rasse das Weißsein als das Normale und Allgegenwärtige erscheint. Ausgehend vom vorherrschenden „Normalitätsmaßstab" werden schließlich die nicht-dominanten Kategorien (Frau bzw. Nicht-Weißsein) als abweichend wahrgenommen und damit als problembehaftet etikettiert.

Die erkenntnisanleitende Funktion der Dimension Relationalität besteht darin, den analytischen Blick dafür zu schärfen, welche Kontraste zwischen dominierenden und nicht-dominierenden Gruppen bestehen und über welche Mechanismen diese Kontraste durch dominante Gruppen abgesichert werden bzw. welche Reaktionen nicht-dominante Gruppen entwickeln, um diese für sie ungünstigen Relationen zu verändern.

Heruntergebrochen z.B. auf die berufsbezogene Jugendforschung könnte man in Anlehnung an Glenn folgende Fragen stellen: Welche geschlechter- und ethniebezogenen Differenzierungen gibt es auf dem Ausbildungsstellenmarkt? Welchen Anteil an den bestehenden Verteilungsstrukturen haben die mit Entscheidungsmacht ausgestatteten dominanten betrieblichen Akteure, die für Personalrekrutierung zuständig sind? Warum unterscheidet diese Personengruppen bei der Bewerberauswahl nach Geschlecht und Ethnie? Unter welchen Rahmenbedingungen (Stichwort: schrumpfende deutsche Bevölkerung) kommt es zu Veränderungen dieser sozialen Praxis und welchen Anteil haben die nicht-dominanten Gruppen an diesem Prozess?

Bezogen auf die Dimension *Sozialstruktur* in enger Verbindung mit *Repräsentation* betont Glenn, das sowohl vorhandene rechtliche und institutionalisierte Regelungen - etwa die Berechtigung, wohlfahrtsstaatliche Leistungen in Anspruch zu nehmen - als auch soziale Praxen, die zu Segregationsphänomenen führen, z.B. auf dem Arbeits- oder Wohnungsmarkt, wesentlich dazu beitragen, dass es zu geschlechter- und ethniebezogenen Differenzierungen kommt. Den Einfluss von Sozialstruktur verknüpft sie mit den Wirkungen von Repräsentation. Unter Repräsentation versteht sie, dass sich die Rhetorik, die herrschende Ideologie sowie bestehende Normen über alltägliche Interaktionen auf die soziale Konstruktion von Geschlecht und Ethnie/Rasse auswirken.

Wieder auf die berufsbezogene Jugendforschung heruntergebrochen könnte man also fragen: Welche institutionalisierten Regelungen verhindern eine chancenreiche berufliche Integration von männlichen, aber insbesondere von weiblichen Migrantenjugendlichen? Warum werden z.B. die im Herkunftsland erworbenen schulischen und beruflichen Abschlüsse vom Aufnahmeland nicht anerkannt? Welchen Zweck erfüllen solche Regelungen, welche Ideologie verbirgt sich dahinter, aber auch: welche Interessen werden damit verfolgt? Und unter welchen spezifischen Bedingungen treten Änderungen ein?

Die letzte Dimension in Glenns Konzept ist die *Machtdimension*. Die Analyse der Organisation und Erscheinungsweise von Macht ist nach Glenn von zentraler Bedeutung, um deren sozial-konstruktiven Stellenwert bei der Hervorbringung von race- und gender-Verhältnissen zu erhellen. Auch nach Omi und Winant (1994) wirken sich Macht ebenso wie Politik entscheidend auf die Definitionsbestimmung von Rasse und Rassismus aus. Rasse werde durch politischen Kampf jedoch ständig transformiert und Rassismus ziele darauf ab, Herrschaftsstrukturen zu schaffen und aufrechtzuerhalten, die mit essentialistischen Konzepten von Rasse begründet werden (vgl. Glenn 1999: 13). Glenn betont, dass Macht nicht nur im konventionellen Politikbereich wirksam ist, sondern auch alle anderen Lebensbereiche umfasst. Die Bekämpfung von Ethnie/Rassen- und Geschlechterungleichheit erfordert aus ihrer Sicht eine Infragestellung der alltäglichen sozialen Praktiken und Zuschreibungen. Sie kann auch indirekte Formen der Konfrontation und Auseinandersetzung annehmen und jenseits des Politikbereichs im engeren Sinne in allen anderen Lebenssituationen stattfinden (vgl. Glenn 1999: 13).

Wieder auf die berufsbezogene Jugendforschung übertragen könnte z.B. gefragt werden, wo denn Jugendliche im Vergleich zu anderen betrieblichen Akteuren überhaupt Macht haben, in welchen Entscheidungs- und Mitbestimmungsgremien sie mitwirken können und wie hier Mädchen und Jungen mit und ohne Migrationshintergrund ihren Interessen Ausdruck verleihen und sie vertreten.

Ich habe hier Glenns integriertes Analysekonzept dargestellt, weil es m.E. einen theoretischen und kategorialen Rahmen bietet, der nicht nur für die Entwicklung von Forschungsfragen fruchtbar ist, sondern auch für die kritische Beobachtung des eigenen Verhaltens wie auch des Verhaltens anderer nützlich ist, gleichgültig ob es sich um PraktikerInnen, PolitikerInnen, WissenschaftlerInnen oder um das Alltagshandeln von Menschen mit und ohne Migrationshintergrund handelt.

5. Ausblick

Eine forschungspragmatische und erkenntnistheoretische Neuorientierung der sozialwissenschaftlichen Geschlechter- und Migrationsforschung gründet sich m.E. in dem Paradigma, die Simultaneität der sozialen Hervorbringung von

Geschlechter- und Ethnieverhältnissen unter den Bedingungen multi-ethnischer Gesellschaften, die durch Zuwanderung und Transmigration gekennzeichnet sind, in den analytischen Blick zu nehmen. Daraus leiten sich zum einen Forschungsfragen nach der subjektiven und strukturellen Bedeutung des Migrationshintergrundes bzw. der Zugehörigkeit zu ethnischen Minderheitenpopulationen sowohl für individuelle und kollektive Stratifizierungsprozesse als auch für die Entwicklung der jeweiligen Geschlechterverhältnisse ab. Die Fokussierung auf den Migrationshintergrund innerhalb dieses Ansatzes ist zwar forschungshistorisch nachvollziehbar, bedarf aber im Rahmen einer umfassenden Gesellschaftsanalyse von Lebensbedingungen in multi-ethnischen Gesellschaften einer expliziten Erweiterung: Da sich der Stellenwert von Migration nur in Relation zur Mehrheitsgesellschaft sozial konstruiert, ist es erforderlich, nicht nur zugewanderte Populationen, sondern ebenso die „alteingesessene" Bevölkerung als Teil der sozial-ethnischen Differenzierung wahrzunehmen. Eine Analyse der interkulturellen Beziehungen aller in einer Gesellschaft lebenden Personengruppen (der Mehrheits- und der Minderheitengesellschaften) schließt sowohl die Untersuchung ihrer jeweiligen Beharrungs- und Wandlungsprozesse als auch ihrer jeweiligen gruppenspezifisch heterogenen Ausprägungen einschließlich der zugleich (partiell) stattfindenden ethnieübergreifenden Homogenisierungstendenzen ein.

Zum anderen ist innerhalb dieses komplexen und widersprüchlichen Gefüges zu untersuchen, wie sich darin eingebettet die Geschlechterverhältnisse konstituieren und ausformen, d.h. welche makropolitischen Rahmenbedingungen und welche mikropolitischen Interaktionsprozesse tragen dazu bei, dass es zu jeweils spezifischen Geschlechterverhältnissen innerhalb von Mehrheits- und Minderheitenpopulationen kommt? Welche Faktoren wirken sich auf eine (partielle/sukzessive) Angleichung und/oder Ungleichheit der sozialen Lebensbedingungen und Teilhabechancen unter Frauen unterschiedlicher sozial-kultureller Herkunft, unter Männern unterschiedlicher sozial-kultureller Herkunft und zwischen den Geschlechtern gleicher und unterschiedlicher sozial-kultureller Herkunft aus? Die diesen Forschungsfragen zugrunde liegende analytische und mit den gesellschaftlichen Verhältnissen korrespondierende Mehrdimensionalität lässt erwarten, dass „einfache" Antworten mit simplifizierenden Aussagen im Sinne universeller Wahrheiten kaum gefunden werden können. Demzufolge lassen sich generalisierende Fragen danach, ob sich nun eher die Geschlechter- oder eher die Ethniezugehörigkeit ursächlich auf die (a)symmetrische soziale Platzierung von Personen(-gruppen) auswirkt, auch vor dem Hintergrund bereits vorliegender empirischer Forschungsergebnisse nicht verallgemeinernd beantworten. Vor diesem Hintergrund empfiehlt es sich, bezogen auf den jeweiligen konkreten Untersuchungsgegenstand sowohl die inkludierenden als auch die exkludierenden Mechanismen und Rahmenbedingungen aus einer subjekt- und zugleich strukturorientierten Perspektive zu erforschen, um die spezifische Komplexität der sozialen Lebenslagen von (jungen) Frauen und Männern mit und ohne Migrationshintergrund innerhalb einer Zuwanderungsgesellschaft abzubilden und zu analysieren (vgl. Bednarz-Braun 2004: 246) .

Literatur

Acker, J. (1990): Hierarchies, Jobs and Bodies: A Theory of Gendered Organizations. In: Gender & Society 4/1990. 139-158

Almquist, E. M. (1989): The Experiences of Minority Women in the United States: Intersections of Race, Gender, and Class. In: Freeman, T. (Hrsg.): Women: A Feminist Perspective. Mayfield: 414-445

Baca Zinn, M. (1990): Family, Feminism, and Race in America. In: Gender & Society 4/1990. 68-82

Bednarz-Braun, I./Heß-Meining, U. (2004): Migration, Ethnie und Geschlecht. Theorieansätze, Forschungsstand, Forschungsperspektiven. Wiesbaden

Collins, P. H. (1990): Black Feminist Thought: Knowledge, Consciousness and the Politics of Empowerment. New York

Connell, R.W. (1989): Gender and Power. Stanford

Dill, B. T. (1983): Race, Class and Gender: Prospects for an All Inclusive Sisterhood. In: Feminist Studies 9/1983. 131-150

Fields, B. J. (1990): Slavery, Race and Ideology in the United States of America. In: New Left Review 181/1990. 95-118

Fields, B. J. (1982): Ideology and Race in American History. In: MacPherson, J./Kousser, M. M. (Hrsg.): Region, Race and Reconstruction. New York: 143-178

Glenn, E. N. (1998): The Social Construction and Institutionalization of Gender and Race. An Integrative Framework. In: Marx Ferree, M./Lorber, J./Hess, B. B. (Hrsg.): Revisioning Gender. Thousand Oaks/London/New Delhi: 3-43

Harris, C. I. (1993): Whiteness as Property. In: Havard Law Review 106/1993. 1707-1791

Lorber, J. (1994): Paradoxes of Gender. New Haven

Omi, M./Winant, H. (1994): Racial Formation in the United States: 1960-1990. New York

Omi, M./Winant, H. (1986): Racial Formation in the United States from the 1960s to the 1980s. New York

Roschelle, A. R. (1998): Gender, Family Structure, and Social Structure. Racial Ethnic Families in the United States. In: Marx Ferree, M./Lorber, J./Hess, B. B. (Hrsg.): Revisioning Gender. Thousand Oaks/London/New Delhi: 311-340

Roth, B. (1999): Race, Class and the Emergence of Black Feminism in the 1960s and 1070s. In: Womanist Theory and Research, Vol. 3.1/1999, (www.uga.edu/~womanist/roth3.1.htm [02.10.2007])

Thorne, B. (1993): Gender Play: Girls and Boys in School. New Brunswick

West, C./Zimmerman, D. H. (1998): Doing Gender. In: Myers, K. A./Anderson, C. D./Risman, B. J. (Hrsg.): Feminist Foundations. Toward Transforming Sociology. Thousand Oaks/London/New Delhi: 167-190

West, C./Zimmerman, D. H. (1987): Doing Gender. In: Gender & Society 1/1987. 125-151

Teil 2: Genderkompetenz in der Sozialen Arbeit

Genderkompetenz in der Kinder- und Jugendhilfe: Lebenslage Geschlecht?

Ulrike Werthmanns-Reppekus

Der folgende Beitrag soll anhand von sieben Beobachtungen die Frage nach der Genderkompetenz in der Kinder- und Jugendhilfe mehr beleuchten, denn beantworten. Nach einem Definitionsversuch von Genderkompetenz und einem kurzen Exkurs zum Geschlechterdiskurs werden ausgewählte Handlungsfelder der Kinder- und Jugendhilfe im Hinblick auf die Fragestellung umrissen. Dem folgen einige Anmerkungen zu der institutionellen Verfasstheit der Kinder- und Jugendhilfe, um mit einem Hinweis auf die noch sehr lückenhafte Verbindung von Wirksamkeitsforschung und Genderfragen abzuschließen.

1. Beobachtung

Was bezeichnen wir mit Genderkompetenz in der Kinder- und Jugendhilfe? Genderkompetenz in der Kinder- und Jugendhilfe ist die Fähigkeit von Fachkräften, bei ihrer Aufgabenstellung Geschlechtergerechtigkeit als eine handlungsleitende Maxime zu verfolgen. Genderkompetenz setzt sich aus den Elementen Wollen, Wissen und Können zusammen. Geschlechtergerechtigkeit umfasst die Sphären der Mitgliedschaft, der Teilhabe an materiellen Ressourcen und an Ämtern und Positionen.

Das Wollen bezieht sich auf die Bereitschaft, gleichstellungsorientiert zu handeln. Genderwissen bedeutet, ein Wissen über Lebensbedingungen von Mädchen und Jungen bzw. über die Wirkung von Geschlechternormen, die mit dem Fachwissen der Kinder- und Jugendhilfe zu verknüpfen sind. Genderwissen wird dann zu einem integralen Bestandteil von Fachwissen, wenn die Bedeutung von „Gender“ in seiner Komplexität verstanden ist und grundlegende Erkenntnisse aus Frauen-, Männer- und Geschlechterforschung/Gender Studies bekannt sind.

Können bezieht sich auf die Umsetzung und setzt Fähigkeiten bei den zuständigen Personen und Ermöglichungen durch die Träger der Kinder- und Jugendhilfe voraus (vgl. GenderKompetenzZentrum 2006).

Der leitende Gedanke hinter der Strategie des Gender Mainstreaming ist das Konzept der Geschlechtergerechtigkeit. Es beinhaltet drei „Sphären der Gerechtigkeit“ (Helming/Schäfer 2006: 1):

- *die Sphäre der Mitgliedschaft, der politischen Partizipation (membership)*: gleiche Beteiligung und Vertretung von Frauen und Männern in allen offiziellen Institutionen, gleiche Verteilung von Macht und Einfluss zwischen Männern und Frauen;
- *die Sphäre der Teilhabe an materiellen Ressourcen, Bedürfnisbefriedigung (welfare, needs)*: gleiche Möglichkeiten für Männer und Frauen zu ökonomischer Unabhängigkeit sowie gleicher Möglichkeiten, um persönliche Ambitionen, Interessen und Talente entfalten zu können;
- *die Sphäre der Ämter und Positionen (office)*: gleiche Verteilung der Ressourcen zwischen Frauen und Männern in Bezug auf Arbeit, Management, Wissenschaft, Industrie, Geschäftsleben, Forschung und Entwicklung, d.h. gleiche Entwicklungs- und Karrieremöglichkeiten im Beruf; gleicher Zugang für Mädchen und Jungen sowie Frauen und Männer zur Ausbildung; gleiche Verantwortung für Kinder und Haushalt, d.h. in Bezug auf Familienarbeit, Pflege und Wohnung.

Diese abstrakte Teilung in Sphären der Gerechtigkeit lässt sich sowohl auf das Personal der Kinder- und Jugendhilfe herunterbrechen als auch auf die Kinder und Jugendlichen in den einzelnen Handlungsfeldern, wie es der folgende „Exkurs“ zeigt.

2. Beobachtung

Ein Blick zurück: Genderkompetenz in der Kinder- und Jugendhilfe ist keine völlig neue fachliche Anforderung in der Kinder- und Jugendhilfe. Im Hinblick auf die Mädchen ist seit Jahrzehnten von Teilen der Profession, die i.d.R. weiblich waren und sind, auf das emanzipatorische Potential der Kinder- und Jugendhilfe zurückgegriffen worden. Erst in den letzten Jahren wurden dann - i.d.R. von Männern - Jungen als „Verlierer der Moderne“ in den Blick genommen und ihr spezifischer Förderbedarf artikuliert. Historische Anhaltspunkte waren der Sechste Jugendbericht als Mädchenbericht (1984) und die KJHG Reform von 1990 mit §9.3 als „Genderparagraph“ im Kinder- und Jugendhilfegesetz, sie liegen also Jahre vor der Implementierung von Gender Mainstreaming in der Europäischen Union. Zudem wurde am 1. Januar 2001 die Strategie des Gender Mainstreaming in den Richtlinien des Kinder- und Jugendplans (KJP) des Bundesjugendministeriums verankert.

Die „Geschlechterfrage“ wird - ausgehend von der Neuen Frauenbewegung - seit mehr als drei Jahrzehnten in Theorie, Praxis und Politik diskutiert. In der Kinder- und Jugendhilfe hat sie in Folge des Sechsten Jugendberichts und im Rahmen des Kinder- und Jugendhilfegesetzes von 1990 zunehmend an Bedeutung gewonnen: Leit- und Richtlinien in Verbänden, Kommunen und Ländern sowie Ausführungsbestimmungen in Ländergesetzen formulieren geschlechtsbezogene Zielsetzungen, Modellprojekte zur Mädchenarbeit wurden eingerichtet, Mädchenbeauftragte, Zusammenschlüsse und Netzwerke kümmern sich um die Belange von Mädchen und jungen Frauen und mittlerweile - da der Weg zur Gerechtigkeit doppelspurig ist - auch vermehrt um die von Jungen und jungen Männern. Forschungsvorhaben, Veröffentlichungen und Tagungen setzen sich mit Geschlechterdifferenzen auseinander, und es gibt erste Ansätze einer mehr oder weniger nachdenklichen Jungenarbeit. Gleichzeitig zeigt sich in Theorie und Praxis aber auch Erschöpfung, Abkehr und andauernde Ignoranz hinsichtlich des Geschlechterthemas.

Auch wenn sich ein Grundkonsens darüber ausbildet, dass „Geschlecht“ eine zentrale Kategorie der sozialen Differenzierung ist, besteht über die Bedeutung dieser zentralen Annahme keine Einigkeit: Gleichen sich Mädchen- und Jungenwelten immer mehr an, oder sind Mädchen und Jungen grundverschieden? Sind Mädchen qua Geschlecht gegenüber Jungen benachteiligt, oder ist es umgekehrt? Inszenieren Mädchen und Jungen das „Gender play“?

Vor dem Hintergrund von Theorie- und Praxisdiskussionen erscheinen auch Ziele und Aufgaben einer geschlechtsbezogenen Kinder- und Jugendhilfe unklar. Es gibt zahlreiche Ansätze: Dramatisierung und Entdramatisierung der Geschlechterrollen ist gleichermaßen die Aufgabe der Zukunft (vgl. Faulstich-Wieland 2002). Die Verflüssigung von Zuschreibungsgrenzen bei der Kategorie Geschlecht muss in den Blick genommen werden (vgl. v. Ginsheim/Meyer 2001). Mädchen- und Jungenarbeit sind wegen subtiler werdender Herrschaftsmechanismen so notwendig wie nie zuvor (vgl. Bitzan/Daigler 2001), oder: Mädchen- und Jungenarbeit verstetigen Prozesse, statt sie aufzulösen (vgl. v. Ginsheim/Meyer 2001). Statt über Geschlechtszugehörigkeiten sollen sie sich über Inhalte, die passgenau zu den Interessenlagen sind, definieren (vgl. Voigt-Kehlenbeck 2007).

Wir sehen: Die „Baustelle“ Geschlecht erfährt Aufmerksamkeit in der Kinder- und Jugendhilfe - die Auftragslage ist aber uneindeutig. Ein solider „Bauplan“ mit Vorschlägen zur Weiterentwicklung einer geschlechterdifferenzierten Kinder- und Jugendhilfe liegt nicht vor. Es hat jedoch bereits Ansätze zu seiner Erstellung gegeben, so z.B. im Sechsten Jugendbericht, der - wie auch alle anderen Kinder- und Jugendberichte - nicht nur eine Bestandsaufnahme und Analyse, sondern auch Empfehlungen für die Kinder- und Jugendhilfe lieferte. Der

Sechste Jugendbericht, zu dem 35 Expertisen erstellt wurden, hat mit dem Fokus auf die „Verbesserung der Chancengleichheit der Mädchen in der Bundesrepublik Deutschland" erstmals die Geschlechterfrage in den Mittelpunkt gerückt. Bis heute dient er als Legitimationsfolie für die Ansätze und Ansinnen geschlechtshomogener Praxis und neuerdings als notwendiger Anknüpfungspunkt von Gender Mainstreaming (vgl. Struck 2002). Die nachfolgenden Berichte hatten dann auch immer mehr oder weniger ausführliche „Mädchenkapitel" und haben - mehr oder weniger dezidiert - einzelne Bausteine für eine geschlechterdifferenzierte Kinder- und Jugendhilfe hervorgebracht.

Bekannt geworden als „Mädchenbericht", hat der Sechste eine unter den Jugendberichten auffällige öffentliche Resonanz gefunden, auf die in den Fachdiskursen der Kinder- und Jugendhilfe zum Teil zurückgegriffen wurde und wird. §9.3 KJHG war eine Folge davon, denn zum ersten Mal wurde in einem Kinder- und Jugendhilfegesetz darauf hingewiesen, dass „die unterschiedlichen Lebenslagen von Mädchen und Jungen zu berücksichtigen, Benachteiligungen abzubauen und die Gleichberechtigung von Mädchen und Jungen zu fördern" sind. Die Ausführungsgesetze der Länder haben das zum Teil konkretisiert. Zudem wurde am 1. Januar 2001 die Strategie Gender Mainstreaming in den Richtlinien des Kinder- und Jugendplans (KJP) verankert. So heißt es in I.1 Absatz 2c: „Der Kinder- und Jugendplan soll darauf hinwirken, dass die Gleichstellung von Mädchen und Jungen als durchgängiges Leitprinzip gefördert wird (Gender Mainstreaming)" und in I.2 Absatz 2: „Die Berücksichtigung der spezifischen Belange von Mädchen und Jungen und jungen Frauen und jungen Männern zur Verbesserung ihrer Lebenslagen sowie der Abbau geschlechterspezifischer Benachteiligungen muss bei allen Maßnahmen besonders beachtet werden. Es muss darauf hingewirkt werden, dass Frauen bei der Besetzung und Förderung hauptamtlicher Fachkraftstellen angemessen vertreten sind". Parallel verändert sich die Auffassung dessen, was junge Menschen brauchen.

In den 80er Jahren des vorigen Jahrhunderts kritisierten Vertreterinnen der feministischen Mädchenarbeit den Defizitansatz, in dem Mädchen - orientiert an männlichen Eigenschaften, Leistungen und Positionen - als „Mängelwesen" gesehen wurde, plädierten dafür, zur Gleichberechtigung von Mädchen beizutragen, indem an ihren Stärken angesetzt wird und setzten sich parteilich für Mädchen ein.

Ende der 90er Jahre wurde dieser Ansatz vor dem Hintergrund von Veränderungen in den Lebenslagen und dem Lebensgefühl von Mädchen und jungen Frauen als unzeitgemäß infrage gestellt (vgl. Meyer/Seidenspinner 1998). Es wird von einem Angleichungsprozess der Lebenslagen von Mädchen und Jungen gesprochen. Als Beispiel hierfür wird u.a. angeführt, dass junge Frauen nicht nur die besseren Durchschnittsnoten in schulischen Abschlüssen erzielen, sondern auch quantitativ die jungen Männer bei den höheren Bildungsgängen überrunden: „Der allgemeine Schulabschluss der Sekundarstufe wird in Europa von 124 jungen Frauen im Vergleich zu 100 jungen Männern erreicht; in vielen Ländern bilden Frauen die klare Mehrheit der Studierenden an Universitäten" (Hagemann-White 2001: 34). Lebensentwürfe, die sich sowohl an Erwerbstätigkeit und Familiengründung orientieren, sind mittlerweile bei jungen Frauen selbstverständlich, und die Modelle der anvisierten Lebensführung sind vielfältig (vgl. Keddi u.a. 1999). Typische weibliche oder männliche Lebensmuster bei Werten, Zukunftsvorstellungen und Lebenskonzepten nehmen ab, wenngleich nach wie vor technisches Interesse bei Jungen und soziales Engagement bei Mädchen vorherrschen (vgl. Deutsche Shell 2000).

Den Vorwürfen, dass feministische Mädchenarbeit an der Lebenssituation und den Interessen der „neuen Mädchen" vorbeigehe, wurde mit dem Hinweis auf nach wie vor bestehende Benachteiligungsstrukturen begegnet. Aller vermeintlichen Angleichung zum Trotz ist der Aufstieg und Verbleib von Frauen in Führungspositionen nicht annähernd geschlechterparitätisch verteilt und die Allzuständigkeit der Frauen in familiären Belangen ist unübersehbar. Auch wenn junge Frauen oftmals abweisend auf die Errungenschaften und die Bemühungen ihrer feministischen Mütter reagieren, sie als Adressatinnen bestimmter Angebote zu definieren, so gilt nach wie vor, dass Frauenpolitik oder Feminismus weiterhin einen wichtigen Stellenwert haben. Dies belegt eine vom Bundesministerium für Familien, Senioren, Frauen und Jugend (BMFSFJ) in Auftrag gegebene Allensbachumfrage: Gleichberechtigung halten nur 16% der Frauen für weitgehend verwirklicht (45% der Männer) und 78% der Frauen meinen, dass noch einiges getan werden muss (44% der Männer). Der Rest äußert sich unentschieden (vgl. BMFSFJ 2002: 108).

Die Theoriediskussion in der Geschlechterforschung greift in den 90er Jahren konstruktivistische und dekonstruktivistische Ansätze auf. Die Verknüpfung der Genderdebatte mit den Dekonstruktivismustheorien aus der Frauenforschung (vgl. Meyer 1999) kann jedoch in die Irre führen. Das rigide System von Zweigeschlechtigkeit infrage zu stellen, ist theoretisch ein interessantes Unterfangen; in der Praxis kann es aber zu fatalen Folgen führen, wenn geschlechterhierarchische Verhältnisse damit vorschnell geleugnet werden. So heißt es dann auch in der Veröffentlichung „Geschlecht Nebensache?" (2006) in dem Beitrag von Hartwig/Muhlak:

> „Damit Jugendhilfe den Mädchen (und Jungen) eine angemessene Unterstützung zukommen lassen kann, sollte sie folglich weniger von Theorien zur Auflösung der Kategorie Geschlecht her gedacht und konzipiert werden. Entsprechend den Entwicklungsanforderungen Heranwachsender sollte sie von den Lebenswirklichkeiten her entwickelt werden, die für beide Geschlechter in einer zweigeschlechtlichen Gesellschaftsordnung konkret werden" (Hartwig/Muhlak 2006: 103).

Unleugbar ist aber die Tatsache, dass die Dramatisierung der Unterschiede zwischen den Geschlechtern gleichzeitig einer Entdramatisierung bedarf, um Zuschreibungen nicht immer wieder aufs Neue festzuschreiben - ein Thema, das seit den 90er Jahren von Wissenschaftlerinnen diskutiert wird, die sich mit Geschlechterfragen in der Jugendhilfe befassen (vgl. dazu auch Rose 2000a und 2000b; Bitzan/Daigler 2001).

Wie genau sehen nun die Umsetzungsformen von Gender Mainstreaming in den einzelnen Feldern der Kinder- und Jugendhilfe aus?

3. Beobachtung

Die offene und verbandliche Kinder- und Jugendarbeit (§11 und §12 KJHG) hat von allen Handlungsfeldern der Jugendhilfe die Ansätze von Gender Mainstreaming am Weitreichensten umgesetzt. Das liegt zum einen an der Geschichte der Mädchenarbeit, die ihre Wurzeln in der offenen Jugendarbeit hat und zum anderen an der flexiblen Struktur des Arbeitsfeldes sowie an den Stellungnahmen und Anforderungen der Geldgeber (Bund, Land, Kommune). Deutlich wird aber auch, dass das „doing gender" im Lebenslagenkonzept der Jugendarbeit virtuos, d.h. gekonnt, verankert werden muss.

Grundlage für die Jugendarbeit sind schwerpunktmäßig §11 und §12 im KJHG. In §11.1 heißt es: „Jungen Menschen sind die zur Förderung ihrer Entwicklung erforderlichen Angebote der Jugendarbeit zur Verfügung zu stellen. Sie sollen an den Interessen junger Menschen anknüpfen und von ihnen mitbestimmt und mitgestaltet werden, sie zur Selbstbestimmung befähigen und zu gesellschaftlicher Mitverantwortung und sozialem Engagement anregen und hinführen." Und in §12.2 heißt es: „In Jugendverbänden und Jugendgruppen wird Jugendarbeit von jungen Menschen selbst organisiert, gemeinschaftlich gestaltet und mitverantwortet. Ihre Arbeit ist auf Dauer angelegt und in der Regel auf die eigenen Mitglieder ausgerichtet, sie kann sich aber auch an junge Menschen wenden, die nicht Mitglieder sind. Durch Jugendverbände und ihre Zusammenschlüsse werden Anliegen und Interessen junger Menschen zum Ausdruck gebracht und vertreten."

Mangelnde Repräsentanz von Mädchen bei den Angeboten der Jugendarbeit war u.a. der Anlass, Untersuchungen in diesem Feld zu starten, die das Ziel einer gleichberechtigten Teilhabe hatten (vgl. z.B. Trauernicht 1986; Liebe 2004). Das Herausstellen der Laufsteg- und Nadelöhrsituationen für Mädchen in Jugendzentren, die jungenorientierten Angebote („Jugendarbeit ist Jungenarbeit"), die eher männliche Besetzung von Positionen im haupt- und ehrenamtlichen Bereich der Jugendverbände (er ist Vertreter im Landesjugendring, sie leitet die Pfadfindergruppe) und viele andere Beschreibungen und Analysen haben die Jugendarbeit in den letzten Jahren dahingehend verändert, dass sich die Teilhabe von Mädchen und jungen Frauen verbessert hat. Lotte Rose sagt dazu:

> „So ist es sicherlich nicht übertrieben, der Jugendarbeit in der Palette der Jugendhilfefelder eine besondere Vorreiterinnenrolle im Hinblick auf geschlechtsspezifische Qualifizierungsimpulse zuzuordnen. Hier haben sich bisher am weitreichendsten (sic) geschlechtsspezifische Arbeitsansätze etabliert. Mädchenangebote, Mädchenräume, Mädchentage und - wenn auch noch nicht in derselben Intensität - Jungenangebote und Jungentage gehören heute zum Programm vieler Jugend- und Kinderhäuser und anderer Einrichtungen der Kinder- und Jugendarbeit“ (Rose 2001: 109).

Trotzdem gibt es nicht den uneingeschränkten Vollzug in der Umsetzung von Gender Mainstreaming zu melden: Jungenarbeit ist nach wie vor ein sehr zartes Pflänzchen, der quantitative Anteil von Mädchen- und Jungen“aktionen“ sagt wenig über die Theoriebildung in der Jugendarbeit aus. Mädchen- und Jungenarbeit erreichen bei weitem nicht alle Mädchen und Jungen. Tendenziell sind es die jüngeren und marginalisierten Zielgruppen, die erreicht werden. Die Fachkräfte selber sind zum Teil eher resistent gegenüber Genderfragen.

Wir wissen zu wenig über diejenigen, die die Angebote nicht nutzen, die Lebenslage Geschlecht macht die Zielgruppen nicht automatisch zu NutzerInnen. Es gibt nicht *die* Mädchen und *die* Jungen, vielmehr sind die Lebenslagen hochkomplex und entscheidend für die Selbst- und Fremdwahrnehmung. So legt z.B. die Kommission des 11. Kinder- und Jugendberichtes ihren Analysen den Begriff der Lebenslagen zugrunde, weil dieser Begriff sowohl die Dimension der objektiven sozialen Differenzierungen wie der subjektiven Wahrnehmungen und Verarbeitung erfasst.

> „Ausgangspunkt jeder Beschreibung der Lage der Kinder und Jugendlichen in der Bundesrepublik muss die Unterschiedlichkeit der Lebensverhältnisse und ihre Veränderung sein. Hinzu kommt durch die Geburtenentwicklung und die Zuwanderung bedingte dramatische Bevölkerungsentwicklung. Die Lebensverhältnisse von Kindern und Jugendlichen zeichnen sich durch die Entwicklung horizontaler Disparitäten und durchgängige Prozesse der Individualisierung und Pluralisierung aus. Im Vordergrund der Beobachtung der Entwicklung sozialer Differenzierungen stand in den letzten Jahren die Unterscheidung nach dem Geschlecht. Die Bedeutung geschlechtsspezifischer Lebenslagen anhand objektivierbarer Daten muss freilich um die Analyse der subjektiven Gestaltung und Zuschreibung von Geschlechterrollen ergänzt werden. Daneben prägen immer noch Schicht bzw. Klasse, Bildung und Lebensalter die Lebenslagen von Kindern und Jugendlichen, während der Migrationshintergrund und die regionale Verankerung als neue Kategorien hinzukommen. Die sozialen Unterschiede und ihre Veränderungen werden auch weiterhin die Angebotsstruktur der Kinder- und Jugendhilfe prägen“ (BMFSFJ 2002: 44).

Die Lebenslage „Geschlecht“ ist demnach nicht allentscheidend für den Umgang mit Risiken und Optionen in einer individualisierten und pluralistischen Gesellschaft. Geschlechtsbewusste Kinder- und Jugendarbeit muss beachten, dass es in den neueren Lebensweltstudien in den Selbstentwürfen vor allem von Mädchen ein „Ungleichheitstabu“ gibt (vgl. Oechsle 2000), demnach höchst empfindlich auf Diskriminierungszuschreibungen reagiert wird. Die neueste Shellstudie „Jugend 2006“ spricht von jungen Frauen als einer durchsetzungswilligen und leistungsorientierten Generation, die Gleichberechtigung fordert und sich nicht mehr in lange Grundsatzdebatten verstrickt (vgl. Deutsche Shell 2006: 37).

Entdramatisierung bei den „Betroffenen“ stößt auf „Dramatisierung“ bei den Genderfachkräften. Der Balanceakt besteht also im Ernstnehmen jugendlicher Souveränitätsideale als Ressource und dem Blick für Konfliktpotentiale in deren Umsetzung. Denn nicht alle Jungen haben Privilegien qua Lebenslage Geschlecht und nicht alle Mädchen sind strukturell benachteiligt. So auch Metz-Göckel und Sattari, die bemerken: „Mehr und mehr setzt sich die Erkenntnis durch, dass die Unterschiede innerhalb der Gesamtgruppe als Frauen (respektive der Mädchen, Anmerkung U. W.-R.) und der Männer (respektive der Jungen, Anmerkung U. W.-R.) größer sein können als zwischen den beiden Genusgruppen“ (Metz-Göckel/Sattari 2005: 7).

Corinna Voigt-Kehlenbeck (2007) plädiert dafür, den Blick für die polykontexturalen Lebenswelten von Kindern und Jugendlichen zu schärfen. Sie meint damit, dass es eine Fülle kultureller und subkultureller Räume gibt, in denen sich Kinder und Jugendliche heute bewegen (müssen): unterschiedliche Familien- und Schulformen, unterschiedliche Freizeitangebote von Ballet bis zum Jugendzentrum, unterschiedliche Migrationshintergründe und unterschiedliche regionale Bedingungen, die nicht nur Ost und West, Stadt und Land, sondern auch „gutes Viertel“, „schlechtes Viertel“ heißen. In der Jugendarbeit, jedenfalls in der offenen Jugendarbeit, haben wir es häufiger mit marginalisierten Jugendlichen zu tun, die wir zu begleiten haben. Die Bewältigungsanforderungen für diese Jugendlichen sind hoch: in der peer group akzeptiert werden, die Mittelschichtsorientierung von Schulen meistern, ökonomische Unsicherheiten und kaputte Familiensysteme aushalten und trotzdem Perspektiven einer eigenständigen Lebensführung entwickeln. In einer hochkomplexen Welt, in der Vollbeschäftigung zur Rarität und Arbeitslosigkeit zur Normalität wird, spielt der Rückzug ins Private eine große Rolle. Der rosarote Traum vom eigenen Heim für Mädchen und die Ermöglichungsrolle dieses Traums für Jungen stehen wieder auf der Tagesordnung. Der Stress für Jungen wird groß, versagen sie auf dem Arbeitsmarkt, dann auch auf dem Heiratsmarkt: schon 1996 titelte das britische Wirtschaftsmagazin „The Economist“: „Tomorrows second sex: uneducated, unemployed, unmarried“. Jugendarbeit muss dann Dialogfähigkeit vorleben und Stellvertreter- und Vorbildfunktion, wie schon immer, wahrnehmen. Teilzeitarbeit für Männer, aktive Vaterschaft, Leitungsfunktionen in Frauenhand und plurale Lebensentwürfe sind kleine Bausteine für den Bauplan von gender: Männlichkeit und Weiblichkeit lassen vielfältige Interpretationsmöglichkeiten zu.

Anders als in der offenen Jugendarbeit, hat es die Jugendverbandsarbeit häufiger mit Jugendlichen aus allen Schichten zu tun. Gefördert aus dem Kinder- und Jugendplan des Bundes und der einzelnen Länder ist sie etablierter Bestandteil der Jugendarbeit. Neu ist, dass die Jugendverbandsarbeit neben den üblichen Verwendungsnachweisen wie alle Zuwendungsempfänger des KJP (dazu gehört nicht die offene Jugendarbeit, wohl aber die internationale Jugendarbeit, das Freiwillige Soziale oder Ökologische Jahr usw.) die Beachtung von Gender Mainstreaming nachweisen muss.

Erste Auswertungen des Deutschen Jugendinstitutes in München ergaben folgendes:

> „Seit fünf Jahren sind die aus dem Kinder- und Jugendplan (KJP) des Bundes geförderten Organisationen verpflichtet, die gleichstellungspolitische Vorgabe des Gender Mainstreaming zu beachten. Die Bilanz der Umsetzung offenbart eine Fülle unterschiedlicher Aktivitäten, lässt aber auch Hindernisse im Prozess der Implementierung sichtbar werden, die von ‚verbaler Aufgeschlossenheit bei weitgehender Verhaltensstarre' über mangelnde Unterstützung durch die Leitung bis hin zu ‚harten Fakten' wie etwa Einstellungsstopps reichen. Das ‚eiserne Gehäuse' der Strukturen in den Organisationen bewährt sich gegenüber Innovationen in besonderem Maße, wenn es um ein Mehr an Geschlechtergerechtigkeit geht. Veränderungen verlangen in hohem Maße Hartnäckigkeit und Geduld; die Umsetzung ist bei den ‚Mühen der Ebenen' angelangt. Gender Mainstreaming mäandert zwischen symbolischer Politik und tatsächlich angestoßenen Veränderungen - so das Ergebnis der wissenschaftlichen Begleitung des DJI-Projektes ‚Gender Mainstreaming in der Kinder- und Jugendhilfe'" (Helming/Schäfer 2006: 18).

Die Frage nach der Genderkompetenz in der Kinder- und Jugendarbeit kann also mit einem eindeutigen „Jein" beantwortet werden. Das Einfordern von Genderkompetenz seitens des Geldgebers kann allerdings Reflexion und neue Handlungsschritte initiieren, Geld macht demnach nicht nur erotisch, sondern auch genderkompetent.

Ein Problem im Umsetzungsprozess von Gender Mainstreaming, das oben anknüpft, wird bei den Jugendverbänden sichtbar, in denen Ehrenamtliche wesentliche Leistungen erbringen. Aufgabe der bundeszentralen Träger ist die Koordinierung und Anregung sowie die politische Vertretung der im Verband ehrenamtlich Tätigen. Zudem werden auf Bundesebene gemeinsame gesellschaftspolitische Positionen erarbeitet und verabschiedet. Positionen und politische Programme wie z.B. Gender Mainstreaming lassen sich aber nicht Top-down von der zentralen Organisationsebene hin zu den ehrenamtlich Tätigen durchsetzen. Die Vermittlungsproblematik von Gender Mainstreaming in überwiegend ehrenamtlich strukturierten Organisationen kristallisiert sich somit als eine weitere Aufgabe und Fragestellung heraus: Es gilt einerseits, den Bedarf der im Verband in der Jugendarbeit Engagierten zu eruieren, deren Widerstände und Vorbehalte, damit der Verband auf Bundesebene weiß, was die JugendleiterInnen brauchen, um in ihrer Jugendarbeit und ihrem zivilgesellschaftlichen Engagement Gender Mainstreaming als sinnvollen Ansatz umzusetzen. Es gilt andererseits, Wege zu finden, um den Transfer programmatischer Forderungen wie z.B. Gender Mainstreaming von der Bundesebene in Richtung ehrenamtlich Tätige überzeugend zu gestalten. Wie können fachliche Gender-Qualifikationen auch und insbesondere bei Ehrenamtlichen gefördert werden?

Grundsätzlich gilt, dass bürgerschaftliches Engagement zentrales Thema aktueller Debatten um die Zukunft der Zivilgesellschaft ist. 2004 leisteten mehr als 15.000 Jugendliche das Freiwillige Soziale oder Freiwillige Ökologische Jahr - junge Männer sind bei den Teilnehmenden jedoch in der Minderheit, wenn auch mit steigender Tendenz. Das Freiwilligensurvey (2001) gibt Aufschluss über die Zugänge, die junge Frauen und junge Männer zu gesellschaftlichem Engagement haben: Mädchen engagieren sich eher im sozialen Bereich sowie im Tier- und Naturschutz, Jungen dagegen eher im Sport, beim Rettungsdienst oder bei der freiwilligen Feuerwehr. Trotz hoher Motivation und der Nutzung von Weiterbildungsangeboten zeigt das Survey jedoch auch, dass junge Frauen weniger als junge Männer von leitenden Personen entsprechender Organisationen hinsichtlich Möglichkeiten der Mitarbeit angesprochen oder ermuntert werden als junge Männer. „Gender" im Ehrenamt spiegelt sich auch darin, dass sich Mädchen bessere Informationen zu ehrenamtlichen Möglichkeiten sowie mehr öffentliche Anerkennung für ihr Engagement wünschen. Gender Mainstreaming deckt durch geschlechtsdifferenzierte Datenanalysen solche Geschlechterverhältnisse auf und wirkt Zuweisungen von Mädchen und Jungen in bestimmte Ehrenamtsbereiche sowie der geschlechtertypisierten und damit diskriminierenden Anerkennung von gesellschaftlichem Engagement entgegen. Das erweitert Handlungsoptionen von Individuen und der Zivilgesellschaft.

4. Beobachtung

Mit einem Anteil von 56% sind Jungen und junge Männer in den erzieherischen Hilfen überrepräsentiert. Da hat sich in den letzten 25 Jahren wenig verändert. Ist das gerecht? Die geringere Inanspruchnahme von Hilfen zur Erziehung seitens der Mädchen deutet allerdings möglicherweise weniger auf deren unproblematische Lebenslage hin als vielmehr auf die traditionell orientierten Deutungs- und Zuschreibungsfaktoren der Fachkräfte in der Jugendhilfe.

Von der gefühlten Wirklichkeit zurück zu den Zahlen: In der Erziehungsberatung gilt das Verhältnis 56% Jungen und 44% Mädchen. 70% Jungen und 30% Mädchen haben 2004 eine ambulante Hilfe neu begonnen. Bei der Fremdunterbringung stehen 53% Jungen 47% Mädchen gegenüber. Betrachtet man verschiedene Altersgruppen, stellt man fest, dass mit zunehmenden Alter der Mädchenanteil steigt, für die ambulanten Hilfen gilt das jedoch nicht (vgl. Fendrich/Pothmann 2006: 4). Wie sehen nun die Stellschrauben für die Gewährungspraxis aus? Die Frage richtet sich zunächst auf Wahrnehmungs- und Definitionsprozesse des Personals in den sozialen Diensten. „Wenn Mädchen aus der Rolle fallen, trifft sie der Zorn der Gesellschaft", so konstatierten Blandow u.a. 1986 die Praxis in den Erziehungshilfen. Handlungsleitend für die Jugendbehörden war nach wie vor die normative Orientierung an der Rolle der Ehefrau und Mutter, „Weglaufen" und „Sexualverhalten" waren somit Einweisungsgründe für das Personal: Mädchen prostituieren sich, Jungen probieren sich aus. Das hohe Aufnahmealter der Mädchen und die „späte" Aufmerksamkeit, die ihnen widerfährt, hat offensichtlich etwas mit der professionellen Orientierung der Jugendhilfeinstanzen zu tun, die den Verbleib in der Familie für das Aufwachsen von Mädchen in besonderer Weise anstrebt und damit die Problemlagen von Mädchen in Familien verkennt. Im Laufe der Zeit hat sich allerdings eine Palette an Mädchenangeboten in den erzieherischen Hilfen entwickelt. Mädchenwohngruppen und einzelne Angebote für Mädchen in koedukativen Einrichtungen sind zu beobachten. Daneben hat das feministische Konzept der Mädchenhäuser Aufmerksamkeit erregt, wo modulhaft die Bausteine Beratung, offene Angebote, Schutzstelle und Wohnangebote zu einem Hausbau heraufgezogen werden sollten. In der Praxis ist das aber selten zu finden, da die unterschiedlichen Finanzierungen dieser Module konträr zur Versäulung der Finanzierung in der Jugendhilfe stehen.

Auch heute heißt es noch: „Mädchenprobleme sind Familienprobleme" (Hartwig 2004: 206). Reglementierte Ausgangszeiten, Mithilfe im Haushalt, falsche Freunde, Geschwisterbetreuung und andere kontextbezogene Situationen sind Ausgangspunkte für die Beziehungskonflikte mit den Eltern. Mädchen - mit und ohne Zuwanderungsgeschichte - werden nach wie vor stärker „beaufsichtigt" als Jungen. Verstärkt wird die Aufsicht durch die Sorge der Eltern vor sexuellen Übergriffen gegenüber den Töchtern, die eigentliche Gefährdung der Mädchen im sozialen Nahraum wird weniger gesehen als die Gefahr von außen. Rückzug, Krankheit, autoaggressives Verhalten (z.B. Ritzen) sind bei Mädchen häufiger zu beobachten als Straftaten und andere nach außen gerichtete Problemlösungsstrategien wie Randale, Hyperaktivität, Kleinkriminalität, Schulscheitern etc.. „Bislang zeigt die Überrepräsentanz von Jungen in den Hilfen zur Erziehung, dass die Aufmerksamkeit für Problemlagen je nach Geschlecht unterschiedlich gerichtet ist und sich eher auf die nach außen gerichteten Verhaltensweisen der Jungen richtet“ (Hartwig 2004: 209). Das zeigen auch die Leistungs- und Qualitätsbeschreibungen in Einrichtungen, die wenig geschlechtsbezogene Hilfen ausweisen. Eine Fachleistungsstunde, das Maß aller Dinge in den erzieherischen Hilfen, eine Fachleistungsstunde „Gender“ tut Not. Denn: Auch das Positionspapier eines großen fachlichen Zusammenschlusses in den erzieherischen Hilfen, die Internationale Gesellschaft für Heimerziehung (IGFH), das die strukturelle Berücksichtigung der Problem- und Lebenslagen von Mädchen in den Hilfen zur Erziehung 1994 forderte, wird heute als nicht durchschlagend bewertet: „In Bezug auf diese Forderung hat in den Hilfen zur Erziehung jedoch weder ein breiter fachlicher Diskurs, noch eine flächendeckende strukturelle Umsetzung von Mädchenarbeit stattgefunden“ (Hartwig/Muhlak 2006: 106). Viele Beispiele solcher Papiere folgenloser Richtigkeit lassen sich aus allen Handlungsfeldern der Kinder- und Jugendhilfe benennen.

5. Beobachtung

Kinderbetreuung durch Fachkräfte der Kinder- und Jugendhilfe wird heute öffentlich in einer nie da gewesenen Weise diskutiert. Neben dem Bildungsaspekt für jüngere Kinder, wird die Vereinbarkeit von Familie und Erwerbstätigkeit als Beweggrund dargestellt. Allerdings sind die Einrichtungen der Kinderbetreuung keine Orte, an denen Geschlechtergerechtigkeit durchgehend und konsequent konzeptionell verankert ist.

Zur Erinnerung: In Folge der Neufassung des §218 StGB wurde der Rechtsanspruch auf einen Kindergartenplatz 1996 für alle Personensorgeberechtigten gültig. Der politische Wille sollte also den Entschluss begünstigen, ungeborenes Leben auszutragen. Der Verdienst der Kinder- und Jugendhilfe ist das demnach nicht. Mittlerweile ist der Rechtsanspruch an vielen Orten umgesetzt, wenn auch nicht ganztägig. Die „Versorgung“ der unter Dreijährigen, der Eltern“urlaub“ auch für Väter und die Diskussion um das „Ehegattensplitting“ im Steuerrecht werden von einer couragierten CDU Familienministerin vorangetrieben, 7-fache Mutter, zart in der Erscheinung, wohlerzogen im Auftreten und hart in der Sache. Das neue Kindergartengesetz in NRW (GtK) beschäftigt Schwadronen von VerbandsvertreterInnen der freien und öffentlichen Seite, Familienzentren sind der neue Hit, Mehrgenerationenhäuser folgen usw., usw.... ErzieherInnen und LehrerInnen sind mit Sprachstandserhebungen beschäftigt: Bildung wird im Kindergartendreiklang „Betreuung Bildung Erziehung“ groß geschrieben, allerdings nicht ganz so gut finanziert. Dennoch sind in der öffentlichen Diskussion geschlechtergerechte Konzepte oder frühzeitige Sozialisation in rosa und hellblau kein Thema.

> „Im Alter von drei bis sechs Jahren entwickeln Kinder rigide Konzepte von Geschlechterrollen, Stereotypen und geschlechtsbezogenen Einstellungen. Dies hängt damit zusammen, dass die Kinder in diesem Alter begreifen, dass die eigene Geschlechtszugehörigkeit nicht austauschbar ist. In dieser Phase sind die sozialen Einflüsse sehr verhaltenswirksam. Die Übernahme von Klischees hinsichtlich der Zuschreibung von Verhaltensweisen und Persönlichkeitseigenschaften nach männlich oder weiblich und das Festhalten daran, dient in diesem Alter der Entwicklung des eigenen Geschlechtsrollenkonzeptes." (Kasüschke/Klees-Möller 2002: 60)

Umso notweniger erscheint es, die zahlreichen Möglichkeiten des Tuns für jedes Geschlecht im Kindergarten zu kommunizieren und vorzumachen. Dem fast ausschließlich weiblichen Personal in diesen Institutionen wird aber eher das Bild gefühlsmäßiger Intuition als das des professionellen Handelns auf einem spezifischen Wissenshintergrund zugeschrieben. Schlechte Bezahlung, wenig Weiterbildungsmöglichkeit und Fachkräfte unterhalb der Fachkraftausbildung führen vermehrt zu der Forderung nach einem Professionalisierungsschub, d.h. nach einer Ausbildung auf Fachhochschulniveau, wie sie in anderen Ländern schon üblich ist. Nicht zuletzt führt die Ausbildung an berufsbildenden Schulen und somit die Entkoppelung von universitären Forschungsfeldern und der Praxisausbildung dazu, dass Untersuchungen im Kontext der Kindertagesbetreuung mit geschlechtsbezogenem Ansatz in Deutschland eher selten sind.

In einer Expertise zum 11. Kinder- und Jugendbericht der Bundesregierung wird dazu Folgendes gesagt:

> „Für den Kindergartenbereich lassen sich drei Aussagen treffen:
> - Mädchenförderung ist auf der Ebene der Einstellungen und der Handlungen von pädagogischen Fachkräften kein Thema im Kindergarten.
> - Zentrales Thema ist die besondere Situation von Jungen in einem fast ausschließlich weiblichen Sozialisationsfeld.
> - Literatur für geschlechtsspezifische Erziehung im Kindergarten als Hilfen für Erzieherinnen ist kaum vorhanden." (Kasüschke/Klees-Möller 2002: 63).

Das hat zur Folge, dass Mädchen und deren besondere Bedürfnisse und Problemlagen kaum eine Rolle spielen, da ihr angepasstes Verhalten keine Störung verursacht. Ruhig in der Puppenecke spielen, malen und basteln ist was anderes als raumgreifende Tätigkeiten wie Bauen, Toben und körperliche Auseinandersetzungen führen. Als mangelndes Erfahrungsfeld für Mädchen wird dies aber nicht gesehen. Allerdings ebenso wenig wird die gezielte Förderung von Jungen im Hinblick auf soziale Fähigkeiten und feinmotorische Fertigkeiten in den Blick genommen.

Natürlich gilt das nicht für alle Mädchen und Jungen und auch nicht für alle ErzieherInnen, aber die Diskussion wird i.d.R. über Standards, über Geld, über

Räume, über Sprachstandsförderung usw. geführt, aber nicht über genderorientierte Konzeptionen.

6. Beobachtung

Sowohl die institutionelle Verfasstheit der Kinder- und Jugendhilfe als auch ihre Personalstruktur zeigen deutlich, dass das Prinzip von Gender Mainstreaming nur mühsam umgesetzt wird und als fachliche Leitlinie bzw. Standard eher personen- als institutionenabhängig gehandelt wird. Für das Personal in der Kinder- und Jugendhilfe gilt nach wie vor die Aussage: „Ein Frauenberuf in Männerregie", allerdings mit der Ausnahme, dass die Leitung von Kindertageseinrichtungen zu 96% in Frauenhänden liegt. Andere Leitungspositionen werden zu 55% von Männern besetzt (vgl. Fuchs-Rechlin/Schilling 2006).

Lässt man zunächst die zahlreichen Besonderheiten einzelner Bereiche der Kinder- und Jugendhilfe unberücksichtigt, kann diese organisatorisch durch die folgenden vier grundlegenden Strukturmerkmale charakterisiert werden:

- kommunale Verantwortung bei gleichzeitiger Zuständigkeit von Bund und Ländern im Bereich der Gesetzgebung, der modellhaften Förderung und der fachlichen Anregung;
- zweigliedrige Fachbehörde auf Landes- und kommunaler Ebene, bestehend aus der Verwaltung des (Landes-) Jugendamts und dem (Landes-) Jugendhilfeausschuss;
- zentrale Rolle der freien Träger als Leistungserbringer;
- Neben-, In- und Miteinander von beruflich und ehrenamtlich organisierten Angeboten und Hilfen.

Von zentraler Bedeutung ist schließlich, dass das rechtlich kodifizierte Leistungsgefüge der Kinder- und Jugendhilfe im Kern durch zwei Prinzipien geprägt ist: Zum einen durch individuelle Hilfen, auf die Rechtsansprüche für die Personensorgeberechtigten bzw. für die Kinder, Jugendlichen und ihre Familien eingeräumt werden, bzw. bei dem Anspruch auf einen Kindergartenplatz für Kinder ab dem dritten Lebensjahr oder der Hilfe zur Erziehung. Zum anderen sichert das Kinder- und Jugendhilfegesetz aber auch die Gewährung von Leistungen zu, die sich vor allem als allgemeine Förderung bzw. Infrastrukturleistungen kennzeichnen lassen (z.B. Jugendarbeit, familienunterstützende Angebote). Beide Leistungsarten, individuelle wie infrastrukturelle bzw. sozialräumliche Hilfen bilden zusammen den rechtlichen und institutionellen Rahmen einer modernen Kinder- und Jugendhilfe. Neben dem institutionellen Gefüge hat die Kinder- und Jugendhilfe eine fachliche Entwicklung durchlaufen, die heute mit drei Schlagwörtern angedeutet werden kann: Lebensweltorientierung, Dienstleistungsorientierung und Professionalität.

Lebensweltorientierung bedeutet die konsequente Hinwendung zu den Lebenslagen, Lebensverhältnissen und Deutungsmustern der AdressatInnen. Dabei spielen die sozioökonomische Lage, das Geschlecht und der Migrationshintergrund entscheidende Rollen. Im Hinblick auf das Geschlecht ist es nur in Ansätzen und vereinzelt gelungen, die Lebenslage Geschlecht so in die Denkmuster der Lebensweltorientierung einzufädeln, dass die Bedeutung von Geschlecht oder auch seine Bedeutungslosigkeit in Hinblick auf andere Faktoren durchgängig schlüssig dargestellt wird.

Die *Dienstleistungsorientierung* rückt die Art und Qualität der Interaktionsstrukturen zwischen Fachkräften und AdressatInnen als Ko-ProduzentInnen in den Mittelpunkt. Hier gilt vergleichbares, denn nur an ausgewählten Beispielen (z.B. junge Mütter, gewaltorientierte Jungen) wird das Geschlecht in den Fokus der Betrachtung gestellt. Dagegen wird z.B. die Geschlechtszugehörigkeit der Fachkräfte und deren Auswirkung selten zum Thema von Untersuchungen.

Professionalität drückt sich schließlich darin aus, dass das Handeln in der Kinder- und Jugendhilfe nicht „urwüchsig“ ist, sondern vielmehr auf Wissensbestände zurückgreift, die gelernt, erworben und geübt werden müssen. Die Betrachtung einiger Handlungsfelder der Kinder- und Jugendhilfe hat bis hierhin gezeigt, dass Genderwissen offensichtlich nicht als „Pflichtfach“ gelehrt wurde und die Praxisfelder höchst unterschiedlich damit umgehen. Mir ist keine Untersuchung bekannt, die systematisch darüber Auskunft gibt, wie Genderwissen in Fach(hoch)schulen und Universitäten vermittelt wird, meinem Eindruck nach ist es noch eher auf der Ebene „Kür“ denn „Pflicht“ einzuordnen.

Zur Trägerstruktur ist zu sagen, dass rund ein Drittel der Leistungen von öffentlichen Trägern und zwei Dritteln von freien Trägern erbracht werden (über 600 Jugendämter bieten bundesweit 28.000 Einrichtungen an, derweil über 50.000 Einrichtungen in freier Trägerhand sind).

Dabei sind die öffentlichen Träger diejenigen, die durch die Verabschiedung von Leitlinien, durch die Diskussionen in Jugendhilfeausschüssen und die Formulierung von Vergaberichtlinien die fachliche Anforderungen im Hinblick auf Gender Mainstreaming steuern können. Auf der Ebene allgemeiner Verlautbarungen ist das auch häufig der Fall, im Sinne nachhaltiger Überprüfung oder gar im Hinblick auf die Rückforderung öffentlicher Gelder bei Nichtbeachtung von Genderfragen ist die Praxis noch sehr zurückhaltend.

Besonders verwunderlich ist das insofern, als die Fachkräfte in der Kinder- und Jugendhilfe vornehmlich weiblich sind und ein verständliches Eigeninteresse formulieren könnten. Seit Mitte der 1990er Jahre liegt der Frauenanteil in der Kinder- und Jugendhilfe mit 573.802 Beschäftigten insgesamt bei 86,5%. 1974 war der Männeranteil mit 16% noch etwas größer als heute (vgl. Fuchs-Rechlin/Schilling 2006).

Während der Frauenanteil in der KITA fast 100% erreicht, finden sich relativ hohe Männeranteile vor allem in der Jugendarbeit (42,8%) und der Jugendsozialarbeit (38,8%) (vgl. ebd.). In den Hilfen zur Erziehung sind fast 30% Männer beschäftigt. Die Höhe des Männeranteils korrespondiert mit dem Kernklientel des Arbeitsfeldes: je älter die jungen Menschen sind, umso größer ist der Männeranteil. Die alte Volksweisheit „Kinderkram ist Frauenkram" scheint hier ihren Niederschlag zu finden. Daneben sind natürlich auch die Gehaltsstrukturen der einzelnen Arbeitsfelder, das Berufswahlverhalten junger Menschen und die antipizierte Vereinbarkeit von Beruf und Familie ausschlaggebend, denn auch in der Kinder- und Jugendhilfe beschäftigte Männer sind zu einem weitaus geringeren Anteil als Frauen Teilzeitkräfte. Ferner ist der Akademikeranteil bei den männlichen Fachkräften deutlich höher (41%) als bei den weiblichen (12%) und zwar auch dann, wenn man die Kindertageseinrichtungen herausrechnet (48% vs. 36%). Nicht zuletzt ist der Bereich der Leitungen, abgesehen von den KITAs, der mit dem höchsten Männeranteil (vgl. ebd.).

Auch hier belegen die Zahlen, dass die Kinder- und Jugendhilfe noch einen großen Gender Ausgleichsbedarf hinsichtlich ihrer Personalstruktur hat. Das ist nichts Neues und in anderen Arbeitsfeldern ähnlich zu beobachten. Die Kinder- und Jugendhilfe ist aber im Gegensatz dazu - ähnlich wie die Schule - eine Sozialisationsinstanz mit einem gesellschaftlichen Auftrag und hat neben der viel beschworenen Dienstleistungsorientierung nach wie vor einen Vorbildcharakter für die nachwachsende Generation. Die pädagogische Beziehung als Generationenkonzept auszugestalten, ist eine Anforderung an die praktische Arbeit, um generationenbedingt unterschiedliches Erleben der auch von Geschlechtsrollenstereotypen geprägten Lebensbedingungen zur vermitteln (vgl. Werthmanns-Reppekus 2006). Ähnlich wie in der Familie werden auch hier die Botschaften vermittelt: Sorgearbeit ist Frauenarbeit, Leitung ist Männersache. Besonders nachdenkenswert stimmt es, dass die Thematisierung in eigener Sache von Gender Mainstreaming ausgeprägter erscheint als die Veränderbarkeit der eigenen Strukturen. Hohe Einsicht bei weitgehender Verhaltensstarre!

7. Beobachtung:

Was wissen wir und „what works": Was wirkt für wen unter welchen Bedingungen? Die Frage, wieweit die „Lebenslage Geschlecht" bestimmend ist für einen gekonnten Umgang mit den Optionen und Risiken in einer modernen Gesellschaft, ist nach wie vor in der Kinder- und Jugendhilfe ungeklärt. Unabhängig davon sei darauf hingewiesen, dass bei aktuellen Themen in der Gesellschaft (Gesundheits- und Rentenreform, Hartz IV und die Folgen, Migration, Medialisierung und Globalisierung usw.) sich nicht der Eindruck auftut, dass das Thema Gender sich wie ein roter Faden durchzieht. Genderwissen und die Wirksamkeitsforschung scheinen noch kein Paar geworden zu sein, wir verfügen über eine Fülle von Projektwissen über vermeintliche Geschlechterungerechtigkeiten in der Kinder- und Jugendhilfe, was aber wie unter welchen Bedingungen dies behebt, ist weitestgehend unerforscht.

In der neuesten Expertise zum aktuellen Diskurs um Ergebnisse und Wirkungen im Feld der Sozialpädagogik und Sozialarbeit - ein Literaturvergleich der nationalen und internationalen Diskussion (vgl. Otto u.a. 2007) - wird das Thema Gender nur marginal ausgeführt. Der Debatte um Jungen- und Mädchenarbeit und der nachfolgenden Debatte von Gender Mainstreaming in der Kinder- und Jugendhilfe ist es offensichtlich nicht gelungen, sich in den fachpolitischen und sozialwissenschaftlichen Diskurs in der Sozialen Arbeit einzufädeln. Der Diskurs um die Wirkungsorientierung Sozialer Arbeit ist stark durch die angloamerikanische Debatte geprägt, ausgehend von dem vom britischen Premierminister Blair geprägten Schlagwort „what works?“. Es gilt sicherzustellen,

- dass die proklamierten Ziele, Maßnahmen und Programme erreicht werden (das gilt also auch für Gender Mainstreaming als EU Richtlinie),
- dass die eingesetzten öffentlichen Mittel effektiv und effizient eingesetzt werden (was ist aus den zahlreichen Projekten zur Mädchen- und Jungenarbeit geworden?),
- und dass die Wirkungsgrade der zu erbringenden Leistungen optimiert werden (hilft geschlechtsspezifische bzw. -bewusste Arbeit, wenn ja, wie und inwiefern werden Leistungen optimiert?)

Die Wirkungsdebatte durchzieht als Steuerungsdiskurs Politik, Professionen, Institutionen und Wissenschaft. Wie sieht eigentlich unser Genderwissen aus? Wieweit ist es ideologisch geprägt vom Differenzansatz oder dem des De-Konstuktivismus? Welche Ziele werden eigentlich operationalisiert z.B. bei der aktuellen Kinderbetreuungsdebatte, eine Debatte, bei der es den Anschein haben könnte, Gender Mainstreaming sei durch die Hintertür hereingekommen.

- Die Vereinbarkeit von Beruf und Familie für Mütter?
- Die Vereinbarkeit von Beruf und Familie für Väter?
- Die Erhöhung der Bildungschancen für Kinder?
- Die frühzeitige Sozialisierung staatstragender Wesen?
- Die Verankerung pluraler und somit die Abschaffung traditioneller Familienbilder?

- Oder das Gewinnen der nächsten Wahlen?

Was wünschenswerte Wirkungen sind, ist umstritten, heißt es in der o.g. Expertise von Otto u.a. (2007). Dazu wird ein bemerkenswertes Beispiel von der US-amerikanischen Philosophin Martha Nussbaum aufgeführt.

> „So hat eine Untersuchung unter Witwen und Witwern in Indien gezeigt, dass die Witwen ihren Gesundheitszustand als ‚gut' einschätzen, während die Witwer voller Klagen über ihren Gesundheitszustand waren. Eine medizinische Untersuchung zeigte jedoch genau das Gegenteil. Insbesondere aufgrund einer deutlich schlechteren Versorgungslage litten die Witwen sehr viel stärken an Krankheiten. Darauf hin wurde unter anderem ein gesundheitspädagogisches Aufklärungsprogramm durchgeführt. Nach einigen Jahren kam eine Wiederholung der Untersuchung zu dem Ergebnis, dass sich der objektive Gesundheitszustand der Frauen nur unwesentlich verbessert habe, die Frauen allerdings eine sehr viel stärkere Unzufriedenheit mit ihrer gesundheitlichen Situation zum Ausdruck brachten. Die Frage ist nun: War das Programm ein wirksames, sprich gutes Programm? Die typische Wirkungsmessung würde dies definitiv abstreiten. Der objektive Gesundheitszustand ist weitgehend unverändert, während sich das subjektive Wohlbefinden - das bekanntermaßen ein sehr stark an Bedeutung gewinnendes Evaluationskriterium in der Medizin darstellt (vgl. Bullinger 2000, 2002) - dramatisch verschlechtert hat.
> Eine andere politisch-philosophische Position würde jedoch behaupten, dass Programm sei erfolgreich: Die Wünsche und Erwartungen der Frauen, so argumentiert z.B. Martha Nussbaum - für die das Ergebnis einen eindeutigen Fortschritt darstellt -,stimmen nunmehr besser mit der Information überein, wie ein gedeihliches Leben aussehen könnte. Sie wissen nun, welche Funktionen (d.h. Handlungs- und Daseinsweisen) ihnen fehlen (Nussbaum 1998: 223). Die Frage, ob etwas als Erfolg zu verstehen ist, ist demnach häufig hoch umstritten und keinesfalls einfach zu beantworten" (vgl. Otto u.a. 2007: 44f.)

Wirkungsforschung über die konkrete Berücksichtigung der Lebenslage Geschlecht gibt es m.W. (noch) nicht. Um noch ein Beispiel zu bringen sei kurz die Expertise von Münder u.a. (2007) zur Untersuchung zu den Vereinbarungen zwischen den Jugendämtern und den Trägern von Einrichtungen und Diensten nach §8a Abs. 2 KJHG hingewiesen. Diese neu zu treffenden Vereinbarungen zwischen Jugendamt und Trägern zum Kinderschutz sind in 60 abgeschlossenen Vereinbarungen untersucht worden. Und wie heißt es dann so schön: „Auf den im Einzelfall wichtigen Gesichtspunkt, dass bei der Heranziehung der insoweit erfahrenen Fachkraft ggf. eine geschlechtsspezifische Beauftragung vorzunehmen ist, weist lediglich eine Vereinbarung gesondert hin" (Münder u.a. 2007: 234).

Basierend auf Vermutungen und unterschiedlichen ideologischen Präferenzen gibt es vereinzelt Projekte in der Kinder- und Jugendhilfe, die dann heißen „Verbesserung der Chancengleichheit von Mädchen und Jungen in…" , „Erhöhung des Anteils von Mädchen bei…"; „Berücksichtigung des Berufsverhaltens von… ganz modern: Behinderte Mädchen mit Migrationshintergrund" und dergleichen mehr.

Um die „Lebenslage Geschlecht" gleichzeitig zu dramatisieren wie zu entdramatisieren, tut es Not, „Genderwissen" zu präzisieren - und da es sich verändert, immer neu zu erforschen und in Beziehung zu setzen mit den Lebenslagen, die geschlechtsübergreifend sind. Nur dann hat die Lebenslage Geschlecht in der Kinder- und Jugendhilfe einen Stellenwert, der Teil jeglicher Theoriefindung und Teil praktischer Handlungsanweisung werden kann. Solange das allerdings Attitüde allein weniger oder mehr engagierter Frauen bleibt, ist die Anschlussfähigkeit an den wissenschaftlichen und öffentlichen Diskurs nicht gesichert.

Literatur:

Bitzan, M./Daigler, C. (2001): Eigensinn und Einmischung. Weinheim und München

Blandow, J./Winter, G-W. v./Schmitz, J. (1986): „Erzieherische Hilfen" - Untersuchung zu Geschlechtsrollen-Typisierungen in Einrichtungen und Diensten der Jugendhilfe. In: Sachverständigenkommission Sechster Jugendbericht (Hrsg.): Mädchen in Einrichtungen der Jugendhilfe (Alltag und Biografie von Mädchen, Bd. 15). Opladen: 133-227

Bullinger, M. (2000): Lebensqualität - Aktueller Stand und neuere Entwicklungen der internationalen Lebensqualitätsforschung. In: Ravens-Sieberer, U./Cieza, A. (Hrsg.): Lebensqualität und Gesundheitsökonomie in der Medizin. Konzepte - Methoden - Anwendungen. Landsberg: 13-24

Bullinger, M. (2002): „Und wie geht es Ihnen?" Die Lebensqualität der Patienten als psychologisches Forschungsthema in der Medizin. In: Brähler, E./Strauß, B. (Hrsg.): Handlungsfelder der psychosozialen Medizin. Göttingen: 308-329

Bundesministerium für Familie, Senioren, Frauen und Jugend (BMFSFJ) (2002): Elfter Kinder- und Jugendbericht. Berlin.

Deutsche Shell (Hrsg.) (2000): Jugend 2000, 13. Jugendstudie. Opladen

Deutsche Shell (Hrsg.) (2006): Jugend 2006, 15 Jugendstudie. Frankfurt a.M.

Faulstich-Wieland, H. (2002): Mädchenarbeit und Koedukation. In: Werthmanns-Reppekus, U./Böllert, K. (Hrsg.): Mädchen- und Jungenarbeit - Eine uneingelöste fachliche Herausforderung. Expertise zum 11. Kinder- und Jugendbericht München

Fendrich, S./Pothmann, J. (2006): Ist das gerecht? Zur Geschlechterverteilung bei erzieherischen Hilfen. In: Komdat 2/2006. Dortmund. 3-4 (http://129.217.205.15/akj/komdat/pdf/komdat26.pdf [11.09.2007])

Fuchs-Rechlin, K./Schilling, M. (2006): Wo sind die Männer? Zur Personalstruktur in der Jugendhilfe. In: Komdat 2/2006. Dortmund. 2-3 (http://129.217.205.15/akj/komdat/pdf/kom-dat26.pdf [11.09.2007]).

Genderkompetenzzentrum (Hrsg.) (2006): Genderkompetenz. (www.genderkompetenz.info/genderkompetenz [10.09. 2007]).

Ginsheim, G. von/Meyer, D. (Hrsg.) (2001): Gender Mainstreaming - neue Perspektiven für die Jugendhilfe. Berlin

Hagemann-White, C. (2001): Von der Gleichstellung zur Geschlechtergerechtigkeit: Das paradoxe Unterfangen, sozialen Wandel durch strategisches Handeln in der Verwaltung herbeizuführen. In: BZgA Forum 4-2001. 33-38

Hartwig, L./Muhlak, K. (2006): Mädchenarbeit in Theorie und Praxis. In: Zander, M./Hartwig, L./Jansen,I. (Hrsg.): Geschlecht Nebensache? Zur Aktualität einer Gender-Perspektive in der Sozialen Arbeit. Wiesbaden: 86-117

Hartwig, L. (2004): Erziehungshilfen in Zeiten des Gender Mainstreaming. In: Bruhns, K. (Hrsg.): Geschlechterforschung in der Kinder- und Jugendhilfe. Praxisstand und Forschungsperspektiven. Wiesbaden: 203-218

Helming, E./Schäfer, R. (2006): Viel Gegacker - und kein Ei? Chancen, Risiken, Nebenwirkungen beim Umsetzten von Gender Mainstreaming. In: DJI Bulletin Nr. 75, 2-2006, München. 18-12

Helming, E./Schäfer, R. (2006): Gender Mainstreaming. Definition, Begriff, Geschichte, Instrumente, Verfahren. In: DJI Bulletin Nr. 75 PLUS, 2-2006. München. 1-4

Kasüschke, D./Klees-Möller, R. (2002): Mädchen und Jungen in Kindertageseinrichtungen. In: Werthmanns-Reppekus, U./Böllert, K (Hrsg.): Mädchen- und Jungenarbeit - Eine uneingelöste fachliche Herausforderung. Expertise zum 11. Kinder- und Jugendbericht. München: 57-74

Keddi, B. u.a. (1999): Lebensthemen junger Frauen. Die andere Vielfalt weiblicher Lebensentwürfe. Opladen

Liebe, M. (2004): Geschlechtergerechtigkeit in der Jugendarbeit? In: Bruhns, K. (Hrsg.): Geschlechterforschung in der Kinder- und Jugendhilfe. Praxisstand und Forschungsperspektiven. Wiesbaden: 219-232

Metz-Göckel, S./Sattari, S. (2005): Gender Mainstreaming. Mädchen und Jungen in der Kinder- und Jugendhilfe in NRW. In: Landesregierung NRW (Hrsg.): Gender Mainstreaming. Mädchen und Jungen in der Kinder- und Jugendhilfe in NRW. Expertise zum 8. Kinder- und Jugendbericht der Landesregierung NRW. Düsseldorf: 7-22

Meyer, D. (1999): Die Dimension des Geschlechts im Kontext des Strukturwandels der Jugend und Jugendphase. In: Ginsheim, G. von/Meyer, D. (Hrsg.): Geschlechtersequenzen. Berlin: 13-23

Meyer, D./Seidenspinner, G. (1998): Mädchenarbeit - Plädoyer für einen Paradigmenwechsel. In: Arbeitsgemeinschaft für Jugendhilfe (Hrsg.): Einheit der Jugendhilfe. 50 Jahre Arbeitsgemeinschaft der Jugendhilfe. Bonn: 58-71

Münder, J./Smessaert, A. (2007): Die Gleichstellung des Kinderschutzes nach §8a Abs. 2 SGB VIII. Eine Untersuchung von Vereinbarungen aus der Praxis Kinderschutzrecht und Jugendhilfe, Heft 6. 232-236

Oechsle, M. (2000): Einwürfe. Gleichheit mit Hindernissen. Berlin

Otto, H.-U. u.a. (2007): What works? Zum aktuellen Diskurs um Ergebnisse und Wirkungen im Feld der Sozialpädagogik und Sozialarbeit - Literaturvergleich nationaler und internationaler Diskussion. Expertise im Auftrag der Arbeitsgemeinschaft für Kinder- und Jugendhilfe - AGJ. Berlin

Rose, L. (2000a): Mädchenarbeit und Jungenarbeit in der Risikogesellschaft. In: neue praxis, Heft 3: 240-253

Rose, L. (2000b): Die Geschlechterkategorie im Diskurs der Kinder- und Jugendhilfe. In: Diskurs, Heft 2: 15-20

Rose, L. (2001): Gender Mainstreaming im Feld der Kinder- und Jugendarbeit. In: Ginsheim, G. von/Meyer, D. (Hrsg.): Gender Mainstreaming - neue Perspektiven für die Jugendhilfe. Berlin: 109-120

Sachverständigenkommission Sechster Jugendbericht (Hrsg.) (1984): Verbesserung der Chancengleichheit von Mädchen in der BRD. Bundestagsdrucksache 10/1007..Bonn-Bad Godesberg

Struck, N. (2002): Gender Mainstreaming und die Kinder- und Jugendhilfe. In: betrifft mädchen 3/2002: Love me gender - Gender Mainstreaming und Mädchenarbeit. Münster: 9-13

The Economist (1996): The Economist, October 3rd

Trauernicht, G. (1986): Mädchenforschung in der Jugendhilfe. Münster

Voigt-Kehlenbeck, C. (2007): Gender im Blick der Wissenschaft. Vortragsmanuskript vom 24.1.2007 in Köln, Bürgerzentrum Alte Feuerwache

Werthmanns-Reppekus, U. (2006): Zur Produktivität von Generationenbeziehungen in der Kinder- und Jugendarbeit. In: Böllert, K. u.a. (Hrsg.): Die Produktivität des Sozialen - den sozialen Staat aktivieren. Sechster Bundeskongress Soziale Arbeit. Wiesbaden: 139-146

Evaluationsergebnisse des Modellprojekts „Gender Mainstreaming bei Trägern der Jugendhilfe in NRW“

Marita Kampshoff / Sabine Nover

Gender Mainstreaming ist eine politische Strategie, die auf Gleichstellung von Frauen und Männern, Mädchen und Jungen abzielt. Wie diese Strategie umgesetzt wird, ist ein relativ offener Prozess, der stark davon abhängt, in welchem Feld oder welcher Institution er initiiert wird. Im Folgenden betrachten wir den Implementationsprozess von Gender Mainstreaming im Feld der Kinder- und Jugendhilfe in NRW. Wir berichten von den Ergebnissen der Evaluation eines Modellprojektes, das von der FUMA Fachstelle Gender NRW geleitet wurde. Da im vorliegenden Band vielfältige theoretische Beiträge enthalten sind (beispielsweise zu Gender Mainstreaming und Genderkompetenz in der Arbeit mit Mädchen und Jungen) und auch bereits ein Einblick in das Handlungsfeld Kinder- und Jugendhilfe, in welchem auch unser Projekt angesiedelt war, gegeben wird, werden wir direkt mit der Beschreibung des Projekts beginnen. Zunächst werden der Ablauf und die einzelnen Bausteine des Modellprojekts vorgestellt, anschließend unser methodisches Vorgehen bei der Evaluation. Danach werden wir ausgewählte Ergebnisse der Evaluation beschreiben und den Beitrag mit einer Bilanzierung des Modellprojekts abrunden. Gender Mainstreaming wird im Folgenden in der Regel mit „GM“ abgekürzt.

1. Ziel und Aufbau des Projekts

Im Kinder- und Jugendförderungsgesetz NRW sind seit 2005 GM und die geschlechtssensible Kinder- und Jugendarbeit als Grundsatz im §4 und §10 verankert. Für Träger der Kinder- und Jugendhilfe bedeutet dies, dass sie sich mit Genderthemen auseinandersetzen müssen. Im Modellprojekt wurden Träger verschiedener Bereiche der Kinder- und Jugendhilfe begleitet, die sich intensiv zum Thema GM fortbildeten und uns einen Einblick in ihre Auseinandersetzungen und Entwicklungen während dieser Fortbildung gewährten. MitarbeiterInnen und Leitungskräfte der Träger setzten in den zwei Jahren Laufzeit des Projektes vielfältige Entwicklungen und Prozesse in Gang.

Beteiligt waren ganz unterschiedliche Träger: Eine Einrichtung der Jugendberufshilfe; eine Jugendbildungsstätte; ein Träger mit den Schwerpunkten Schulsozialarbeit und Offene Kinder- und Jugendarbeit; ein Jugendverband mit den Abteilungen Offene Kinder- und Jugendarbeit sowie Jugendbildungsarbeit und schließlich der gesamte Fachbereich Jugend einer Kommune mit den Abteilungen „Tagesbetreuung von Kindern“, „Kinder- und Jugendförderung“ und „Hilfen für Kinder, Jugendliche und Familien“.

Bei allen Trägern gab es bereits Erfahrungen mit geschlechtssensibler Pädagogik sowie Mädchen- und Jungenarbeit. Es waren somit gendererfahrene und engagierte Fachkräfte am Projekt beteiligt. Die Träger sind vielleicht nicht repräsentativ für die gesamte Kinder- und Jugendhilfe NRWs, aber sie decken durch ihre Heterogenität ein breites Feld ab, sodass die Ergebnisse und Erfahrungen vielfältige Anknüpfungspunkte für andere Einrichtungen der Kinder- und Jugendhilfe bieten.

Im Sommer 2004 wurde mit der Durchführung der verschiedenen Bausteine des Projektes begonnen, das Projekt endete mit einer Projektbilanz im Rahmen einer Fachtagung im Sommer 2006. Ziel des Projektes war es, eine erste Verankerung der Strategie des GM bei den beteiligten Trägern der Jugendhilfe zur Verstärkung einer geschlechtergerechten Pädagogik in der Jugendhilfe vorzunehmen. Bereits vorhandene Ansätze geschlechtsbezogener Arbeit sollten weiterentwickelt und dokumentiert werden. Die Teilziele, die dabei erreicht werden sollten, sind

- die Chancengleichheit bei den Trägern zu verbessern,
- Genderkompetenzen bei den Beteiligten (weiter-)zu entwickeln,
- die Zielgruppengenauigkeit für den eigenen Träger zu verbessern,
- die bestehenden geschlechtergerechten Angebote zu verfeinern,
- vielfältige Kooperationen anzustoßen,
- Motivation und Effektivität der Arbeit zu verbessern sowie
- durch die Beteiligung aller am Prozess die Verantwortung für Geschlechterdemokratie zu übernehmen.

Folgende Bausteine des Projektes dienten der Annäherung an diese Ziele: Je eine Auftakt- und eine Bilanzveranstaltung, ein dreitägiges Gendertraining, Coaching und Genderberatung, regelmäßige Vernetzungstreffen und die Evaluation. Im Folgenden werden die Bausteine des Projektes näher beschrieben. Der Vorgehensweise der Evaluation widmen wir im Anschluss ein eigenständiges Kapitel.

1.1 Beratung und Coaching

Durch die Beratung sollte eine Einführung in die Thematik und ein erster Einstieg in die Gendertrainings und Analyseinstrumente gewährleistet werden. Das Ziel des Coachings bestand darin, Führungskräfte oder eine Gruppe von Fachkräften bei der Umsetzung der Ziele in ihrer Institution oder der Bewältigung eines konkreten Problems zu unterstützen.

1.2 Auftaktveranstaltungen

Die Auftaktveranstaltungen wurden für eine breite Öffentlichkeit innerhalb der Träger konzipiert. Es nahmen entsprechend der unterschiedlichen Größe der Träger zwischen 8 und 150 Personen teil. Bei den Veranstaltungen wurde eine breite Basis beim jeweiligen Träger angesprochen um sicherzustellen, dass eine erste Sensibilisierung und Grundlagenkenntnisse bei einer großen Anzahl von MitarbeiterInnen und LeiterInnen vorausgesetzt werden können. Die MultiplikatorInnen, die im Anschluss zusätzlich an den Gendertrainings teilgenommen haben, sollten an diesem Vorwissen anknüpfen können.

Die Teams, die bei den Trägern die Einführungen durchführten, waren gemischtgeschlechtlich. Zunächst wurde ein Input in Form eines einführenden Vortrages mit anschließender Diskussion gegeben. Die beiden weiteren zentralen Bausteine waren zum einen Übungen zur Sensibilisierung für das Thema GM und zum anderen das Vorstellen des Analyseinstrumentes der 3R-Methode[1]. Für jeden Träger wurden diese Bausteine so variiert, wie es den jeweiligen Erfordernissen entsprach.

1.3 Gendertrainings

Während der Gendertrainings beschäftigte sich eine kleine Gruppe von Leitungskräften und MitarbeiterInnen (8 bis 16 Personen) intensiv und eingehend mit dem Thema der Einführung von GM. Die Trainings wurden von ausgebildeten GendertrainerInnen in Form einer Doppelmoderation Frau/Mann durchge-

---

1 Die drei R stehen für Repräsentation (Wie viele Frauen und Männer, Mädchen und Jungen...?), Ressourcen (Wie sind Zeit, Raum, Geld auf Frauen und Männer, Mädchen und Jungen verteilt?) und Realität (Was sind die Gründe für die unterschiedliche Verteilung und die verschiedenen Ressourcen, die bei Frauen und Männern, Mädchen und Jungen eingesetzt werden?) (vgl. Metz-Göckel/Sattari 2005).

führt. Kurzvorträge, praktische Beispiele, Übungen, Gruppenarbeit, Gespräche über eigene Erfahrungen etc. waren das methodische Rüstzeug der Trainings. Jedem Träger standen drei Trainingstage à 4 x 90 Minuten zur Verfügung. Zwei Tage wurden als Block durchgeführt, ein Follow-up-Tag folgte in einigem zeitlichen Abstand. Die Trainingsziele waren:

- erstens eine Bestandsaufnahme zu GM beim jeweiligen Träger,
- zweitens eine (intensive) Sensibilisierung,
- drittens Entwürfe von konkreten Zielen und Plänen für deren Umsetzung.

Bei der Bestandsaufnahme wurde ermittelt, ob Genderaspekte in der Arbeit berücksichtigt werden. Jede TeilnehmerIn überprüfte ihre jetzigen Tätigkeiten auf Anknüpfungspunkte. Mithilfe verschiedener Übungen wurden alle Beteiligten auch in bislang weniger beachteten Bereichen (z.B. Überprüfung der Spielmaterialien, der Umgangsformen oder der Ansprache) sensibilisiert. Schließlich wurden bei jedem Träger ein oder mehrere Projekte geplant, in denen GM umgesetzt werden sollte. Diese werden im Folgenden auch ‚interne Projekte' genannt.

Die Trainings liefen aufgrund der unterschiedlichen Größen der Gruppen und der Zusammensetzung der TeilnehmerInnen sehr heterogen ab. Bei einigen Trägern waren mehr Fachkräfte aus den Einrichtungen anwesend, bei anderen wiederum überwog die Anzahl an Führungskräften. Themen und Schwerpunkte gestalteten sich dementsprechend verschieden.

1.4 Bilanzveranstaltungen

Bei den Veranstaltungen zum Abschluss des Genderprojektes hatten die TeilnehmerInnen Gelegenheit Bilanz zu ziehen. Diese bezog sich zum einen auf die Einführung und Umsetzung von GM in ihren Einrichtungen, zum anderen auf die Durchführung und den Ablauf des Genderprojektes. Inhaltlich richteten sich die Bilanzveranstaltungen an den Bedürfnissen der Träger aus: So waren einige Veranstaltungen als Tagung mit Referaten und parallel laufenden Workshops organisiert, bei anderen standen eher intensive Fachberatungen im Mittelpunkt des Interesses des Trägers. Bei allen Bilanzveranstaltungen ging es um die fachliche Vertiefung und konkrete Umsetzung von GM.

Zum Abschluss der Veranstaltung wurden die TeilnehmerInnen dazu aufgefordert, Stellung dazu zu beziehen, was ihnen im Projekt geholfen hat, was ihnen gefehlt hat und was sie benötigen, um GM weiterhin gut umsetzen zu können.

1.5 Vernetzungstreffen

Es fanden vier Vernetzungstreffen mit unterschiedlichen Anliegen statt. Wichtig waren dabei der kontinuierliche Austausch des Teams über den Stand des Projektes, der Austausch des Teams mit den Trägern sowie ein Austausch unter den TrägervertreterInnen. Es wurde deutlich, wo bereits erste Erfolge zu verbuchen bzw. wo Hindernisse aufgetaucht waren. Dabei wurden auch Bedarfe der Träger sichtbar. Die Ergebnisse der Evaluation wurden ebenfalls mit dem Team und vor allem mit den Trägern gemeinsam diskutiert.

Um die angestoßenen GM-Prozesse nachhaltig in den Einrichtungen zu sichern, wurden mögliche Schritte geplant: Erstens wurde überlegt, eine Nachevaluation im Jahre 2008 durchzuführen, die zeigen soll, welche langfristigen Entwicklungen von GM es bei den beteiligten Trägern gibt. Zweitens wurde das Angebot seitens der FUMA Fachstelle Gender NRW vorgebracht, regelmäßig eine Fachberatung bei den Trägern durchzuführen.

Wie bereits angekündigt, werden wir den letzten Baustein, die Evaluation des Projektes, etwas ausführlicher vorstellen.

2. Vorgehensweise und methodische Überlegungen zur Evaluation des Projektes

Bevor wir uns mit den Ergebnissen befassen, soll die Evaluation selbst vorgestellt werden. Mit Evaluation ist die Beschreibung, Analyse und Bewertung von Prozessen gemeint; sie hat einen ständigen Bedeutungszuwachs zu verzeichnen, was an vielen Stellen zu erfahren ist - Lehrevaluationen, Evaluationen im Gesundheitswesen oder bei Dienstleistungen aller Art sind Beispiele dafür. Gerade in Zeiten, in denen sich die finanziellen Mittel immer weiter verknappen, ist die Notwendigkeit, die Effizienz der Mittelverwendung nachzuweisen, größer geworden und so wird der Evaluation vermehrt Aufmerksamkeit geschenkt, da sie die dafür tauglichen Instrumente zur Verfügung stellt.

Die Ergebnisse einer solchen Evaluation können wertvolle Hilfen für Planung und Entscheidung liefern - wichtig dafür ist, dass die Beteiligten so frühzeitig wie möglich eingebunden werden. Evaluation kann also ganz unterschiedliche Ansatzpunkte haben; hier war das Ziel, auf mehreren Ebenen Leistungen zu erbringen: Zum einen sollten Informationen gesammelt und ausgewertet werden, die für die Durchführung des Projektes wichtig sind. Das sind zum Beispiel Wünsche und Vorstellungen aber auch bisherige Erfahrungen oder anvisierte Ziele der teilnehmenden Träger. Diese Erfassung des Ist-Zustandes liefert Hinweise für die Durchführung der Trainings wie auch die Folie für den Abgleich am Ende der Maßnahme.

Zum Zweiten sollte analysiert werden, welche nicht allein für sie typischen Probleme bei der Umsetzung von GM die Träger zu bewältigen haben. Hier steht stärker der Verlauf des Projektes im Vordergrund. Die FUMA Fachstelle Gender NRW als Leiterin des Projektes wollte und musste wissen, was an ihrem Konzept gut funktioniert und was verbessert oder modifiziert werden sollte. Gleichzeitig gehört Evaluation auch inhaltlich zum Thema: GM hat viel mit Reflexion und der Berücksichtigung von Wirkungen seines eigenen Handelns zu tun - insofern war sie in doppeltem Sinne hier angezeigt. Neben den oben geschilderten Zielen konnte so auch vorgelebt werden, was in den Trainings gezeigt wird: Reflexion des eigenen Handelns, Analyse der Wirkungen auf andere, Erheben der Wünsche und Bedürfnisse, um Programme passgenau auf die Zielgruppe hin zuschneiden zu können.

Zunächst hat uns besonders der Prozessverlauf interessiert, wie er im vorherigen Kapitel geschildert wurde. Dabei waren vor allem folgende Fragen interessant: Wo und was läuft gut? Was kann wie genauso in Folgeprojekten übernommen werden? Wo hat es warum gehakt? Und bezogen auf die Beteiligten bei den Trägern selbst, da es sich um einen interaktiven Prozess zwischen dem Projektteam und den Trägern handelt: Was haben sie im Verlauf an Vorschlägen eingebracht? Wo haben sie gemerkt, dass bestimmte Prozesse oder Vorgehensweisen an ihre spezielle Situation angepasst werden müssen? Um das analysieren zu können, mussten wir drei relevante Ebenen beachten.

GM ist ein top-down-Ansatz, so dass der erste Impuls von der Leitung ausgeht. Hier liegt auch später die Verantwortung dafür, dass der Entwicklungsprozess weiter läuft - nach der Implementierung muss GM im Alltag gelebt und sich verändernden Bedingungen oder neuen Umständen angepasst werden. Damit bildet die Leitung die erste Untersuchungsebene.

Die zweite Ebene ist die der MitarbeiterInnen, von deren Engagement zweierlei abhängt: Zunächst die Weiterverbreitung des Gelernten im gesamten Träger - im vorherigen Kapitel ist dargelegt worden, warum diese MultiplikatorInnenfunktion zentral für den Erfolg des Projektes ist, und zum Zweiten die Verankerung der Ideen von GM wie auch das Durchdringen aller, auch der nicht direkt am Projekt beteiligten Bereiche.

Die dritte Ebene betrifft die Kinder und Jugendlichen selbst, zu denen auch ihr soziales Umfeld gehört. In vielen Bereichen ist es unumgänglich, die Eltern oder die Lehrerinnen und Lehrer ebenfalls anzusprechen. Auch das, so hat sich im Projekt herausgestellt, ist zielführender und effektiver, wenn Grundsätze des GM beachtet werden. Dabei spielt insbesondere eine geschlechtergerechte Ansprache eine zentrale Rolle. Im nächsten Kapitel wird das an einigen Beispielen verdeutlicht.

Auf diesen Ebenen waren für mehrere Fragestellungen Leistungen zu erbringen. Zunächst galt es, Informationen zu sammeln, die für die Durchführung des Projektes wichtig waren. Dazu haben wir den Ist-Zustand vor Beginn des Projektes erhoben. Im Weiteren sollte der Verlauf des Projektes erfasst und beschrieben werden, um Probleme bei der Umsetzung analysieren zu können. Als drittes musste das Projekt selbst evaluiert werden. Diese vielschichtigen Aufgaben erforderten ein mehrstufiges Vorgehen.

Wir haben zwei Erhebungswellen durchgeführt, dazu haben wir 11 bzw. 23 Personen in Leitfadengestützten Interviews befragt, die zwischen 50 Minuten und zweieinhalb Stunden gedauert haben[2]. Bei der ersten Welle wurde nur die Leitungsebene zu den folgenden Themen befragt:

- nach ihren Wünschen auf das Projekt bezogen,
- nach ihren originären Interessen,
- nach den Zielen, die sie mit dem Projekt verfolgen,
- nach ihren Befürchtungen darüber, was bei der Durchführung oder bei der Umsetzung schief gehen könnte
- und nach bisherigen Erfahrungen im Bereich GM.

In der zweiten Welle sind diese Personen der Leitungsebene erneut befragt und das Sample darüber hinaus um MitarbeiterInnen ergänzt worden, die an den Trainings teilgenommen hatten. Hier hat uns insbesondere interessiert:

- wie die Wirkung der Trainings war,
- welche Probleme es bei der Implementierung gegeben hat,
- welche persönlichen Erfahrungen die Interviewten gemacht haben,

2 Die Begründung für die Entscheidung gegen eine Fragebogenstrategie liefert von Kardorff (In: Flick u.a. 2000: 245): „So haben Narrationen über besondere Ereignisse, Wahrnehmungen und Gefühle Vorrang vor verallgemeinernden Kennziffern, weil sie als sensibler Indikator für relevante Projektentwicklungen, für unerwartete Aus- und Nebenwirkungen gelten und Wahrnehmungs- und Deutungsmuster erschließen, die anschließend auf ihre Dominanz im untersuchten Kontext und, weiterführend, auf projektübergreifend verallgemeinerbare Elemente hin überprüft werden können.“

- was sie von anderen „an der Kaffeemaschine“ wie auch in offiziellen Sitzungen zum Thema erfahren haben
- und was bezüglich der Vernetzung passiert ist.

Für die Auswertung haben wir aus den vorliegenden Interviewtexten „in vivo“ Kategorien gebildet, indem wir nach bestimmten Verfahrensweisen zusammengefasst haben, was uns erzählt wurde. Diese haben wir zu übergeordneten gebündelt. Dabei wurden für die erste Erhebungswelle vier Kategorien gefunden. Die erste haben wir *Motivation* genannt. Darunter ist alles gefasst, was die Träger motiviert, an dem Projekt teilzunehmen. Die zweite Kategorie ist *Schwierigkeiten* benannt und umfasst das, was die Interviewten an Hindernissen oder an Problemen auf sie zukommen sehen. In der dritten Kategorie, dem *Interesse* am Projekt, werden Erwartungen an das Projekt und Erfolgskriterien gesammelt. Als vierte Kategorie konnten wir *Hoffnungen* ableiten. Hier findet sich, was über langfristige Erwartungen und zusätzliche Wünsche, die mittel- bis langfristig in Erfüllung gehen oder durch das Projekt ausgelöst werden könnten, erzählt wurde.

In der zweiten Erhebungswelle haben wir die Kategorie *Wirkungen des Projektes* gefunden; damit ist das zu erfassen, was beim Träger an inhaltlichen Prozessen ausgelöst wurde. Diese Kategorie korrespondiert nun genau mit der des *Interesses* aus der ersten Welle, da dort erfasst wurde, was nach Meinung der Interviewten passieren muss, und hier das, was tatsächlich passiert ist. Damit ist sie *die* zentrale Auswertungskategorie.

Des Weiteren haben wir unterteilt in *persönliche Auswirkungen*, *Auswirkungen auf die Alltagsarbeit* und *Auswirkungen auf den Träger*. Auch dazu finden sich im folgenden Kapitel Beispiele.

Die zweite Kategorie ist mit *Schwierigkeiten und Probleme* überschrieben. Besonders wichtig ist das hier Gesammelte dann, wenn sich daraus Erfordernisse und Konsequenzen für den Träger selbst und für Nachfolgeprojekte ergeben. Auf die Details gehen wir im Folgenden ein.

Die dritte Kategorie war die der *Zukunft*. Alle Interviewten haben uns von zum Teil weitreichenden Plänen berichtet. Offenbar wurde GM nirgendwo als eine Aufgabe angesehen, die mit Auslaufen des Projektes beendet ist. Es herrschte die Überzeugung vor, dass der begonnene Prozess weitergehen wird, und es gab Planungen für Nachfolgeprojekte und konkrete Umsetzungsideen.

3. Ausgewählte Ergebnisse des Projektes

Von den Ergebnissen der Evaluation haben wir einen Schwerpunkt auf die Wirkungen, die das Projekt bei den fünf beteiligten Trägern hatte, gesetzt und einen weiteren Schwerpunkt auf Schwierigkeiten und Herausforderungen, die dabei aufgetreten sind[3]. Beide Bereiche sind zum einen, wie sich bei den Auswertungen gezeigt hat, zentral für das Verständnis der Prozesse, die innerhalb der Träger stattgefunden haben. Zum anderen sind es Bereiche, die unserer Ansicht nach für externe, nicht am Projekt beteiligte LeserInnen besonders interessant sind.

3.1 Wirkungen

Die Befragten haben geschildert, was das Projekt für sie persönlich, für ihre Alltagsarbeit und ihren Träger erbracht hat. Es handelt sich manchmal um Erkenntnisse, teilweise erste Umsetzungsversuche und um Beschreibungen der internen Projekte, die sich alle Teilnehmenden während der Trainings vorgenommen hatten.

3.1.1 Wirkungen auf der persönlichen Ebene

Fast alle Interviewten berichteten davon, dass das Thema GM nicht spurlos an ihnen vorübergegangen ist. In den Interviews wurde immer wieder betont, dass das Thema für die Befragten eine persönliche Bedeutung hat, sie also für sich selbst Anregungen erhalten haben. Einige berichteten davon, auch für Sprache, für die Kommunikation untereinander und mit den KlientInnen ein geschärftes Bewusstsein bekommen zu haben.

3.1.2 Erkenntnisse für die Alltagsarbeit

Die Teilnahme am Projekt hat deutliche Auswirkungen auf die berufliche Arbeit. Über den Umgang mit Kindern und Jugendlichen berichteten einige, dass sie gelassener reagieren. Wenn zum Beispiel Mädchen ein aus genderpädagogischer Sicht problematisches Frauenbild bewundern, wird dies erst einmal zuge-

---

3 Ausführliche Darstellungen der Ergebnisse finden sich in Kampshoff/Nover 2005, 2006.

lassen und zu einem passenden Zeitpunkt diskutiert. Andere haben mehr Klarheit und Festigkeit gewonnen, um sich da durchzusetzen, wo sie vorher massive Störungen eher als „jungentypisch" durchgehen ließen. Gleichzeitig bemühten sich alle Interviewten, „die Sprache der Jungen und Mädchen zu erlernen", wie eine Befragte das umschrieben hat.

Die in den Trainings angestoßene Reflexion der eigenen Arbeit hat nicht nur Veränderungsbedarf und -möglichkeiten aufgezeigt; es wurde durch die Fachleute im Genderprojekt auch deutlich gemacht, dass vieles bereits gut gemacht wird, oft besser als in der Selbsteinschätzung vermutet. Viele nehmen eine größere Sicherheit mit in ihren Alltag, weil sie jetzt mit dem seit langem allgegenwärtigen Thema GM besser, weil kenntnisreicher umgehen können.

Häufig berichten die Befragten von „Aha-Erlebnissen". Eine ganze Gruppe, die überzeugt war, dass GM in ihrem Bereich keine Rolle spielen kann, hat ab der Festlegung des internen Projektes gerne mitgearbeitet. Anderen ist deutlich geworden, dass es eine Ungleichbehandlung von Frauen und Männern gibt. Andere haben ihre Vorbehalte verloren, als ihnen klar wurde, dass es um Chancengleichheit geht, wieder andere hatten ihr „Aha-Erlebnis", als über „Management of diversity" gesprochen wurde, weil es unterschiedliche Arbeitsbereiche zusammengeführt hat. Hilfreich waren immer die Stellen, an denen die TeilnehmerInnen plötzlich den direkten Bezug zu ihrer Alltagsarbeit ziehen konnten, wie bei der Festlegung des Projektthemas oder der Beschäftigung mit bereichsübergreifenden Themen.

3.1.3 Umsetzungerfolge: Interne Projekte in spezifischen Handlungsfeldern

Ein wichtiger Teil der Wirkungen des Projektes wurde durch die während der Gendertrainings entwickelten ‚internen Projekte' angestoßen. Wir stellen im Folgenden eine kleine Auswahl dieser Projekte, geordnet nach den verschiedenen Handlungsfeldern der Kinder- und Jugendhilfe, dar[4].

3.1.3.1 Jugendverband

In einem Projekt des Jugendverbandes wurde die Zusammensetzung des Vorstandes des Trägers im Verlauf der letzten Jahre untersucht, die Ergebnisse sollten in den laufenden Organisationsentwicklungsprozess einfließen. Die Be-

---

4 Weitere Projekte werden beschrieben in Kampshoff/Nover 2006 und Wallner 2006.

teiligung von Frauen war so gering, wie keine/r es erwartet hätte. Zum Erhebungszeitpunkt gab es keine Frau im Vorstand, was sich inzwischen geändert hat.

3.1.3.2 Fachbereich Jugend

Ein Projekt des Fachbereiches Jugend war die Auswertung der MitarbeiterInnenbefragung nach Geschlechtern getrennt. Bei der Beurteilung der Ergebnisse gab es aber bislang keine Einigung. Eine Gruppe sagt, es gebe deutliche Hinweise, dass Frauen und Männer anders beurteilen würden. Die Mehrheit vertrat jedoch eine andere Meinung, dass die beobachteten Unterschiede zu geringfügig seien, um Zufälle ausschließen zu können. Daher solle die nächste Befragung abgewartet und erst dann, falls sich die jetzigen Vermutungen bestätigen, nach Gründen und Details gefragt werden.

3.1.3.3 Abteilung Kinder- und Jugendförderung

Für das Projekt der Abteilung Kinder- und Jugendförderung des Fachbereichs Jugend sollte eine regelmäßig stattfindende Dienstbesprechung unter Genderaspekten analysiert werden, vor allem was die Kommunikationsstrukturen wie Länge und Bedeutungszuschreibung der einzelnen Redebeiträge angeht. Der Anlass war, dass einigen schon früher bei der Häufigkeit der Beiträge eine männliche Dominanz aufgefallen war und dass eine Gruppe von Frauen ‚ihre‘ Themen teilweise in informellen Gesprächsrunden besprachen, weil sie davon ausgingen, dass diese keinen Raum in den Dienstbesprechungen finden würden. Es blieb allerdings unklar, wie das Thema untersucht werden könnte. Auch eine zusätzliche Trainingseinheit brachte dabei keine Hilfe. Das hat zu Frustrationen geführt, da anfangs alle sehr motiviert an das Projekt herangegangen sind. Vor allem ist es nicht gelungen, die Fragestellung zu präzisieren. Die vermuteten Gründe für das Misslingen der ursprünglichen Idee sind vielfältig. Die Abteilung hätte sich ein zu komplexes Problem als Einstiegsprojekt in das Thema GM vorgenommen, vermuten einige. Andere sind der Ansicht, das Projekt sei nicht gelungen, weil es den Betroffenen zu nahe komme.

3.1.3.4 Tageseinrichtungen für Kinder

Die Abteilung Tagesbetreuung für Kinder hat in ihrem internen Projekt das bereits bestehende Qualitätshandbuch auf Genderaspekte hin überprüft. Da dies nur ‚bottom up' geht, wurden zunächst die entsprechenden Fachkräfte in einer zusätzlichen Veranstaltung fortgebildet. Es wurden dann drei vorher ausgewählte Standards überarbeitet, nämlich Ich-Stärkung, Soziales Lernen und Rollenspiel.

In den Tageseinrichtungen hinterfragen die KollegInnen über das Teilprojekt hinaus mittlerweile gezielt, was Mädchen und Jungen von den Angeboten haben. Bei diesen Fragen wurden auch handfeste Schritte angestoßen: Die Angebotsstruktur und Ausstattung wird vor allem mit Blick auf die Jungen überprüft: Es findet sich nun etwa Rasierzeug neben Friseurinnenutensilien oder ein Overall in der Verkleidungskiste, aber auch - mit interkulturell erweitertem Blick - Kopftücher, Teegeschirr sowie dunkelhäutige Puppen.

3.1.3.5 Erzieherische Hilfen

Die Abteilung Hilfen für Kinder, Jugendliche und Familien beschäftigte sich in ihrem Projekt mit der Evaluation der stationären Unterbringung gemäß §34 KJHG unter der Genderperspektive. Hier ging es um die Evaluation der stationären Hilfen unter der Frage, ob sie erfolgreicher werden könnten, wenn sie Genderaspekte dabei beachten. Nach aufwändiger Erarbeitung des statistischen Materials wurde versucht, Zusammenhänge zu finden. Die Ergebnisse waren, dass Mädchen in der Kommune eine erheblich längere Verweildauer bei der Unterbringung hätten als Jungen, was sowohl von Männern als auch von Frauen gleichermaßen veranlasst wird. Männer würden aber prinzipiell weniger Kinder außerhalb der Familie unterbringen als Frauen.

3.1.3.6 Jugendbildungsarbeit

In einer Jugendbildungsstätte wird viel mit Klassen und Gruppen gearbeitet, in denen der Anteil der Kinder und Jugendlichen mit Migrationshintergrund hoch ist. Ein Projekt dieses Trägers war es, verstärkt Genderaspekte in der interkulturellen Bildungsarbeit zu berücksichtigen. Bei einigen muslimischen Teilnehmenden sind zum Beispiel patriarchalische Familienstrukturen und Wertevorstellungen auffallend. Die Einrichtung versucht, Angebote für Mädchen und

Jungen zu entwickeln, in denen diese im geschützten Raum eigene und ‚fremde‘ Identitäten reflektieren und überprüfen können. Die Verknüpfung von GM und interkultureller Arbeit steht aber noch am Anfang.

Bei Befragten aus der Jugendbildungsarbeit beider Träger wurde auffallend oft der Zusammenhang zwischen Gender und den pädagogischen Methoden, die in der Jugendbildungsarbeit eingesetzt werden, angesprochen. Die Gendertrainings haben bewirkt, dass die InterviewpartnerInnen sich fragen, ob nicht manche pädagogische Methode für Mädchen oder Jungen weniger geeignet ist. Hier wird mittlerweile auch Tradiertes aus der Bildungsarbeit, wie etwa im Bereich Erlebnispädagogik, hinterfragt und unter Umständen abgewandelt.

3.1.3.7 Jugendberufshilfe

Bei den Maßnahmen zur beruflichen Qualifizierung werden Mädchen und Jungen größtenteils in „geschlechtstypischen“ Berufen ausgebildet. Dieser Umstand wurde und wird immer wieder reflektiert. Die Befragten haben, angeregt durch das Projekt, überlegt, wie und ob sie Bereiche für beide Geschlechter öffnen wollen. Die Direktive der Geschäftsleitung im Rahmen des Genderprojektes, alle Maßnahmen für beide Geschlechter zu öffnen und attraktiv zu gestalten, wurde von allen Beteiligten grundsätzlich begrüßt. Allerdings wurde auch immer selbstkritisch hinterfragt, inwieweit es in allen Fällen sinnvoll ist, Mädchen in „typischen“ Männerberufen auszubilden und ihre ohnehin schlechten Startchancen weiter zu limitieren.

Bei den Jungen, die in die Jugendberufshilfe einmünden, besteht oftmals das Problem, dass sie vielfältig (kognitiv und sozial) benachteiligt sind. Hier geht es nicht so sehr um Berufsfelder, bei denen sie ausgeschlossen werden, sondern um Bedarfe im Bereich Verhaltens- und Antiaggressionstraining, die offenkundig werden und durch gezielte Trainings in den Maßnahmen und externen Veranstaltungen angegangen werden.

Zu den problematischen Aspekten jugendlichen Sozialverhaltens gehört nicht zuletzt der Umgang mit dem anderen Geschlecht. Es findet zum Teil eine „Anmache“ oder mitunter sogar ein regelrechtes „Spießrutenlaufen“ statt. Mädchen aus der Büroabteilung hatten zum Beispiel ihre Räume über der jungendominierten Werkstatt. Beim Vorbeigehen mussten sie sich immer einige Sprüche und Kommentare der sich laut Interviewpartnerin im „Testosteronnebel“ befindlichen Jugendlichen anhören. Durch das Projekt hat hier eine Sensibilisierung stattgefunden. Mit Jungen wie Mädchen wird auch gezielt daran gearbeitet: Sozialpädagogen und Mitarbeiter aus dem Jungenarbeitskreis führen mit den

Jungen Gespräche und Trainings durch, um ihnen bewusst zu machen, wie ihr Verhalten auf die Mädchen wirkt. Bei den Mädchen wird versucht, ihre emotionale und auch physische Gegenwehr, etwa in Wen Do-Kursen, zu stärken, aber auch zu reflektieren, welche eigenen Anteile sie am Geschehen haben.

Die wichtigste Entwicklung, die durch das Projekt intensiviert wurde, ist die funktionierende Kooperation von Jungen- und Mädchenarbeitskreisen. Ehemalige Frontstellungen, bis hin zu den Befürchtungen, bei Jungen- und Mädchenarbeit handle es sich um ein „Nullsummenspiel", sie bringe also nichts, wurden zu den Akten gelegt.

3.1.3.8 Offene Jugendarbeit

Bei allen Einrichtungen der offenen Kinder- und Jugendarbeit finden verstärkt Diskussionen über Genderthemen statt. Bewusst werden sogenannte „weibliche" und „männliche" Sichtweisen reflektiert und über die Verteilung der Stellen auf Frauen und Männer gesprochen.

Einen weitaus größeren Raum als die Vorhaben auf der Ebene der MitarbeiterInnen nehmen bei den Trägern, die Einrichtungen der „Offenen Tür" haben, konkrete Vorhaben mit den BesucherInnen ein. Ein typisches Problem für „Offene Türen" ist es, dass weniger Mädchen als Jungen in die Einrichtungen kommen. Hier wurden bei allen beteiligten Einrichtungen durch entsprechende, einrichtungsspezifische interne Projekte bereits große Erfolge erreicht.

In den Jugendgremien der Träger macht sich GM ebenfalls bemerkbar: Das Jugendparlament des Fachbereichs Jugend hat z.B. eine Frauenquote eingeführt. Bei den Vollversammlungen einer anderen Einrichtung, auf denen die Jugendlichen ihre Programmwünsche äußern können, werden jetzt zunächst nach Geschlechtern getrennte Versammlungen vor den Treffen aller Jugendlichen abgehalten, um Mädchen mehr Chancen auf die Durchsetzung ihrer Interessen zu geben. Auch während der Versammlungen wird darauf geachtet, dass die Redeanteile von Mädchen und Jungen gleich hoch sind.

In so mancher „Offenen Tür" herrscht das Recht des „Stärkeren", worunter nicht nur die Besucherinnen, sondern auch die Mitarbeiterinnen zu leiden haben. Hier treffen oftmals die hierarchischen Geschlechterverhältnisse zwischen Männern und Frauen, Jungen und Mädchen mit kulturspezifischen traditionellen oder religiösen Vorstellungen zusammen. Ein Team aus der offenen Arbeit hat hierzu, durch die Gendertrainings angeregt, eine klarere Linie im Umgang mit diesen teilweise gewaltbereiten Jungen entwickelt. Es wurde erkannt, wie wichtig es ist, im Team einheitliche und stringente Grenzen zu setzen.

An dieser Stelle beenden wir die Beschreibung der internen Projekte. Der Abschnitt wird mit einem letzten Aspekt der Wirkungen des Projektes beendet:

3.1.4 Positive Wirkungen für den gesamten Träger

Übereinstimmung besteht bei allen InterviewpartnerInnen darin, dass durch das Projekt die KollegInnen sensibilisiert worden sind, und Gender ein Thema geworden ist, das in Diskussionen eine Rolle spielt. Viele Denkanstöße bleiben im Gedächtnis.

GM ist in so mancher Einrichtung der Träger fest verankert, alle Beschäftigten sind dem Thema gegenüber aufgeschlossen. Durch das Projekt hat der Genderblick einen höheren Stellenwert bekommen und GM-Aspekte werden verstärkt beachtet.

Eine interviewte Person berichtete, dass auch ihrer Ansicht nach Gendererfahrene durch die Teilnahme am Projekt eine neue Perspektive bekommen haben. Sie führt dies insbesondere darauf zurück, dass in ihrem Bereich zwar schon lange von einigen Fachkräften Mädchen- und Frauenarbeit betrieben, jetzt aber auch der Blick auf die Jungen gerichtet würde.

Auch die Prozesshaftigkeit von GM wird in den Beschreibungen herausgestellt: Es kann nur so gehen, meint eine Gesprächspartnerin, dass man erst einen Blick für Gender bekommt und dann versucht es umzusetzen. Dies sei allerdings ein langer Prozess, für den es einen langen Atem brauche.

Bei Trägern, die noch mit vielen Widerständen zu kämpfen haben, ist durch das Projekt zumindest die Akzeptanz bei den KollegInnen gestiegen. Bei der Jugendberufshilfe wurde auch nicht versucht, sofort alle ins Boot zu holen, sondern ein induktiver Weg eingeschlagen. „Tue Gutes und rede darüber“, nennt dies ein Interviewpartner.

Positiv für die freien Träger wie die Jugendberufshilfe und die beteiligten Jugendbildungsstätten ist auch der Umstand, dass man sich in einem Bereich fortgebildet habe, der für die Mittelbeschaffung wichtig sei. Jeder müsse sich mit GM beschäftigen, da dies antragsrelevant sei.

3.2 Schwierigkeiten

Während bislang vor allem die direkten Erfolge des Projektes im Vordergrund standen und Widerstände sowie Befürchtungen eher am Rande eingeflossen sind, gehen wir im Folgenden auf die Schwierigkeiten und Herausforderungen ein, mit denen die Träger im Laufe des Projekts zu kämpfen hatten.

3.2.1 Antizipierte Schwierigkeiten

Wie erwähnt, haben wir zwei Erhebungswellen gemacht - in diesem Zusammenhang soll nur auf einen Punkt aus der ersten eingegangen werden, den antizipierten Schwierigkeiten.

Als problematisch wurde in den Interviews geschildert, dass offenbar große Unterschiede bei der Motivation, der Vorbildung und der Sensibilisierung bei der MitarbeiterInnenschaft der Träger zu finden seien. Dies hängt zum Beispiel damit zusammen, ob jemand ehrenamtlich oder hauptamtlich in der Jugendhilfe tätig ist, oder ob dem Thema eine Bedeutung und wenn ja, mit welcher Priorität beigemessen wird. Auch die vermutete fehlende Akzeptanz des Themas Gender Mainstreaming, in dem Sinne, dass seine Bedeutung von vielen nicht erkannt werde, wurde als Quelle möglicher Schwierigkeiten genannt.

Als weitere Auslöser von Widerständen wurden die zu erwartende Mehrarbeit, die durch die Einführung von GM auf die Beschäftigten zukomme und die Angst vor vermuteten vielen Umstrukturierungen, die erforderlich würden, genannt.

In einigen Interviews wurde ein weiterer Aspekt angesprochen, der den Interviewten bei der Umsetzung konfliktträchtig erschien: Veränderungen verlaufen manchmal recht zähfließend. Was formal oder konzeptionell als richtig erkannt wurde, scheitert bisweilen an der Realität und wird im Alltag nicht entsprechend oder nur zögerlich umgesetzt.

Eine weitere Problematik, von der berichtet wurde, betrifft die Finanzierungssituation, die in den Beschreibungen der Befragten von freien Trägern als besonders dramatisch geschildert wurde. Hier wurde zum Beispiel angesprochen, dass es einer Beschneidung der Mädchen- und Frauenförderung entspreche, wenn die gleiche oder verringerte Geldsumme nun auch für Jungenprojekte reichen solle.

Die fehlende Geschlechterausgewogenheit bei den Trägern wird auf beinahe allen Ebenen der Organisation als Problem gesehen.

3.2.2 Aufgetretene Schwierigkeiten

In der zweiten Erhebungswelle haben die Beteiligten von tatsächlich aufgetretenen Problemen erzählt. Dazu gehört, dass viele Personen, wie vermutet, nicht hinter dem Thema stehen. So hat zum Beispiel eine Gruppe, die mit großen Vorbehalten an das Projekt gegangen ist, keine oder zu wenig Verknüpfungen mit ihrem Arbeitsbereich gesehen; die hier vorherrschende Einstellung war, dass GM mit ihrer Arbeit nichts zu tun haben kann. Eine andere Gruppe sagt dagegen von sich, sie seien „eines besseren belehrt“ worden, bei einer dritten Gruppe wurde dieses Vor-Urteil mindestens teilweise relativiert.

Widerstand gegen die Transparentmachung und Hinterfragung der eigenen Arbeit war ein weiteres wichtiger Hemmnis, wobei insbesondere Ältere einer solchen Auseinandersetzung und Selbst-Reflexion ablehnend gegenüber stünden. Bei vielen sei ein starker Rechtfertigungsdruck entstanden, der vor allem auf die bislang völlig andere Arbeitskultur oder andere, als unhinterfragbar angesehene Arbeitsgrundsätze, etwa den der Koedukation, zurückzuführen sei. Die Ansicht, es könne doch nicht alles Bisherige falsch gewesen sein, hängt damit zusammen.

Dass Gender darüber hinaus ein sehr persönliches Thema ist oder werden kann, weckt besonders viele Widerstände, da die eigene Person, das eigene Handeln und die eigenen Einstellungen hinterfragt werden müssen. Auch sei das Thema für viele zu sperrig oder zu komplex, weswegen sie sich nur ungern damit befassen wollten.

Auch der Gedanke, dass die Genderarbeit Arbeitskraft koste, die von anderen aufgefangen werden muss, ist geäußert worden. In diesen Äußerungen spiegeln sich Probleme, die sich auch bei Organisationsentwicklungs- und Qualitätssicherungsprozessen finden und nicht auf GM beschränkt sind.

Darüber hinaus gibt es ein von mehreren angesprochenes Platzierungsproblem: In Zeiten, die durch ständige Umstrukturierungen und Veränderungen bei gleichzeitiger Mittelverknappung charakterisiert sind, neigen die Menschen erst einmal dazu, widerständig zu sein, da sie jedes neue Thema als weitere Belastung ansehen; ein Interviewter bezeichnet das schön plastisch als „Stöhn-Reflex“.

Eine Befragte berichtet, dass sie schon jetzt die Jungenarbeit mitmachen und z.B. im Rahmen des Girls Days auch Angebote für Jungen suchen, oder Angebote analog zu denen für Mädchen erarbeiten soll. Dabei geraten sie und ihre Kolleginnen zunehmend unter einen Rechtfertigungsdruck; solche entsprechenden Programme für beide Geschlechter zu machen, dies sei seit dem Projekt und den Diskussionen um GM schlimmer geworden - obwohl das Projekt genau das nicht wollte.

Zusätzliche Anforderungen an die Umsetzung bringen die Zusammensetzung der Klientel, wie im letzten Kapitel bereits angesprochen, und die der MitarbeiterInnen mit sich.

Es gibt viele Äußerungen dazu, dass die Umsetzung stark an denjenigen, die direkt mit den Kindern und Jugendlichen zu tun haben, hängt; in vielen Bereichen bedeute das einen hohen Zeitaufwand für Fortbildungen von TeamerInnen, Ehrenamtlichen und Honorarkräften. Die Mittel dazu fehlen aber weitgehend; außerdem gibt es kaum Möglichkeiten, Ehrenamtlichen Weisungen zu erteilen; die Betroffenen haben ein sehr begrenztes Zeitbudget und schon jetzt zu wenig Kapazitäten, um Inhalte so und in dem Umfang zu behandeln, wie es nötig sei. Außerdem gibt es eine große Fluktuation bei diesen Personenkreisen.

Ein weiteres inhaltliches Problem, das noch zu wenig diskutiert sei, ist die beobachtbar zu geringe Geschlechterrollenarbeit mit Jungen, sie sei noch zu wenig umgesetzt. Eine Befragte äußerte die Befürchtung, bisherige Jungenprojekte verstärkten vielleicht sogar althergebrachte Rollenbilder der Jungen. Das ist ein unbedingt zu ergründender Verdacht, dem an anderer Stelle nachzugehen ist.

4. Bilanzierung des Modellprojektes

Für die Bilanzierung werden wir besonders die Schlussfolgerungen herausheben, die sich aus den Erkenntnissen und Erfahrungen der Träger ziehen lassen, wieder auf der Grundlage der Äußerungen der Interviewten.

Neben den vielfältigen Äußerungen dazu, was gut geklappt hat und warum das so war, haben die Interviewten selbst schon Vorschläge gemacht, was verbessert werden könnte und worauf zu achten ist, wenn man ein solches Projekt durchführt oder eine Implementierung von GM anstrebt. Vieles davon wurde in Form von positiver oder negativer Kritik geäußert; anderes betrifft Erkenntnisse für die Alltagsarbeit und Probleme bei der Umsetzung. Die entsprechenden Kapitel im ausführlichen Projektbericht (vgl. Kampshoff/Nover 2006) sind sicher reichhaltige Quellen für andere, die die Umsetzung der EU-Richtlinie zur Einführung von GM noch vor sich haben und planen wollen. Hier wollen wir sie nicht im Detail vorstellen, sondern uns auf einige Ergebnisse beschränken, die im Folgenden nach zentralen Punkten geordnet dargestellt werden.

4.1 Kommunikation und Kooperation

Der entscheidende Punkt sowohl für den erfolgreichen Beginn wie auch die dauerhafte Implementierung von GM, darin waren sich alle einig, ist die Kommunikation über das Thema. Das Projekt ist da am fruchtbarsten und wirkt besonders nachhaltig, wo viel darüber geredet und diskutiert wird, wo es immer einmal wieder, z.T. überraschend, in Gesprächen über andere Themen auftaucht. Eine wichtige Lehre aus dem Projekt ist es daher, von Anfang an Strukturen zu schaffen, die für einen regelmäßigen Austausch sorgen oder ihm zumindest förderlich sind. Diejenigen, die nicht an den Trainings teilnehmen, müssen immer wieder auf dem Laufenden gehalten werden, an den Diskussionen über Fortschritte und Probleme bei der Arbeit an den internen Projekten beteiligt werden.

Neben der Kommunikation untereinander ist die mit dem Projektteam von Bedeutung. Auch hier empfehlen sich frühzeitig eingerichtete Kommunikationswege, wobei es, dem top-down-Ansatz geschuldet, besonders wichtig ist, MitarbeiterInnen umfassend und umgehend über alle besprochenen Inhalte zu informieren. Dezentral laufende Kommunikation kann prinzipiell als Ergänzung ebenfalls sinnvoll sein, muss aber für die anderen Beteiligten entsprechend transparent gemacht werden.

4.2 Vorbereitung und Heranführen an das Thema

Eine weitere Erfahrung aus dem Projekt betrifft das Heranführen der Beschäftigten an GM. Hier haben einige Interviewte betont, wie wichtig es ist, vorsichtig zu agieren, um die noch zu Überzeugenden nicht vor den Kopf zu stoßen. Befragte der Leitungsebene waren sich einig, dass bei der Teilnahme an den Trainings ganz auf Freiwilligkeit gesetzt werden müsse. Bei diesem Thema ist es besonders wichtig, die Menschen zu überzeugen und nicht zu verpflichten, sonst scheint eine Implementierung nicht möglich.

Eine große Schwierigkeit dabei ist das sehr unterschiedliche Vorwissen, mit dem die TeilnehmerInnen zu den Veranstaltungen kommen. Das zu berücksichtigen, dem alten Grundsatz, die Menschen da abzuholen, wo sie stehen, gerecht zu werden, ist eine Herausforderung für das Projektteam. Um dem zu begegnen, sollte zunächst eine Öffnung für das Thema und dann möglichst zügig ein Herunterbrechen auf den jeweiligen Arbeitsbereich der Beteiligten erfolgen. Der Bezug zur eigenen Arbeit ist von fast allen Interviewten als entscheidend für die Überwindung einer anfänglich reservierten Haltung herausgestellt worden.

Einige sind neugierig, andere skeptisch in die Veranstaltungen gegangen. Inwieweit sie überzeugt werden konnten, hing vor allem davon ab, inwieweit die Sensibilisierung gelungen ist. Das scheint hier für alle, die an den Trainings beteiligt waren, gelungen zu sein. Selbst für die, deren Skepsis nicht in Begeisterung umgeschlagen ist, ist GM zu einem wichtigen Thema geworden. Sicher variiert die Geschwindigkeit, mit der Genderaspekte im Denken der/des Einzelnen Fuß fassen und eine Rolle für die Einnahme neuer Blickwinkel und die Veränderungen von Handeln spielen. Es ist aber niemand davon unberührt geblieben.

4.3 Widerstände und Rahmenbedingungen

Es gibt Vorbehalte, die eine Implementierung von GM erschweren; davon sind einige für das Thema spezifisch und andere bestehen unabhängig davon.

Chancengleichheit und Geschlechterdemokratie, dies ist eine wichtige, wenn auch nicht neue Erkenntnis im Projekt, beginnt mit der Auseinandersetzung und Reflexion des eigenen Frau- oder Mann-Seins. Das Thema geht besonders unter die Haut, weil es nur umzusetzen ist, wenn man die eigene Person, das eigene Rollenhandeln als Frau oder Mann sowie Vorstellungen darüber, was typisch weiblich und typisch männlich ist, wie sich der eigenen Meinung nach also auch die anderen verhalten sollten, reflektiert, analysiert und in Frage stellt. Damit wird den Beteiligten per se schon viel zugemutet und abverlangt. Im beruflichen Umfeld, in dem bestimmte Zwänge und Hierarchien bestehen und in dem die eigene Person in der Regel nicht im Vordergrund steht, man es zudem mit KollegInnen und nicht oder nur im geringen Maße mit FreundInnen zu tun hat, ist eine Öffnung in dieser Hinsicht zudem noch erschwert. Damit bildet diese Besonderheit der Implementierung von GM eine Quelle für Widerstände und Schwierigkeiten, die unbedingt zu beachten ist. Es ergibt sich daraus auch ein weiteres starkes Plädoyer für die Freiwilligkeit der Teilnahme mindestens an den ersten Schritten in Richtung GM.

Andere Widerstände treten unabhängig davon auf. Hier sei auf das im vorherigen Kapitel beschriebene Unbehagen darüber, die eigene Arbeit transparent zu machen und zur Diskussion zu stellen, verwiesen, das aus anderen Organisationsentwicklungsprozessen bekannt ist. Eine solche Kultur zu etablieren wäre sicher auch für die Weiterentwicklung von GM hilfreich.

Von besonderer Bedeutung sind aber vor allem die schwierigen Rahmenbedingungen, unter denen die meisten in der Kinder- und Jugendarbeit Tätigen arbeiten müssen, und die in den Interviews und Gesprächen auf den Vernetzungstreffen immer wieder thematisiert wurden. Es ist an anderer Stelle schon angesprochen worden, dass in der Zeit, in der das Projekt lief, viele Träger buchstäblich um ihr Überleben zu kämpfen hatten. Es hat massive Mittelkürzungen gegeben, denen Entlassungen, Einkommenskürzungen, Verringerungen der Stundenzahl und Schließung von Einrichtungen folgten. Gleichzeitig wurde die Arbeit nicht weniger sondern mehr, weil neue Aufgaben hinzu kamen und auf weniger Schultern verteilt werden mussten. Unter diesen Bedingungen ist es sehr bemerkenswert, dass die TeilnehmerInnen sich trotzdem auf einen solchen tiefgreifenden und intensiven Prozess wie die Implementierung von GM eingelassen haben. Diese Kraftanstrengung soll an dieser Stelle noch einmal ausdrücklich hervorgehoben und gewürdigt werden. Einige Träger waren sogar bereit, eigenes Geld und weitere Zeit für zusätzliche Veranstaltungen zu investieren.

Eine andere problematische Rahmenbedingung in einigen Bereichen, vor allem sind das die Tagesbetreuung von Kindern und Bereiche der Offenen Jugendarbeit, ist es, überhaupt qualifizierte Männer für die Arbeit zu finden, um die Quote erhöhen zu können. Das ist ebenso ein finanzielles Problem, da zu wenig feste Stellen zur Verfügung stehen und diese zudem schlecht bezahlt sind. Männer sind weniger als Frauen bereit, ein so niedriges Einkommen hinzunehmen. Das gilt in noch höherem Maße für Honorarkräfte. Mit dieser Arbeit kann man seinen Lebensunterhalt nicht bestreiten. Darüber hinaus wirken aber auch starke gesellschaftliche Kräfte einem Zulauf von Männern in diese Felder entgegen. Dabei sind vor allem Fragen des gesellschaftlichen Ansehens, das in krassem Widerspruch zur gesellschaftlichen Notwendigkeit dieser Arbeit steht, zu nennen. Mangelndes Prestige und mangelnde gesellschaftliche Anerkennung wirken abschreckend.

Auf den Leitungsebenen und in den Vorständen hingegen mangelt es an weiblichen Kräften. Durch das Projekt ist damit begonnen worden, daran etwas zu ändern. Mit den Diskussionen, die angestoßen wurden und werden und die über die Arbeitsbereiche der Träger hinaus Wellen schlagen, wird auch die Bedeutung der Arbeit mit Kindern und Jugendlichen thematisiert. Man darf sich wünschen, dass auch das zu einer allmählichen Veränderung des gesellschaftlichen Klimas beiträgt.

Unstrittig war bei allen Befragten, dass es auch eine Frage der Rahmenbedingungen ist, wie stark GM im weiteren (Arbeits-)Alltag eine Rolle spielen wird.

4.4 Implementierung und Verbesserung der Koordination

Die Implementierung von GM ist das eigentliche Ziel; alle der bislang genannten Aspekte spielen dafür eine Rolle. Darüber hinaus ist die Erfahrung, dass die Trainings zu Erkenntnissen über eigenes Verhalten und eigene Sichtweisen geführt haben, für das tiefgreifende und nachhaltige Wirken bedeutsam. Um das Thema präsent und lebendig zu halten, sind interne Diskussionen und Reflexionen auf allen Ebenen notwendig. Ob und wie die Informationen, Erfahrungen und Erkenntnisse über den Implementierungsprozess weitergegeben werden, entscheidet über den Erfolg dabei.

Die Beteiligten hatten viele praktische Tipps, die sie umgesetzt und weitergegeben haben. An einem Punkt soll hier illustriert werden, wie umsetzungsnah diese Analyseergebnisse sind: Es sollte dafür gesorgt werden, dass alle MitarbeiterInnen bereits im Vorfeld über leicht verständliche Informationen zum Thema und zum Projekt verfügen, dass entsprechende Info-Blätter an alle verteilt werden. Damit ist noch nicht die eigentliche, unter Punkt 1 genannte Sensibilisierung gemeint, die sicher für die Meisten soviel Platz braucht, wie sie in den Veranstaltungen des Projektes bekommen hat. Es sollen nur alle schon eine ungefähre Vorstellung haben, worum es geht, ehe sie für einen Tag die Arbeit liegen lassen und an der Auftaktveranstaltung teilnehmen.

Viele sind, wie erwähnt, mit großen Vorbehalten in das Projekt gegangen; es variiert, inwieweit sie die verloren haben. Ein großer Teil dieser SkeptikerInnen, so unser Eindruck, konnte aber erst motiviert werden, als ein für die Alltagsarbeit greifbares Verbindungsstück gefunden war. Das konnte ein Thema für das interne Projekt oder ein „Aha-Erlebnis" durch einen neu gewonnenen Blickwinkel auf ein altbekanntes Problem sein. Aber diese Verbindung so früh wie möglich herzustellen, scheint uns ein zentraler Faktor dafür zu sein, wie möglichst viele möglichst schnell „ins Boot geholt" werden können, um mit den Worten eines Interviewten zu sprechen.

Eine andere Herangehensweise verlangen diejenigen, die aus inhaltlichen Gründen Bedenken gegen die Implementierung von GM haben. Dazu gehören Frauen, die aus der parteilichen Mädchenarbeit kommen ebenso wie diejenigen, die aus tiefer Überzeugung koedukativ arbeiten. Zu dieser Gruppe zählen alle, die auf der Grundlage inhaltlicher Grundsätze, also einer klaren Entscheidung für ein bestimmtes pädagogisches Konzept, spezielle Arbeitsformen gewählt haben. Bei dieser Gruppe muss es gelingen deutlich zu machen, dass GM keine Gefahr sondern eine Chance auch für die Mädchenarbeit bietet.

Dazu muss deutlich gemacht werden, dass es um Ergänzung und Verbesserung, nicht unbedingt um Abschaffung bewährter Methoden geht. Genderaspekte gerade nicht als Konkurrenz, sondern als Ergänzung und Hilfe für Effizienz, Passgenauigkeit und Vervollständigung der eigenen Arbeit erkennen zu lernen, ist ein entscheidender Faktor für den Erfolg der Trainings.

Sowohl für die Überzeugungsarbeit als auch für das Wachhalten des Interesses gab es viele zielführende Überlegungen. Für ersteres ist besonders wichtig, die Praxisrelevanz von Gender herauszustellen und bislang unbemerkt gebliebene „Notstände“ aufzeigen, um SkeptikerInnen zu überzeugen. Zudem müssen die gefundenen Lösungsansätze und erste Erfolge in den Vordergrund gerückt werden. Auch die Angst vor, zumindest mittelfristigen, Zusatzbelastungen zu nehmen, könnte hilfreich sein. Dazu kann z.B. die Mittelfristigkeit des Aufwandes oder die folgende Entlastung durch passgenauere oder Konflikte minimierende Angebote herausgehoben werden. Zur Erhöhung der Akzeptanz und Aufrechterhaltung der Motivation kann kleinschrittiges Weiterarbeiten dienen, nachdem eine erste Routine, sich in der Alltagsarbeit mit GM zu beschäftigen, eingerichtet wurde.

Als zentral für die Implementierung werden die Kommunikations- teilweise auch die Organisationsstrukturen, z.B. die Einrichtung von Genderbeauftragten, eine mindestens interne Vernetzung und klare Verantwortlichkeiten genannt. Dabei müssen Besonderheiten der internen Struktur wie auch Empfindlichkeiten der MitarbeiterInnen berücksichtigt werden. Hilfreich für die Kommunikation könnten z.B. regelmäßige Rundmails zum Thema und zu neuen Entwicklungen sein, wie eine Befragte vorschlug. Allgemein werden Strukturen zum regelmäßigen Austausch als entscheidend für die Implementierung von GM angesehen.

4.5 Effektivität steigern und die Qualität der Arbeit verbessern

Der fünfte Punkt, der hier noch herausgegriffen werden soll, betrifft die Verbesserung der Qualität der Arbeit.

Es hat sich gezeigt, wie wichtig es ist, zunächst eine Öffnung für das Thema im Sinne einer Sensibilisierung zu erreichen, und es dann so schnell wie möglich auf die jeweiligen Arbeitsbereiche der Beteiligten herunter zu brechen. Nur so können alle mit ins Boot geholt werden.

Befragte haben berichtet, dass sie durch das Wissen, das sie erlangt haben, gelassener mit Kindern und Jugendlichen umgehen. Sie haben eine andere Sichtweise auf in der Alltagsarbeit auftretenden Probleme und Konflikte gewonnen.

Durch die geschlechtergerechte Sprache, die sie erlernt haben, hat sich die Kommunikation sowohl der Beschäftigten untereinander, zwischen den Beschäftigten und dem sozialen Umfeld der Kinder und Jugendlichen, und nicht zuletzt mit den Kindern und Jugendlichen selbst verbessert. Mädchen und Jungen können gezielter angesprochen werden.

Es hat darüber hinaus Synergieeffekte für die interkulturelle Arbeit gegeben. Bei vielen Trägern ist das ein zentrales Arbeitsgebiet, weil ihre Klientel zu einem großen Teil aus Migrantinnen und Migranten besteht. Hier wurde speziell thematisiert, wie beispielsweise türkische Mädchen, wie türkische Jungen anzusprechen sind. Diesbezüglich Erkenntnisse gesammelt zu haben und anwenden zu können ist als große Hilfe - und als Baustelle für zukünftige Weiterentwicklungen angegeben worden.

Zur ständigen Weiterentwicklung sei, so mehrere Befragte, sowohl die Inanspruchnahme externen Sachverstandes als auch die Bildung von internen Projektgruppen günstig.

4.6 Chancengleichheit und Geschlechterdemokratie

Chancengleichheit beginnt mit der Auseinandersetzung und der Reflexion des eigenen Frau- oder Mannseins; die damit zusammenhängenden Schwierigkeiten sind weiter oben schon dargelegt worden. Insbesondere, was die berufliche Ebene anbelangt, ist das für die Einzelne, für den Einzelnen erschwert durch spezifische Bedingungen der Erwerbsarbeit, auch durch ein professionelles Selbstverständnis. Dennoch sehen viele Beteiligte die Implementierung von GM als eine neue und zusätzliche Möglichkeit, in Richtung von Chancengleichheit und Geschlechterdemokratie voran zu kommen.

Abschließend und zusammenfassend kann konstatiert werden, dass es ganz entscheidend eine Frage des internen Klimas ist, wie erfolgreich der Gedanke des GM umgesetzt werden kann. Wichtig für die Beurteilung des herrschenden Klimas sind Fragen danach, wie die Beschäftigten miteinander umgehen, welche und wie gut funktionierende Kommunikationsstrukturen vorzufinden sind, und nicht zuletzt welcher Führungsstil vorherrscht. Davon hängt es nämlich ab, welches Vertrauen und welche Offenheit, sich auf die notwendigen Prozesse einzulassen, erzielt werden können. Nachhaltigkeit wird dann erreicht, wenn es gelingt, GM zum Teil der gelebten Kultur werden zu lassen.

Literatur

Deutsche Gesellschaft für Evaluation (Hrsg.) (2004): Empfehlungen zur Anwendung der Standards für Evaluation im Handlungsfeld der Selbstevaluation. Alfter (http://www.degeval.de./calimero/tools/proxy.php?id=172 [29.08.2007])

Flick, U./Kardorff, E. von/Steinke, I. (Hrsg.) (2000): Qualitative Forschung. Reinbek bei Hamburg

Kampshoff, M./Nover, S. (2006): Evaluationsbericht zum Projekt „Gender Mainstreaming bei Trägern der Jugendhilfe in NRW". FUMA Fachstelle Gender NRW, Essen

Kampshoff, M./Nover, S. (2005): Zwischenbericht der Evaluation des Projektes „Gender Mainstreaming bei Trägern der Jugendhilfe in NRW". FUMA Fachstelle Gender NRW, Essen

Metz-Göckel, S./Sattari, S. (2005): Gender Mainstreaming. Mädchen und Jungen in der Kinder- und Jugendhilfe in NRW. In: Debbing, C./Ingenfeld, M./Cremers, M./Drogand-Strud, M.: Gender Mainstreaming. Mädchen und Jungen in der Kinder- und Jugendhilfe in NRW. Expertise zum 8. Kinder- und Jugendbericht der Landesregierung NRW. Herausgegeben vom Ministerium für Schule, Jugend und Kinder des Landes Nordrhein-Westfalen. Düsseldorf: 7-22

Wallner, C. (2006): Praxisbericht zum Projekt „Gender Mainstreaming bei Trägern der Jugendhilfe in NRW". FUMA Fachstelle Gender NRW, Essen

Genderkompetenz in der Jugendberufshilfe/Benachteiligtenförderung

Ruth Enggruber

1. Einführung und Überblick

Drei Vorbemerkungen sind wichtig:

1. Ringvorlesungen eröffnen grundsätzlich die Chance, ganz unterschiedliche ReferentInnen aus „allen Himmelrichtungen" einzuladen und damit den Studierenden eine breite inhaltliche sowie personelle bzw. didaktische Vielfalt zu einem Thema - wie hier zu „Genderkompetenz in der Sozialen Arbeit" - zu eröffnen. Dieser Vorteil beinhaltet jedoch auch den Nachteil, dass die einzelnen ReferentInnen in der Regel nur zu ihrer eigenen Vorlesung aus den „verschiedenen Himmelsrichtungen" anreisen können.

2. Eine Anmerkung ist mir im Zusammenhang mit Fragen zur Genderkompetenz wichtig: Die Gleichstellung der Geschlechter, so wie sie mit dem politischen Prinzip Gender Mainstreaming angestrebt wird, lässt sich alleine mit Genderkompetenz der Beteiligten nicht erreichen. Ausdrücklich schließe ich mich Barbara Stiegler (1998: 23ff.) an, die bereits 1998 - neben Genderkompetenz - breite Fachkompetenzen und Macht als zentrale Voraussetzungen dafür nannte, die Gleichstellung der Geschlechter voranzutreiben (vgl. Enggruber 2001: 25ff.). Gerade vor dem Hintergrund, dass einerseits Gender Mainstreaming als Top-down-Prinzip festgelegt ist und andererseits immer noch die meisten Führungspositionen in Deutschland von Männern besetzt sind, ist Macht zur Durchsetzung geschlechterpolitischer Zielsetzungen von zentraler Bedeutung.

3. Ebenso wie die Kenntnis von Gender Mainstreaming setze ich voraus, dass im Rahmen dieser Ringvorlesung bereits die drei wesentlichen Geschlechtertheorien vorgestellt und diskutiert wurden, also die Differenztheorie, die konstruktivistischen und die strukturtheoretischen Ansätze (vgl. Enggruber 2001: 31ff.). Die theoretische Basis meiner Ausführungen weise ich sowohl als konstruktivistisch als auch als strukturtheoretisch aus. Denn ausdrücklich teile ich die von Maria Bitzan und Claudia Daigler (2001: 211) formulierte Kritik an konstruktivistischen Ansätzen wie jenem von Judith Butler, dass diese das Individuum völlig aus seinen sozialstrukturellen Einbindungen herauslösen und nur noch als diskursives, völlig wahlfreies Subjekt verstehen. Auf diese Weise ver-

nachlässigen sie die erhebliche Relevanz der sozialstrukturellen Einbindung und deren Einflüsse auf das Individuum und dessen Entwicklung.

Diese drei Vorbemerkungen sind für das Verständnis bzw. die Einordnung meiner folgenden Erläuterungen zu „Genderkompetenz in die Jugendberufshilfe/Benachteiligtenförderung" bedeutsam. Bevor ich auf dieses Thema ausführlicher eingehen werde, ist zunächst im folgenden 2. Abschnitt ein kurzer Blick auf das überaus komplexe, sogar als unübersichtlich zu bezeichnende Feld der Jugendberufshilfe/Benachteiligtenförderung zu richten. Denn dieses Tätigkeitsfeld Sozialer Arbeit ist überaus heterogen und wird deshalb auch häufig als „Förder- und Maßnahmendschungel" bezeichnet. Dies ist auch der Grund dafür, dass ich im 4. und letzten Abschnitt meiner Ausführungen nur einzelne Aspekte anreißen und Beispiele zu „Genderkompetenz in der Jugendberufshilfe/Benachteiligtenförderung" vorstellen kann. Zuvor werde ich jedoch im 3. Abschnitt mein Verständnis von *Genderkompetenz* ausführlich erläutern und ihre zentrale Bedeutung gerade für dieses Feld Sozialer Arbeit begründen.

2. Jugendberufshilfe/Benachteiligtenförderung - ein heterogenes Tätigkeitsfeld Sozialer Arbeit

Die Jugendberufshilfe/Benachteiligtenförderung richtet sich an sogenannte *benachteiligte Jugendliche*, die nach dem Abschluss ihrer allgemeinbildenden Schulzeit aufgrund individueller und/oder sozialer Benachteiligungen kaum Chancen haben, einen Ausbildungsplatz zu finden und/oder eine Berufsausbildung erfolgreich zu beenden. Als Tätigkeitsfeld Sozialer Arbeit lässt sie sich grob in vier große Bereiche gliedern:

1. Berufsorientierung in allgemeinbildenden Schulen,
2. Berufsberatung der Arbeitsverwaltung und freier Träger wie Wohlfahrtsverbände,
3. Berufsvorbereitende Bildungsmaßnahmen in berufsbildenden Schulen (z.B. Berufsvorbereitungsjahr, Berufsgrundbildungsjahr oder einjährige Berufsfachschule) und jene in Bildungseinrichtungen freier Träger wie Wohlfahrtsverbände,
4. Berufsausbildung in außerbetrieblichen Bildungseinrichtungen freier Träger und ausbildungsbegleitende Hilfen zur dualen Berufsausbildung (abH), ebenfalls in Bildungseinrichtungen freier Träger.

Die gesetzlichen Grundlagen für die außerordentlich vielfältigen Beratungs- und Förderangebote in diesen vier Bereichen sind im Wesentlichen auf der einen Seite das Sozialgesetzbuch III: Arbeitsförderung (SGB III) in Verbindung mit dem Sozialgesetzbuch II: Grundsicherung für Arbeitssuchende (SGB II) und auf der anderen Seite das Sozialgesetzbuch VIII: Kinder- und Jugendhilfe (SGB VIII). In den letzten 37 Jahren haben sich aufgrund der verschiedenen gesetzlichen Grundlagen unterschiedliche Bezeichnungen entwickelt: Aus dem SGB VIII geförderte Angebote und Maßnahmen werden als *Jugendberufshilfe* bezeichnet; diejenigen, die aus dem SGB III, jetzt teilweise in Verbindung mit SGB II, finanziert werden, werden *Benachteiligtenförderung* genannt. Obwohl aus den unterschiedlichen gesetzlichen Zuständigkeiten Konsequenzen für die Gestaltung der Angebote und Maßnahmen und die dort tätigen SozialpädagogInnen bzw. SozialarbeiterInnen resultieren, möchte ich darauf hier nicht weiter eingehen, weil sie für die hier zu diskutierenden generellen Fragen der Genderkompetenz vernachlässigt werden können.

Allerdings ist mir noch der Hinweis wichtig, dass es - neben den verschiedenen gesetzlichen Verankerungen - noch zahlreiche weitere Programme vom Bund und von den Bundesländern sowie den Kommunen gibt, die teilweise auch aus Mitteln des Europäischen Sozialfonds mitfinanziert werden. Aufgrund der hohen Ausbildungs- und Arbeitslosigkeit junger Menschen im letzten Jahrzehnt wird mit allen diesen vielfältigen Aktivitäten das Ziel verfolgt, Jugendliche und junge Erwachsene zu einem anerkannten Berufsabschluss zu führen. In Folge dessen ist mit den Jahren ein regelrechter „Förder- und Maßnahmedschungel" entstanden, den selbst in diesem Feld tätige Fachkräfte nicht mehr in Gänze überblicken bzw. durchschauen können. Bereits einleitend habe ich darauf hingewiesen, dass ich aus diesem Grund im 4. Abschnitt meines Beitrages nur Beispiele zur Förderung von „Genderkompetenz in der Jugendberufshilfe/Benachteiligtenförderung" erläutern kann, ohne damit den Anspruch zu verbinden, einen vollständigen Ein- und Überblick leisten zu können. Doch zunächst ist mein Verständnis von Genderkompetenz zu klären und zu begründen.

3. Verständnis von *Genderkompetenz* und ihre zentrale Bedeutung in der Jugendberufshilfe/Benachteiligtenförderung

Im Folgenden werde ich zunächst mein Verständnis von Genderkompetenz auf der Basis des allgemeinen Handlungskompetenzkonstrukts vorstellen. Im zweiten Schritt werde ich erläutern, warum ich die Förderung von Genderkompetenz für die Jugendberufshilfe/Benachteiligtenförderung als besonders wichtig erachte.

3.1 Verständnis von Genderkompetenz

Grundsätzlich verstehe ich unter *Genderkompetenz* mit Hannelore Faulstich-Wieland „die Entwicklung des kritischen Geschlechterblicks, der hilft, geschlechtshierarchische Verhältnisse, und hier insbesondere auch subtile Prozesse von Einengung für Frauen wie für Männer zu erkennen" und zu deren Abbau beizutragen (Faulstich-Wieland 2001:13, Stiegler 1998: 23ff.). Auf diese Weise soll die Gleichstellung von Männern und Frauen, Mädchen und Jungen vorangetrieben und unterstützt werden. Zu diesem Verständnis von Genderkompetenz möchte ich drei Aspekte besonders hervorheben:

1. Da der Blick auf beide Geschlechter betont wird, gilt nicht mehr das Männliche als der „Normalfall" und Maßstab für Erstrebenswertes, sondern unabhängig von „männlich" und „weiblich" stellen sich Fragen danach, welche Handlungs- und Lebensoptionen von den Menschen als positiv bzw. wünschenswert oder als negativ bewertet werden, gleichgültig, welchem Geschlecht sie angehören (vgl. Enggruber 2001: 25). Des Weiteren werden nicht mehr nur Benachteiligungen oder Einengungen von Frauen oder Männern jeweils für sich isoliert betrachtet, sondern auch ihre Interaktion in Doing-gender-Prozessen systematisch miteinbezogen.

2. Sowohl für die AdressatInnen als auch die Leitungs- und Fachkräfte Sozialer Arbeit bedeutet in diesem Sinne die Förderung von Genderkompetenz mit Gaby Flösser (2001: 60) die „Erweiterung biografischer Handlungsoptionen" durch eine geschlechterreflektierende Pädagogik (vgl. Bronner/Behnisch 2007). Während die Leitungs- und Fachkräfte in entsprechenden Gendertrainings gefördert werden sollen, gilt dies gleichermaßen für die AdressatInnen Sozialer Arbeit innerhalb der jeweiligen Angebote und Maßnahmen.

3. Das Verständnis von Genderkompetenz als „kritischer Geschlechterblick" auf geschlechtshierarchische Verhältnisse - und hier vor allem auch auf subtile Prozesse der Einengung beider Geschlechter - schließt sowohl strukturtheoretische als auch konstruktivistische Perspektiven ein. Denn einerseits geht es darum, die eigenen, im Laufe der Sozialisation erworbenen Geschlechtsrollenvorstellungen im Hinblick auf ihre Einengungen selbstkritisch zu reflektieren und daraus neue, zusätzliche oder andere Handlungs- und Lebensoptionen fernab von Vorstellungen zu „Weiblichkeit" und „Männlichkeit" zu gewinnen. Andererseits sind jedoch auch die gesellschaftlichen Strukturbedingungen und damit Ursachen für geschlechtshierarchische Verhältnisse einzubeziehen, so wie sie sich statistisch nachweisen lassen und in Untersuchungen vielfach belegt sind. Eine ausschließlich konstruktivistische Sicht auf Genderkompetenz in dem Sinne, dass nur die sozialisationsbedingte Verhaftung in Geschlechtsrollenkonstruktionen (selbst-)kritisch reflektiert und überwunden wird, würde zu kurz

greifen, weil damit gesellschaftlich-strukturell bedingte Probleme individualisiert würden. So steht beispielsweise der grundgesetzlich verankerten Vorstellung der freien Berufswahl für beide Geschlechter die soziale Realität fehlender Ausbildungsstellen generell und vor allem in geschlechtstypischen Berufen für das jeweils andere Geschlecht gegenüber. Ebenso scheitert immer noch die Vereinbarkeit von Beruf und Familie für viele Frauen und Männer an fehlenden Krippenplätzen. Mit Kerstin Brommer und Michael Behnisch (2007: 85) übereinstimmend beinhaltet für mich deshalb Genderkompetenz immer auch die Kompetenz, Konflikte bewältigen zu können und zwar sowohl intrapersonale als auch interpersonale Konflikte. „Die Konflikte und ihre Bewältigungsmuster sind dabei nicht isoliert zu betrachten, sondern in Zusammenhang mit der Lebenswelt" (Brommer/Behnisch 2007: 87f.) der einzelnen Subjekte.

Generell wird hier mit John Erpenbeck und Volker Heyse (1999) unter *Kompetenz* die Bereitschaft und Fähigkeit eines Individuums verstanden, selbst organisiert und kreativ zu handeln sowie mit Unbestimmtheit und wandelnden Herausforderungen umzugehen. Nach diesem Modell, das nach Ruth Enggruber und Christian Bleck (2005: 10) am weitesten in der Wissenschaftsgemeinde verbreitet ist, gehören zur so verstandenen *Handlungskompetenz* Fach-, Methoden-, Sozial- und Personale Kompetenz. Mit Bezügen zu Ruth Enggruber und Christian Bleck (ebd.) sowie Ute Wanzek (2004: 33) lässt sich Genderkompetenz als Handlungskompetenz wie folgt präzisieren:

- *Fachkompetenz* bedeutet generell, mit fachlichen Kenntnissen und Fähigkeiten kreativ und selbst organisiert Probleme lösen und das Wissen sinnorientiert einordnen und bewerten zu können. Zu diesen fachlichen Kenntnissen von Genderkompetenz gehören z.B. empirische und theoretische Befunde zur Verteilung der Geschlechter in allen gesellschaftlichen Bereichen (wie Beruf und Arbeit, Gesundheit, Medien), Wissen über Geschlechtsrollen sowie über geschlechtsspezifische Sozialisation und die davon beeinflussten geschlechtsspezifischen Lebensentwürfe, Interaktions- und Konfliktbewältigungsmuster, fachspezifisches Genderwissen wie zu genderreflektierenden Organisations- und Personalentwicklung. Nur so kann es gelingen, den Zusammenhang zwischen gesellschaftlichen Strukturen und den Verhältnissen in der Lebenswelt sowie dem individuellen Handeln bei sich selbst und anderen zu erkennen und zu verstehen.
- *Methodenkompetenz* umfasst die Fähigkeiten, Aufgaben und Lösungen kreativ zu gestalten und das eigene Handeln strukturieren zu können. Hierzu gehören analytisches Denken und konzeptionelle Fähigkeiten, z.B. Geschlechterdifferenzen und Doing-gender-Prozesse im privaten und beruflichen Alltag erkennen und produktiv nutzen sowie entsprechende Hand-

lungs- und Bewältigungsstrategien entwickeln zu können, um eigene und außen geleitete offene oder subtile Prozesse der Einengung durch Geschlechtsrollenstereotype abbauen zu können.

- *Sozialkompetenz* bezieht sich vor allem auf Fähigkeiten, Interaktionsbeziehungen geschlechtssensibel und empathisch gestalten sowie Doing-gender-Prozesse, Missverständnisse und Konflikte im Geschlechterverhältnis ansprechen und klären zu können.
- *Personale Kompetenz* bezeichnet die Fähigkeiten, sich selbst unabhängig von Geschlechtsrollen einschätzen, eigene Stärken erkennen sowie Werthaltungen, Motive und Selbstbilder entwickeln zu können. In diesen Kompetenzbereich gehört auch, sich selbst die eigenen geschlechtsspezifischen Prägungen in der Herkunftsfamilie, in der Peergroup und sonstigen Sozialisationsinstanzen bewusst zu machen und die eigenen Geschlechtsrollenvorstellungen selbstkritisch - auch in der Bedeutung für das eigene berufliche und private Handeln - reflektieren zu können.

Um zu verdeutlichen, was im Einzelnen Genderkompetenz in dem hier expliziten Sinne umfasst, möchte ich als Beispiel die Entscheidung eines jungen Mannes oder einer jungen Frau für einen Beruf anführen, der als typischer „Frauenberuf„ oder „Männerberuf“ gilt. Dabei gelten Berufe dann als geschlechtstypisch, wenn weniger als 20 Prozent der Berufsangehörigen männlich oder weiblich sind (vgl. Ostendorf 2005: 89). Entscheidet sich eine junge Frau oder ein junger Mann für einen für das eigene Geschlecht untypischen Beruf, so setzt dies voraus: Sie bzw. er sollte zumindest weitgehend von den eigenen Stärken überzeugt sein, sich zutrauen, die Konflikte, die möglicher Weise im privaten und beruflichen Umfeld aus dieser Berufswahl entstehen, konstruktiv zu bewältigen sowie um die gesellschaftlichen Bedingungen zu wissen, die begünstigen, dass Abwertungen oder sogar Anfeindungen nicht im eigenen Verhalten, sondern in Geschlechtsrollenstereotypen begründet sind. Entscheidet sich die junge Frau oder der junge Mann aufgrund der zu erwartenden Schwierigkeiten gegen den gewählten Beruf trotz selbst erkannter Stärken und eigener Interessen, so sind entsprechende Fach- und Personale Kompetenzen gefordert, um diesen intrapersonalen Konflikt zu bewältigen. Dieses Beispiel zeigt deutlich, dass die Förderung von Genderkompetenz von zentraler Bedeutung für die Jugendberufshilfe/Benachteiligtenförderung ist, da sie genau im Übergangsprozess der Jugendlichen aus der allgemeinbildenden Schule in den Beruf angesiedelt ist.

3.2 Zentrale Bedeutung von Genderkompetenz in der Jugendberufshilfe/Benachteiligtenförderung

Im Einzelnen würde es hier zu weit führen, die nach wie vor in Deutschland vorhandene geschlechtsspezifische Arbeitsteilung und Berufswahl detailliert darzulegen. Mit Helga Krüger (2001) und Helga Ostendorf (2005) will ich nur zusammenfassend die markantesten Aussagen dazu herausstellen: Deutschland ist immer noch europaweit das Land mit der deutlichsten geschlechterdifferenten Zuweisung von Familien- und Erwerbsarbeit (vgl. Krüger 2001: 58). Dies belegen Statistiken zu Alleinerziehenden, Teilzeitbeschäftigung und zur Beschäftigungsquote. In anderen europäischen Ländern wird gezielt versucht, die geschlechtsspezifische Arbeitsteilung durch wohlfahrtsstaatliche Geschlechterpolitik abzubauen. So wird in Finnland das „Doppelversorgermodell mit staatlicher Kinderbetreuung" oder in Dänemark und den Niederlanden das „Doppelversorger/Doppelbetreuer-Modell mit Teilzeitarbeit" für beide Geschlechter realisiert (vgl. Pfau-Effinger, zit. nach Enggruber 2001: 36). Im Gegensatz dazu löst in Deutschland bereits die Forderung nach dem Ausbau von Betreuungsplätzen für die Unter-Drei-Jährigen eine aufgeregte Diskussion zum Familienverständnis aus.

Vor diesem Hintergrund geschlechtsspezifischer Arbeitsteilung in Deutschland ist es nicht überraschend, dass Lotte Rose (2000: 17) in ihren empirischen Untersuchungen bis zu dem Alter, in dem die Mädchen vor ihrer Berufswahl stehen, zunächst ein „Ungleichheitstabu" bei den Mädchen feststellt. Sie nehmen sich als „gleich", als nicht mehr untergeordnet oder schlechter gestellt wahr und sind deshalb in geringerem Maße als noch vor 15 Jahren an geschlechtshomogenen Angeboten der Mädchenarbeit interessiert. Erst später, in der Phase ihrer Berufswahl, beginnen sie darüber nachzudenken, wie sie am besten ihre Berufs- und Kinderwünsche in ihrer Lebensplanung verbinden können, wie Dagmar Orthmann (2001) am Beispiel lernbehinderter Mädchen zeigt. Dabei versuchen sie auch ihre Chancen vor dem Hintergrund des erreichten Schulabschlusses und ihres Geschlechts zu antizipieren. Viele von ihnen wissen, dass sie in typischen „Männerberufen" kaum Chancen haben, einen Ausbildungsplatz und späteren Arbeitsplatz zu finden. Nach wie vor ergreifen Mädchen deshalb zumeist „Frauenberufe" (vgl. Ostendorf 2005: 98).

Seit mehr als 30 Jahren entscheiden sich mehr als die Hälfte der Mädchen, die eine duale Berufsausbildung absolvieren, für nur 10 der insgesamt rund 400 dualen Ausbildungsberufe (vgl. ebd.). Dies sind in der Regel Berufe, die ein geringeres Einkommen und verminderte Karrierechancen eröffnen wie die Friseurin, Arzthelferin oder Bürokauffrau. Des Weiteren entscheiden sich die Mädchen viel häufiger als Jungen für Berufe mit vollzeitschulischen Ausbildungen. Diese sind im Gegensatz zu dualen Berufsausbildungen auf dem Arbeitsmarkt weniger anerkannt. Aufgrund dieses Berufswahlverhaltens gab es bereits in den 70er Jahren Modellversuche zu „Mädchen in Männerberufen". Nach Helga Krüger (2001) haben sich jedoch in den letzten Jahren die Arbeitsmarktchancen der Mädchen durch den Wandel von der Industrie- zur Dienstleistungsgesellschaft verbessert, da die Dienstleistungsberufe, die überwiegend von Mädchen ergriffen werden, günstigere - wenn auch geringer entlohnte - Zukunftsaussichten auf einen Arbeitsplatz eröffnen als die Industrieberufe, die vor allem von Jungen ausgewählt werden. Insgesamt stehen die Jungen den Mädchen in ihrer geschlechtstypischen Berufswahl keineswegs nach. Auch bei ihnen konzentrieren sich mehr als die Hälfte der Auszubildenden auf nur 10 duale Ausbildungsberufe (vgl. Ostendorf 2005: 98). Deshalb fordert Helga Krüger (2001: 65) aufgrund ihrer Arbeitsmarktanalysen eine neue Kampagne unter dem Motto: „Jungen in Frauenberufe".

Doch nicht nur den Abbau der geschlechtsspezifischen Berufswahl, sondern insgesamt die Aufhebung der geschlechtstypischen Zuweisung von Familien- und Erwerbsarbeit fordert Helga Krüger (2001) angesichts der veränderten Arbeitsgesellschaft. Schlagworte wie hohe Arbeitslosigkeit, Arbeitsmobilität und „Patchwork-Arbeitsbiografien", in denen Zeiten der Beschäftigung immer wieder unterbrochen werden durch Phasen von Weiterbildung und Arbeitslosigkeit, kontrastieren, dass sich die Arbeitsgesellschaft in einem grundlegenden Wandel befindet (vgl. Galuske 2002). Da auch Arbeitslosigkeit immer noch geschlechterdifferent behandelt wird, führt sie zu ganz unterschiedlichen Konsequenzen bei den Geschlechtern: Für Mädchen und Frauen gilt sie durch die Option der Familienarbeit als überbrückbar und weniger belastbar. Für die meisten Jungen und Männer hingegen bedeutet sie angesichts des nach wie vor gängigen „Ernährermodells" eine grundlegende Infragestellung ihrer Person, weil sie einer „überstarken Normalitätserwartung" (Bronner/Behnisch 2007: 179) nicht entsprechen können.

Damit begründet sich die erhebliche Relevanz, die der Förderung von Genderkompetenz in der Jugendberufshilfe/Benachteiligtenförderung zukommt, nicht nur geschlechterpolitisch mit der Forderung nach Gleichstellung der Geschlechter, sondern auch sozialpolitisch angesichts der Umstrukturierungen der Arbeitsgesellschaft, auf die beide Geschlechter vorzubereiten und dementsprechend in ihren Kompetenzen zur biografischen Lebensbewältigung zu stärken sind.

Bisher hat die Jugendberufshilfe/Benachteiligtenförderung allerdings diese Herausforderung nur begrenzt auf- und angenommen. Es liegen zwar zahlreiche konzeptionelle Ansätze und „gute Beispiele aus der Praxis" (vgl. Richter 2004b) vor, die sich jedoch nur vereinzelt im heterogenen Feld der beruflichen Benachteiligtenförderung niedergeschlagen haben (vgl. z.B. Ostendorf 2005, Enggruber/Eckert 2006). Umso mehr lohnt sich ein Blick auf die vorliegenden Ansätze und Erfahrungen. Dabei konzentriere ich mich auf die Praxis der Jugendberufshilfe/Benachteiligtenförderung und vernachlässige die dafür zuständigen Politik- und Verwaltungsbereiche, obwohl sie im Sinne von Gender Mainstreaming als Top-down-Strategie von entscheidender Bedeutung dafür sind, ob überhaupt und inwieweit in der Praxis Genderkompetenz gefördert wird. Politik und Verwaltung könnten z.B. mit dem Einsatz von Qualitätsleitfäden (vgl. Enggruber 2001: 71ff.) die Vergabe bzw. Finanzierung von Maßnahmen an die Bedingung knüpfen, dass die Genderkompetenz der AdressatInnen gefördert wird. Mit diesem kurzen Hinweis auf die Einfluss- und Gestaltungsmöglichkeiten der Politik- und Verwaltungsbereiche will ich es hier bewenden lassen.

4. Förderung von Genderkompetenz in der Praxis der Jugendberufshilfe/Benachteiligtenförderung

Bevor ich einzelne, ganz kurze Einblicke in die im 2. Abschnitt vorgestellten vier verschiedenen Bereiche der Jugendberufshilfe/Benachteiligtenförderung geben werde, gehe ich zunächst auf allgemeine Voraussetzungen zur Förderung von Genderkompetenz ein, die in den relevanten Institutionen vorhanden sein sollten.

4.1 Allgemeine Voraussetzungen zur Förderung von Genderkompetenz

Dorit Meyer und Gabriele von Ginsheim (2002: 104ff.) haben zur Förderung der Gleichstellung der Geschlechter in der Jugendhilfe generell „Arbeitshilfen zur Implementierung von Gender Mainstreaming" vorgelegt, die aus meiner Sicht auch für die Stärkung von Genderkompetenz gewinnbringend eingesetzt werden können. Dabei geht es mir grundsätzlich sowohl um die Genderkompetenz des Personals als auch jene der Jugendlichen in der Jugendberufshilfe/Benachteiligtenförderung. Denn nur dann, wenn das Personal selbst genderkompetent ist, kann es Genderkompetenz bei den Jugendlichen fördern. Dorit Meyer und Gabriele von Ginsheim (ebd.) unterscheiden in ihren Arbeitshilfen drei Ebenen:

1. Auf der ersten Ebene der Organisationsentwicklung stellen sich z.B. folgende Fragen:

- Ist das Ziel, Genderkompetenz beim Personal und bei den Jugendlichen fördern zu wollen, ausdrücklich im Profil und Leitbild der Organisation vorhanden?
- Wird in der Organisation offen und selbstverständlich mit Homosexualität umgegangen, denn homosexuelle Jugendliche leiden erheblich unter Diskriminierungen aufgrund von heterosexuellen Geschlechtsrollenkonstruktionen (vgl. Schmauch 2007)?
- Wird den Jugendlichen in der Organisationskultur der kritische Geschlechterblick vorgelebt, indem über ungleiche Verteilungen zwischen den Geschlechtern, geschlechtsspezifische Benachteiligungen und Diskreditierungen offen gesprochen wird?
- Wird auf eine geschlechtergerechte Arbeitsteilung geachtet, um zu vermeiden, den Jugendlichen Geschlechtsrollenstereotype vorzuleben?

2. Auf der zweiten Ebene der Personalentwicklung geht es um Fragen wie:

- Ist für die Einstellung des Personals entscheidend, dass die BewerberInnen Genderkompetenz nachweisen können?
- Ist Genderkompetenz ausdrücklich als Anforderung in der Stellenausschreibung enthalten?
- Werden die MitarbeiterInnen dazu ermutigt und dabei unterstützt, sich in ihrer Genderkompetenz weiterzubilden?
- Wird die Genderkompetenz der MitarbeiterInnen als wichtige Ressource im Alltag der Organisation wahrgenommen und anerkannt?

3. Die dritte Ebene betrifft die einzelnen Angebote und Maßnahmen in der Jugendberufshilfe/Benachteiligtenförderung z.B. mit den folgenden Fragen:

- Welche Angebote gibt es, um die Genderkompetenz der Jugendlichen zu fördern?
- Ist die Förderung von Genderkompetenz fester Bestandteil aller Maßnahmen, oder gibt es dazu spezielle Angebote?
- Werden die Jugendlichen in ihren für die Genderkompetenz notwendigen Fach-, Methoden-, Sozial- und Personalen Kompetenzen gefördert, wird dies geprüft?
- Gibt es geschlechtshomogene Angebote, damit es den Jugendlichen leichter fällt, sich über heikle Themen wie Homo- und Heterosexualität, Aussehen oder Liebe austauschen zu können?
- Werden die kulturell anders beeinflussten Geschlechtsrollenkonstruktionen von Jugendlichen mit Migrationshintergrund aufgenommen und berücksichtigt?

Dieser exemplarische Aufriss möglicher Fragen, die zu bearbeiten sind, wenn Genderkompetenz gestärkt und ausgebildet werden soll, ist für alle vier Bereiche der Jugendberufshilfe/Benachteiligtenförderung jeweils entsprechend auszugestalten. Auf diese Bereiche werde ich nun näher, aber kurz eingehen und mich auf die Ebene der Maßnahmen und Angebote begrenzen.

4.2 Einblicke in die Förderung von Genderkompetenz in der Praxis der Jugendberufshilfe/Benachteiligtenförderung

Im Folgenden werde ich mich auf Angebote in allgemein- und berufsbildenden Schulen, Arbeitsagenturen und Bildungseinrichtungen der Wohlfahrtsverbände und sonstiger freier Träger beschränken. Die Förderung von Genderkompetenz in Betrieben werde ich vernachlässigen, obwohl es auch zahlreiche Maßnahmen betrieblicher Berufsausbildungsvorbereitung und Berufsausbildung in der Jugendberufshilfe/Benachteiligtenförderung gibt. Allerdings liegen mir dazu keine Erfahrungen und Konzepte vor.

1. Berufsorientierung in allgemeinbildenden Schulen

Insbesondere aufgrund der Klagen der Betriebe, dass die jungen Menschen in der allgemeinbildenden Schule zu wenig auf die Berufs- und Arbeitswelt vorbereitet werden, haben sich in den letzten Jahren zahlreiche Konzepte und Modelle zur Berufsorientierung entwickelt (vgl. BMBF 2006), auf die ich hier nicht näher eingehen kann. In ihrem Sammelband stellt Ulrike Richter (2004b: 93ff.) vier verschiedene Projekte vor, in denen unter der Überschrift „Lebensplanung“ Genderkompetenz im Rahmen der Berufsorientierung gefördert wird. Sie reichen von „Lebensplanung als Querschnittsaufgabe von Berufsorientierung“ (vgl. Geiß 2004), über „Parcours ‚Berufliche Orientierung und Lebensplanung'“ (vgl. Richter 2004a) bis hin zu „Erzählcafés zur Berufs- und Lebenswegeplanung“ (vgl. Bertram 2004a), um nur einige Stichworte zu nennen. Sie sind „gute Beispiele aus der Praxis“ (Richter 2004b) dafür, wie im Rahmen der Berufsorientierung in allgemeinbildenden Schulen Genderkompetenz bei den Jugendlichen unterstützt werden kann.

2. Berufsberatung

Der Berufsberatung der Arbeitsverwaltung und der freien Träger wie die der Wohlfahrtsverbände kommt ein zentraler Stellenwert bei der Berufswahl sowie Berufs- und Lebensplanung der benachteiligten Jugendlichen zu. Mit ihren unterschiedlichen Angeboten beeinflusst sie in erheblichem Maße die Berufsentscheidungen der jungen Menschen. Dies gilt vor allem für die Arbeitsverwaltung, deren BerufsberaterInnen die Jugendlichen über ihre Chancen auf dem regionalen Ausbildungsmarkt und im jeweiligen Ausbildungsberuf informieren. In diesen Beratungsprozessen gibt es zahlreiche Anlässe, die Jugendlichen in ihrer genderbezogenen Fachkompetenz zu fördern. Außerdem entscheiden die BerufsberaterInnen auch, in welche Berufsausbildungsvorbereitenden Bildungsmaßnahmen (nachfolgend BvB) die Mädchen und Jungen einmünden, wenn sie nach SGB III in Verbindung mit SGB II gefördert werden. Da auch die BvB durch die unterschiedlichen Berufsfeldangebote geschlechterdifferent gestaltet sind, eröffnen sich ebenfalls im Rahmen des gemeinsamen Entscheidungsprozesses vielfältige Ansatzpunkte, um die jungen Menschen genderreflektierend zu unterstützen.

Allerdings kommt Helga Ostendorf (2005) in ihrer umfassenden Untersuchung der „Mädchenpolitik der Berufsberatung" der Arbeitsverwaltung zu dem pessimistisch stimmenden Ergebnis: „Die Arbeit der Bundesagentur folgt in vielen Bereichen der Leitidee der Geschlechterdifferenz" (dies.: 450). Zu diesem kritischen Urteil gelangte sie anhand der überprüfbaren Fragestellung, wie viele Mädchen durch die örtlichen Arbeitsagenturen in gewerblich-technische Berufe vermittelt werden. Im weitesten Sinne kann dies hier auch als Indikator für die Förderung von Genderkompetenz in den Beratungsprozessen verstanden werden, weil die Mädchen mit detaillierten Informationen zu Arbeitsmarkt und Geschlechterkonstruktionen über ihre Chancen in gewerblich-technischen Berufen aufzuklären sind. In diesem Sinne sind in den erforschten 12 örtlichen Arbeitsagenturen nur dann Fragen der Genderkompetenz bedeutsam, wenn die Beratungsfachkräfte zum einen durch gute Kontakte zu Betrieben die Erfahrung machen, dass Mädchen auch in anderen als den typischen „Frauenberufen" gerne eingestellt und ausgebildet werden. Zum anderen ist bedeutsam, dass sich die Beratungsfachkräfte in den Agenturen untereinander intensiv austauschen. Ansonsten spielt die Förderung von Genderkompetenz im Wesentlichen im Rahmen der Berufsberatung der Arbeitsverwaltung weder auf der Organisations- noch auf der Personalentwicklungs- und Beratungsebene eine Rolle.

Im Gegensatz dazu zeigt Barbara Bertram (2004b) ein nachahmenswertes Beispiel, wie türkische Mädchen und ihre Eltern genderreflektierend in ihrer Berufswahl unterstützt und so in ihrer Genderkompetenz gefördert werden können.

3. Berufsvorbereitende Bildungsmaßnahmen

Insbesondere die in allen BvB in der Regel vorhandenen Kompetenzfeststellungsverfahren eröffnen bedeutsame Chancen, die Genderkompetenz der Jugendlichen zu fördern. Generell erhalten die Mädchen und Jungen, jungen Männer und Frauen durch die Kompetenzfeststellung für sie oftmals unbekannte Einblicke in die eigenen Stärken und Interessen. Geschlechterreflektierende Kompetenzfeststellungsverfahren, wie jene, die bei Ulrike Richter (2004b: 179ff.) vorgestellt werden, beinhalten zahlreiche Ansatzpunkte beide Geschlechter in ihrer Genderkompetenz zu unterstützen.

Außerdem wird sowohl in den schulischen als auch außerschulischen berufsvorbereitenden Bildungsmaßnahmen die Berufswahl der Jugendlichen angebahnt und schließlich getroffen. Eine genderreflektierende Begleitung dieser Entscheidungsprozesse durch die SozialpädagogInnen und SozialarbeiterInnen sowie Lehrkräfte beinhaltet vielfältige Ansatzpunkte, die Genderkompetenz der jungen Menschen zu stärken. So könnten die Jugendlichen dazu ermutigt werden, Berufsfelder auszuprobieren, die für sie geschlechtsuntypisch sind. Außerdem sollten die Fachkräfte auch auf Ansätze und Erfahrungen aus der Mädchen- und Jungenarbeit zurückgreifen, so wie sie detailliert bei Kerstin Bronner und Michael Behnisch (2007) erläutert werden. Ferner möchte ich erneut auf den Sammelband von Ulrike Richter (2004b: 212ff.) hinweisen, wo zum einen vier Projekte zu genderreflektierenden Sozialkompetenztrainings vorgestellt werden. Zum anderen wird in vier anderen Projekten gezeigt, wie Mädchen und junge Frauen für Ausbildungsberufe im Bereich der Informations- und Kommunikationstechnologien begeistert und ihre Zugangschancen zu diesen Berufen verbessert werden können (vgl. dies.: 225ff.).

4. Berufsausbildung in außerbetrieblichen Bildungseinrichtungen und ausbildungsbegleitende Hilfen zur dualen Berufsausbildung (abH)

Wenn es den jungen Menschen gelungen ist, ihre Berufswahl zu treffen und eine duale oder außerbetriebliche Berufsausbildung aufzunehmen, werden zumindest die sich aus dem Berufsfindungsprozess ergebenden konkreten Anlässe zur Förderung von Genderkompetenz weniger. Insbesondere für junge Frauen und Männer in für sie geschlechtsuntypischen Berufen - ich erinnere an das Beispiel von oben - werden sich zahlreiche andere Gelegenheiten finden, Genderkompetenz aus spezifischen Alltagssituationen heraus fördern zu können. Darüber hinaus verweise ich nochmals auf die guten Praxisbeispiele aus der Mädchen- und Jungenarbeit sowie der Jugendsozialarbeit, die einen reichhaltigen Fundus bieten, um Genderkompetenz auch im Rahmen der Berufsausbildung benachteiligter Jugendlicher fördern zu können.

5. Abschlussbetrachtung

Damit bin ich am Ende meines Beitrages angekommen. Mir war es wichtig, die Vielfältigkeit und Komplexität der Jugendberufshilfe/Benachteiligtenförderung ebenso vorzustellen wie ihre zentrale Bedeutung, die sie bezogen auf die Förderung von Genderkompetenz in der Biografie benachteiligter Jugendlicher im Übergangsprozess zwischen der allgemeinbildenden Schule und der Berufs- und Arbeitswelt hat. Dafür war es notwendig zu erläutern, was ich unter *Genderkompetenz* verstehe, und mit kurzen Einblicken zu zeigen, wie sie bei den Jugendlichen und dem Personal auf der Organisations- und Personalentwicklungsebene und vor allem auf der Ebene der konkreten Angebote und Maßnahmen gestärkt werden kann.

Literatur

Bertram, B. (2004a): Erzählcafés zur Berufs- und Lebenswegeplanung. In: Richter, U. (Hrsg.): Jugendsozialarbeit im Gender Mainstream. Gute Beispiele aus der Praxis. München: 128-136

Betram, B. (2004b): Berufswahl als Chance - türkische Mädchen und Frauen qualifizieren sich. In: Richter, U. (Hrsg.): Jugendsozialarbeit im Gender Mainstream. Gute Beispiele aus der Praxis. München: 162-168

Bitzan, M./Daigler, C. (2001): Eigensinn und Einmischung. Einführung in Grundlagen und Perspektiven parteilicher Mädchenarbeit. Weinheim/München

Bundesministerium für Bildung und Forschung (Hrsg.) (2006): Praxis und Perspektiven zur Kompetenzentwicklung vor dem Übergang Schule - Berufsbildung. Ergebnisse der Entwicklungsplattform 2 „Kompetenzentwicklung vor dem Übergang Schule - Berufsbildung". Band II b der Schriftenreihe zum Programm „Kompetenzen fördern - Berufliche Qualifizierung für Zielgruppen mit besonderem Förderbedarf (BQF-Programm)". Bonn/Berlin

Bronner, K./Behnisch, M. (2007): Mädchen- und Jungenarbeit in den Erziehungshilfen. Einführung in die Praxis einer geschlechterreflektierenden Pädagogik. Weinheim/München

Enggruber, R. (2001): Gender Mainstreaming in der Jugendsozialarbeit. Münster

Enggruber, R./Bleck, C. (2005): Modelle der Kompetenzfeststellung im beschäftigungs- und bildungstheoretischen Diskurs - unter besonderer Berücksichtigung von Gender Mainstreaming. Expertise im Rahmen der Entwicklungspartnerschaft „Arbeitsplätze für junge Menschen in der Sozialwirtschaft", gefördert von der Gemeinschaftsinitiative EQUAL des Europäischen Sozialfonds und des Bundesministeriums für Wirtschaft und Arbeit. Dresden

Enggruber, R./Eckert, M. (2006): Diskussion der Ergebnisse der Entwicklungsplattform vor dem Hintergrund aktueller Entwicklungen in der beruflichen Benachteiligtenförderung: Die Förderung der individuellen Entwicklung - das Zentrum der Benachteiligtenförderung. In: Bundesministerium für Bildung und Forschung (Hrsg.): Bausteine zur nachhaltigen Gestaltung einer individualisierten und beruflichen Integrationsförderung junger Menschen. Ergebnisse der Entwicklungsplattform 3 „Individuelle Förderung". Band II c der Schriftenreihe zum Programm „Kompetenzen fördern - Berufliche Qualifizierung für Zielgruppen mit besonderem Förderbedarf (BQF-Programm)". Bonn/Berlin: 139-163

Erpenbeck, J./Heyse, V. (1999): Die Kompetenzbiografie: Strategien der Kompetenzentwicklung durch selbstorganisiertes Lernen und multimediale Kommunikation. Münster/New York/München/Berlin

Faulstich-Wieland, H. (2001): Die Gleichstellung der Geschlechter als zentrale Aufgabe in allen Bildungsbereichen. In: Arbeitsstab Forum Bildung (Hrsg.): Förderung von Chancengleichheit. Bericht der Expertengruppe. (http://www.hu-berlin.de/aktuell/bericht.htm [03.09.07])

Flösser, G. (2001): Das Konzept des Gender Mainstreaming als qualitätssicherndes Element in den sozialen Diensten. In: Ginsheim v., G./Meyer, D. (Hrsg.): Gender Mainstreaming. Neue Perspektiven für die Jugendhilfe. Stiftung SPI, Sozialpädagogisches Institut Berlin: 57-66

Galuske, M. (2002): Flexible Sozialpädagogik. Elemente einer Theorie Sozialer Arbeit in der modernen Arbeitsgesellschaft. Weinheim/München

Geiß, B. (2004): Lebensplanung als Querschnittsaufgabe von Berufsorientierung. In: Richter, U. (Hrsg.): Jugendsozialarbeit im Gender Mainstream. Gute Beispiele aus der Praxis. München: 93-104

Krüger, H. (2001): Geschlechterverhältnis in einer Gesellschaft ohne Arbeit. In: Mansel, J./ Schweins, W./Ulbrich-Herrmann, M. (Hrsg.): Zukunftsperspektiven Jugendlicher. Wirtschaftliche und soziale Entwicklungen als Herausforderung und Bedrohung für die Lebensplanung. Weinheim/München: 57-71

Meyer, D./Ginsheim v., G. (2002): Gender Mainstreaming. Zukunftswege der Jugendhilfe, ein Angebot, Stiftung SPI. Berlin

Orthmann, D. (2001): Lebensperspektiven lernbehinderter Mädchen unter besonderer Berücksichtigung des beruflichen Bereichs. In: Mansel, J./Schweins, W./Ulbrich-Herrmann, M. (Hrsg.): Zukunftsperspektiven Jugendlicher. Wirtschaftliche und soziale Entwicklungen als Herausforderung und Bedrohung für die Lebensplanung. Weinheim/München: 265-276

Ostendorf, H. (2005): Steuerung des Geschlechterverhältnisses durch eine politische Institution. Die Mädchenpolitik der Berufsberatung. Opladen

Richter, U. (2004a): Parcours „Berufliche Orientierung und Lebensplanung." In: Richter, U. (Hrsg.): Jugendsozialarbeit im Gender Mainstream. Gute Beispiele aus der Praxis. München: 119-127

Richter, U. (Hrsg.) (2004b): Jugendsozialarbeit im Gender Mainstream. Gute Beispiele aus der Praxis. München

Rose, L. (2000): Die Geschlechterkategorie im Diskurs der Kinder- und Jugendhilfe. Kritische Überlegungen zu zentralen Argumentationsmustern. In: DISKURS, Heft 2. 15-20

Schmauch, U. (2007): Schimpfwort, Leerstelle oder spannendes Thema. Homosexualität in der Arbeit mit Jugendlichen. In: Sozialmagazin. Heft 5. 26-38

Stiegler, B. (1998): Frauen im Mainstreaming: politische Strategien und Theorien zur Geschlechterfrage. Bonn

Wanzek, U. (2004): Gender Mainstreaming als Veränderungsprozess in Organisationen. In: Richter, U. (Hrsg.): Jugendsozialarbeit im Gender Mainstream. Gute Beispiele aus der Praxis. München: 25-35

Genderkompetenz im Kontext von Familie

Helga Krüger

Einleitung

Die Frauen- und Geschlechterforschung hat ein sehr gespanntes Verhältnis zur Familienforschung - und, wie ich finde, dieses bisher zu recht. Familie, hart gesprochen, ist der Tod der Chancengleichheit, oder mit den Worten von *Honoré de Balzac* (er lebte von 1799 - 1850, also vor 200 Jahren!): „Ich bin dafür, dass sich eine Frau bildet, dass sie ernsthaft studiert, sogar dass sie schreibt, wenn es ihr Spaß macht, aber sie muss dann den Mut haben, ihre Werke zu verbrennen." Dieser Mut war ab der Heirat gefragt.

Heute sind wir etwas weiter, aber immer noch gilt: der Mann hat Beruf und Familie, die Frau hat ein Vereinbarkeitsproblem, und wenn es um Genderkompetenz im Kontext von Familie geht, dann ging es bisher stets um geschlechtsspezifische Sozialisation, verstanden als die der Mädchen. Ich betone aber: bisher! Denn dass sich ein Wandel im Wissen vollzieht und kleine Pflänzchen neuer Praxis auf Wachstum drängen, ist unbestreitbar, wie wir im Folgenden sehen werden. Im Spannungsbogen zwischen Tradition und Modernisierung, zwischen Familien- und Geschlechterpolitik ist mein Beitrag angesiedelt.

Ich beginne (Teil 1) mit der Feststellung, dass es zur Entwicklung von Genderkompetenz gehört, das eigene Leben zu verstehen. Denn jederman und -frau hat eine Geschlechtszugehörigkeit - und diese tief verinnerlicht. Was aber ist gesellschaftlich darin mit verpackt? Danach folgt der Blick auf Neuanfänge in der öffentlichen Debatte zum Verhältnis von Familie und Geschlecht, die wir auch als Frauen- und Geschlechterforscherinnen getrost aufgreifen können (Teil 2). Sie basieren auf Einsichten in Modernisierungstendenzen, die sich nicht mehr zurückdrehen und in alte Geschlechterordnungen pressen lassen, bei denjenigen aber, die mit Familie zu tun haben, noch eher selten angekommen sind. Dies wird in Teil 3 thematisiert. Teil 4 geht dann über ins Perspektivische - in eine zukunftsorientierte Genderpolitik, die einiges Neue zu bieten hat.

1. Das eigene Leben als „gegendert“ verstehen - die Geschlechterfrage neu stellen

Genderkompetenz im Kontext von Familie heißt, die Rolle von Geschlecht in ihrer Bedeutung für die Aufrechterhaltung familialen Lebens und bestehender gesellschaftlicher Verhältnisse zu begreifen, also: zu verstehen, um zu verändern. Das folgende Schaubild dient dazu nachzuvollziehen, wieviel und wer alles an der geschlechtlichen Arbeitsteilung in der Familie festhält. Dazu muss man erklärend etwas ausholen:

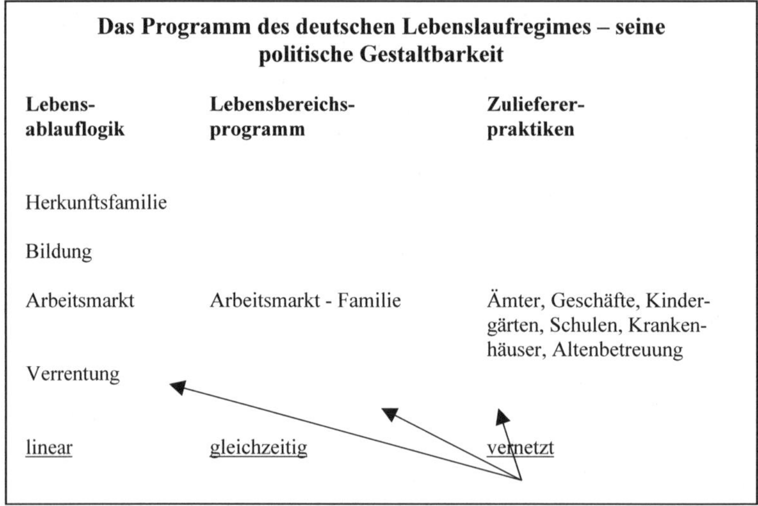

Abb. 1: eigene Darstellung

Das Gesamt der hierin involvierten Institutionen konstituiert das deutsche Lebenslaufregime - ein Begriff, der aus den Politikwissenschaften kommt. Es resultiert aus dem Zusammenspiel dieser Institutionen, a) entlang der Lebenslaufachse (Lebensablaufprogramm) und b) zu verschiedenen Lebensphasen (Lebensbereichsprogramm). Über die Lebenslaufforschung ist gut belegt, dass Deutschland eine Spitzenposition unter den Ländern mit starker institutioneller Rahmung des Lebenslaufs einnimmt. Diese Rahmung erzeugt Vorhersagbarkeit, Planbarkeit, Sicherheit. Je stärker aber die Individualbiographien durch institutionelle Steuerungen standardisiert werden, um so wahrscheinlicher ist, dass die Politiken der einzelnen Institutionen ihre Eigenlogik entwickeln und es der Sonderthematisierung, der bewussten Reflexion, bedarf, damit die zwischenzeitlich internalisierten Gewissheiten dessen, was ein (nationales) Lebenslaufregime ausmacht, ins Bewusstsein treten. Lebenslaufpolitik meint dann die gezielte Intervention, ist also der nächste Schritt in der Gestaltung von Lebensläufen. Und sie hat viel mit Lebenszeitpolitik zu tun.

Beginnen wir auf dem Schaubild links, und gehen wir von oben nach unten, entlang der Altersachse. Da ist ein veritables Durchreich- oder Ereignis-Abfolge-Modell von der Wiege bis zur Bahre entstanden, das sich nur vordergründig ans Alter bindet. Es sind v.a. die jeweils im vorgelagerten Segment erworbenen Zertifikate, die zu hoher Standardisierung des Lebensverlaufs der Einzelnen führen und den Übergang in den nächsten Abschnitt bestimmen: auf Bildungs-, und von dort auf Erwerbsniveau und es entsteht eine hohe Vorhersagbarkeit der Bezüge selbst in der Verrentung, - solange die Übergänge stimmen und auch die Berufe interne Korsettstangen der Karrierewege tragen. International und großräumig eingeordnet heißt dies auch, dass das deutsche Berufsbildungssystem sehr viel stärker in das Lebensverlaufsmuster seiner Absolventen eingeklinkt ist, als es in anglo-amerikanischen Ländern der Fall ist. Es übersetzt bei uns die Erstausbildung bis hinein in den Lebensstandard als Rentner, während im englisch-sprachigen Raum die Würfel nach Abschluss von Allgemeinbildung und Studium neu fallen.

Aus dieser *Ablauflogik* allerdings ist die (Gründungs-)Familie ausgeklinkt. Diese kommt nur dann in den Blick, wenn wir auf das ebenfalls in dieses Lebenslaufregime integrierte *Lebensbereichsprogramm* schauen, der Parallel-Organisation von Arbeit und Familie. Dieses versteht sich als Geschlechtermodell und ist über Geschlechterregeln gelöst. Die Gleichzeitigkeit der Anforderungen an eine Person bedeutet immer auch Zeitstress. Doch im deutschen Lebenslaufregime sehr viel mehr als anderswo gilt der Mann als zuständig für die Belange des Erwerbssystems, die Frau als für die der Familie. Das Lohnsystem, die Differenzierung in Vollzeit- und Teilzeitarbeit, die Karriereleitern, sie alle sind getragen von diesem Grundmuster. So muss der Lohn des Mannes die Familie ernähren können, nicht der der Frau, usw.. Und selbst ohne Familiengründung bleibt die Geschlechterdifferenz in Lohn und Karrierechancen. Wir haben es mit einem veritablen Lebenslaufregime als Geschlechtermodell zu tun.

Festzuhalten ist, dass beide, nämlich der Arbeitsmarkt und die Familie als Geschlechtermodell Anker- und Bezugspunkte des deutschen Sozialstaates seit der Bismarck-Ära waren und sind, und dass ab der beruflichen Bildung bereits die Weichen für zwei Lebenslaufkonzepte Pate standen: Das duale, d.h. das sog. *Lehrlingssystem,* wurde orientiert an dem bundesweit definierten Qualifikationsprofil, Fachlichkeit und Existenzsicherung per Marktwert der Ausbildung (Schlosser, Elektriker…). Es war früher ausschließlich den männlichen Jugendlichen vorbehalten und wurde erst nach und nach auch für Mädchen geöffnet.

Daneben trat das *Vollzeitschulsystem* für junge Frauen, trägerspezifisch geregelt (Kirchen, Caritas, Rotes Kreuz usw.), orientiert an Sorgearbeit für andere im weitesten Sinne und an Opferbereitschaft im Dienste am Nächsten (Erzieherin, Krankenschwester…). Dieses wurde bis heute nicht in das Lehrlingssystem überführt, bietet bildungspolitisch wenig Aufstiegswege an und ist nicht bundeseinheitlich geregelt. Aus Sicht der Geschlechterfrage heißt das, dass die geschlechtsspezifischen Sozialisationsergebnisse der Mädchen, die Fähigkeiten einer bestimmten Genderkompetenz, pädagogisch und kulturell konstruiert wurden als ‚Kulturaufgabe der Frau' und nun zur Schlüsselqualifikation weiblicher Berufe wurden, als heimliche Ressource in Prozessen der Vergesellschaftung von Arbeit und Beruf ohne Familienlohn, als Vorbereitung auf die Mutterrolle (vgl. Krüger 2004; Friese 2004, Kleinau/Mayer 1996; Kerschensteiner 1901, 1902).

Damit greift unser Bildungssystem in das Verhältnis von Produktion und Reproduktion weit vor der faktischen Familiengründung ein über unterschiedliche Lohngestaltungsprinzipien, Erwerbssicherheiten und inhaltliche Zuschnitten der Arbeit, wobei damals schon die Verwaltungsberufe zum besonderen Kampffeld der Geschlechter und aufgrund des Arbeitskräftemangels in weiten Teilen dem dualen System zugeschlagen wurden. Das Strukturproblem der Vollzeitschulen bleibt ihre Trägerabhängigkeit (Staat, Wohlfahrtsverbände, Freie Träger, Berufskammern). Dies bedeutet: Im Gegensatz zum dualen System mit - wie der Name schon sagt - getrennter Zuständigkeit für Bildung und Berufseinsatz liegen im Schulberufssystem Beschäftigung und die Definition von Qualitätsstandards, die Karrierewege und Bezahlung ausschließlich in Hand der Arbeitgeber (vgl. Brendel/Dielmann 2000).

Die meisten dieser Berufe sind im obigen Schaubild auf der Seite rechts angesiedelt. Sie sind zur Unterstützung der Reproduktion entstanden und beherbergen die meisten Vollzeitschulberufe. Sie stehen im Schatten der Betrachtung wirtschaftlicher Entwicklung (bei uns mehr als anderswo) und definieren die Zeitmuster des Geschlechterverhältnisses im familialen Leben, denn sie inkorporieren das Familienmodell der Lebensbereiche in die eigene Praxis. Sie passen z.B. den Nachwuchs in die Zeitlogik des Curriculums der 4. Klasse ein, die Schwester in die der 2. Klasse, oder die des Kindergartens usw.. Damit setzen sie, zeitpolitisch gesehen, etwas bestimmtes voraus: Nämlich den Verbund Familie als zusammengesetzt aus einer erwerbsarbeitenden mit einer familienarbeitenden Person zu Hause, mit Verfügungszeit (Springerzeit) für die Institutionen rundum, für Wege, Angebotslücken usw.. Rund um die Familie ist ein erstaunlich homogen weiblich stereotypisiertes Handlungsfeld entstanden.

Wir halten bezüglich der Korsettstangen unseres eigenen Lebens fest: Das, was Mädchen und Jungen zuhause erleben und erlernen, ist überführt in die

Logik all dieser Institutionen, die den Lebenslauf gestalten und den Handlungsrahmen für persönliche Entscheidungen bestimmen.

Das Resultat lässt sich als weiblicher Lebenslauf beschreiben, der vom männlichen doch erheblich abweicht:

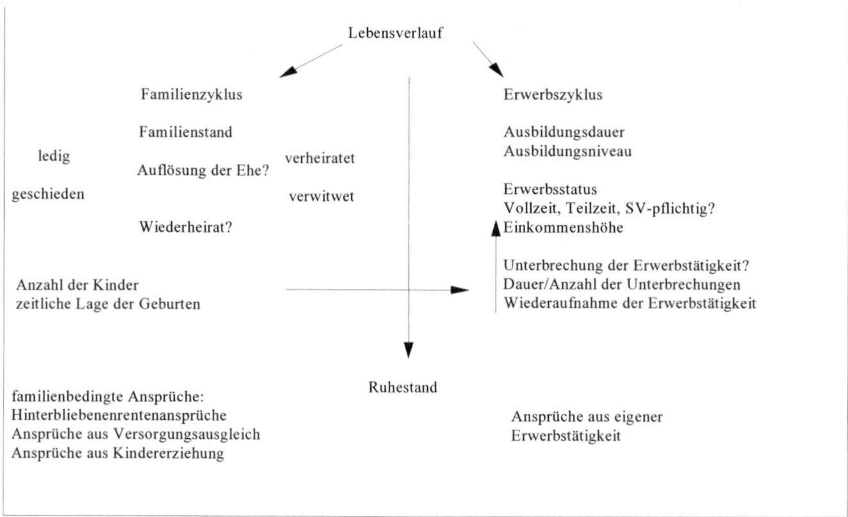

Abb. 2 (vgl. Horstmann 1996: 165)

Dies ist die erkämpfte Regel für Frauen heute (vgl. Horstmann 1996), in Deutschland in dieser Form gewünscht und präferiert. Es ist der Lebenslauf als nicht abgestimmter Balanceakt mit reparierender Sozialpolitik. Erwerbsarbeit und Familienzyklus erzeugen hoch rentenrelevante Variationen des Erwerbszyklusses, der sich bei Frauen i.d.R. zeitlich an den Familienzyklus anpasst. Entsprechend erzeugt er Verluste im Rentenniveau und wird vom Ehebestand abhängig. Der männliche Lebenslauf hingegen hat sich vom Familienzyklus vollständig gelöst.

Meine These lautet: Das Zusammenspiel von Sozialpolitik, Arbeitsmarktpolitik, Rentenpolitik, Familienpolitik bis hin zur Steuerpolitik (Ehegattensplitting usw.) und zur Stadt-, Wege- und Raumgestaltung - sie alle gehen vom Modell der Zeitgestaltung mit Geschlechterlösung aus. Dieses Muster beginnt aber heute zur Falle zu werden, wie im Folgenden zu zeigen sein wird.

2. Die Alarmglocken in Deutschland - ein falsches Frauen- und Familienbild?

Dass etwas nicht stimmt mit der Familiengründung in Deutschland, zeigt sich sehr schnell durch einen Blick auf die Geburtenrate (vgl. Eurostat 2001, 2005): In ganz Europa ist Deutschland das Land mit weiterhin stetig fallender Nachwuchsrate. 2001 hatten wir noch Spanien und Italien hinter uns - in 2005 waren wir mit einer Geburtenrate von 1,3 ganz am Ende der Skala angekommen. Während die Geburtenraten in Nordeuropa, den Niederlanden und Belgien langsam wieder zu steigen beginnen (in Frankreich waren sie stets hoch), mehren sich die Fragen nach den Ursachen. Denn die Reproduktionsrate der Bevölkerung liegt bei 2,1%. Bevölkerungsprognosen schätzen den Bevölkerungsrückgang bis 2050 bei uns (bei gleich bleibender Immigrationspolitik) auf insgesamt 18% - und selbst bei Verdoppelung der Immigrationsrate (was für Deutschland fast unmöglich scheint) müssen wir für den gleichen Zeitraum mit einem Bevölkerungsrückgang von 9% rechnen.

Die bisherige These war: Daran sind vorrangig die Frauen schuld, oder auch leicht gewandelt: die Individualisierungstendenzen, die nun auch die weibliche Seite der Bevölkerung erfasst haben, verstanden als Tendenz der jungen Leute, ohne große Verpflichtungen etwas vom Leben haben zu wollen, statt sich in die Fänge der Familiengründung zu begeben. Die Frage ist, trifft das zu? Am Geld liegt es jedenfalls nicht, da wir hinsichtlich der Familienaufwendungen eher am oberen Rand von Europa liegen. Es liegt zur Überraschung vieler aber auch nicht an der wachsenden Erwerbsquote der Frauen. Im Gegenteil: Der Ländervergleich zeigt, dass Länder mit hoher Frauenerwerbsquote auch diejenigen mit vielen Kindern sind. Anders gesagt: Die Kinderquote ist dort besonders hoch, wo auch die Frauenerwerbsquote hoch ist (vgl. Neyer u.a. 2006).

So lässt sich die These formulieren: Unsere niedrige Geburtenrate ist Folge eines verfehlten Familienbildes, an dessen Erhalt immer noch ständig gestrickt wird. Andere Länder haben die Zeichen der Zeit früher erkannt und vor 15-20 Jahren schon ihre Familienpolitik auf gleichberechtigte Teilhabe von Vätern und Müttern daheim und im Beruf umgestellt (vgl. Bertram u.a. 2006). Unser Familienbild passt definitiv nicht mehr in die heutige Zeit. Notwendig wird also ein neues Bündnis nicht nur zwischen Beruf und Familie, sondern auch zwischen Eltern und nicht zuletzt: zwischen Familie und Sozialpolitik; d.h. wissenschaftlich: auch zwischen Familien- und Geschlechterpolitik, verbunden mit der Aufgabe, Genderkompetenzen vor allem und gerade in der Familie zu überdenken.

Der Siebte Familienbericht der Bundesregierung (vgl. Bertram u.a. 2006) hat sich unter dem Titel „Familie zwischen Flexibilität und Verlässlichkeit. Perspektiven für eine lebenslaufbezogene Familienpolitik“ dieser Frage explizit angenommen. In einer Reihe von Dimensionen unterscheidet er sich deshalb von bisher üblichen Betrachtungsweisen von Familien[1]. Wir greifen hierauf im Folgenden zurück.

3. Die strukturellen Seiten der Modernisierung des Lebenslaufs - eine Falle für tradierte Geschlechterrollen

Zentral ist die Betrachtung des sozialen Wandels aus der Perspektive des Lebenslaufs, die die Kommission des Siebten Familienberichts zu neuen Sichtweisen veranlasst hat, beginnend mit einem Vergleich der familienrelevanten Ereignisse bei jungen Menschen der Nachkriegszeit bis heute.

---

[1] Da sind, um nur fünf zu nennen:

- Die Orientierung nicht nur an einer Bestandsaufnahme zur Situation von Familie in Deutschland, sondern vorrangig an Fragen der Zukunftssicherung von Familie, d.h. der Bedingungen, die Familie wieder attraktiver und lebbarer machen;
- der Europäische Vergleich mit der Frage, wie andere Länder ihre Familienpolitik gestaltet haben;
- die Frage nach dem Stellenwert von Familie im Lebenslauf der Geschlechter, der sich seinerseits verändert hat;
- der Ansatz, Familien als dynamische Gebilde mit sich wandelnden Familienphasen und sich verschiebenden Aufgaben zu sehen;
- die Einbettung von Familie in die Region, d.h. den Kontext des Familienlebens, durchdacht bis hin zu den Bauformen und Städteplanungen mit ihren alt hergebrachten Funktionsteilungsfixierungen auf: Gewerbe- und Wohnbebauung (obwohl wir vom Industrie- in das Dienstleistungsalter umgewechselt sind) und zwischen monotonen Lebens- und Familien-Phasen-Wohnungen (ein Quartier: junge Familien - mit Gästezimmer für die Großeltern nur unter der Bedingung, dass es bei nur einem Kind bleibt; ein Quartier: Singles und Leben (Kinos, Kneipen..); ein Block: Alte und Grün, usw.).

3.1 Zwei Kohorten - ein Ernährermodell?

Wir beginnen mit einem Vergleich zu Verschiebungen der Rollenübernahmen zwischen Jugendlichen der Bildungsabschlussjahrgänge 1960 und 2000:

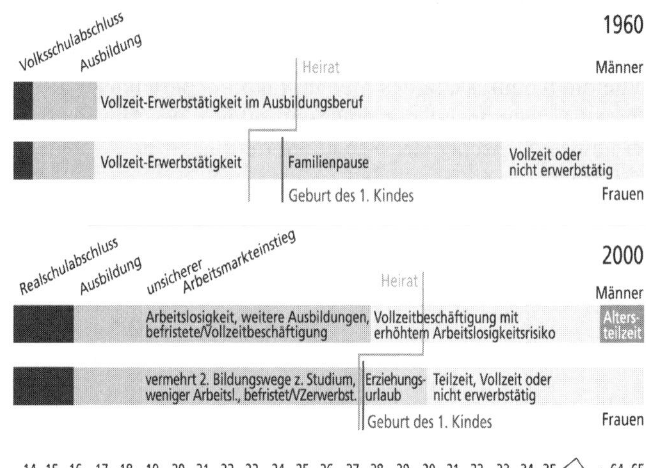

Abb. 3: (vgl. Stat. Bundesamt 1962; 2003; eigene Berechnungen)

Die betrachtete Altersachse umfasst das 14. bis 37. Lebensjahr[2]. Eingetragen sind die durchschnittlichen Lebensjahre der Kohorten: vom Allgemeinbildungs-, dann Ausbildungsabschluss, bis zur Verankerung im Arbeitsmarkt, bis zur Heirat und zur Geburt des ersten Kindes bei Männern (jeweils obere Leiste) und Frauen. Was ins Auge springt: Das Datum für Heirat und das für die Geburt eines Kindes ist im Zeitraum von nur 40 Jahren (West) erheblich nach hinten gewandert. Was man auch sieht: Es ist dies weniger auf Individualisierung als der Phase des selbständigen Lebens im Arbeitsmarkt zurückzuführen, denn auf Phasenverlängerungen, bis die Weichen für die übliche Vorstellung von Familiengründung gestellt sind: die sichere Erwerbsarbeit. Hier allerdings liegen erstaunliche Veränderungen vor: Die Ausbildungszeiten haben z.T. erheblich an

2 Wegen der Vergleichbarkeit handelt es sich ausschließlich um Jugendliche mit Bildungsabschluss in Westdeutschland.

Umfang gewonnen. Diejenigen mit 2. oder gar 3. Ausbildung nehmen zu - und die Verankerung im Arbeitsmarkt lässt inzwischen auf allen Bildungsniveaus deutlich auf sich warten: durch Trainee-Programme, durch Zeitverträge, durch Betriebszusammenbrüche usw.. Entsprechend formulieren junge Männer zunehmend, dass sie sich angesichts der Unsicherheiten auf dem Arbeitsmarkt nicht in der Lage fühlen, eine Familie zu ernähren (vgl. Tölke 2005).

Auffällig ist, dass nicht in Betracht gezogen wird, dass Familiengründung nicht zwangsläufig ‚Alleinige Ernährerrolle' heißen muss. Die Alternative, die Existenzsicherung als Angelegenheit von zwei Personen zu betrachten, also auf Neuregelungen der Zeiteinteilung zu setzen, um Familie und Beruf als Angelegenheit von jeweils vier Schultern zu sehen, kommt nicht in den Sinn, obwohl dieses nichts weniger als nur rational wäre und in andern Ländern, z.B. Frankreich, eine Selbstverständlichkeit ist.

Ausgehend von Talcott Parsons und seinen Theorien zur familialen Sozialisation gilt auch in der Soziologie und Pädagogik das alte Rollenmuster als das zuverlässig Beste. Er unterschied zwischen der Vermittlung instrumenteller Orientierungen als Aufgabe des familien-extern aktiven Vaters, da besonders hierzu geeignet und der expressiven Kompetenz als Aufgabe der familien-intern aktiven Mutter, da hierfür gesondert geeignet. Handelt es sich hierbei um Genderkompetenzen alter Art, die wir verändern könnten oder sollten? Wir werden darüber nachdenken müssen, denn auch in der Berufswelt haben sich die Kompetenzanforderungen verschoben, wie folgender Überblick verdeutlicht.

	Bundesgebiet (W)[1]
Beschäftigungsverluste	–8,5
Beschäftigungsgewinne	19,8
Saldo	11,3
Relation[2]	2,32
Anteil der Frauen an	
Beschäftigungsverlusten	31,3
Beschäftigungsgewinnen	64,3
Saldo	91,7
Sektorale Struktur der Beschäftigungsverluste	
Primärer Sektor	9,0
Wissensintensive Industriezweige	15,8

Übrige Industriezweige	62,6
Bau	12,6
Sektorale Struktur der Beschäftigungsgewinne	
Dienstleistungen	100
Unternehmensnahe Dienste	36,4
Wissensintensive Dienste	21,7
Andere Dienste	14,7
Distributive Dienstleistungen	14,4
Konsumtive Dienstleistungen	5,9
Soziale Dienstleistungen	42,3
Staatliche Dienstleistungen	1,0

Abb. 4: Beschäftigungsgewinne und -verluste 1977-1998 (in Prozent)
1) Ohne Berlin und neue Bundesländer
2) Relation zwischen Beschäftigungsgewinnen und -verlusten
Quelle: Datenbasis: Regionaldatenbank Arbeitsmarkt am WZB/AB

Es sind nicht die instrumentellen Fertigkeiten, sondern gerade die expressiven, die familien-extern an Boden gewinnen, - und mit ihnen das weibliche Geschlecht. Denn Personenbezogene Dienstleistungen haben die höchsten Zuwachsraten. Dass es nicht die Männer sind, die von diesem Wandel profitieren, versteht sich nur dann wie von selbst, wenn wir dem alten Parsonschen Bild von „gelungener" Sozialisation folgen.

Bei großräumiger Betrachtung der Wirtschaftssektoren in ihren Relationen zueinander im Zeitrahmen von 1882 - 2003 zeigt sich der Trend noch deutlicher:

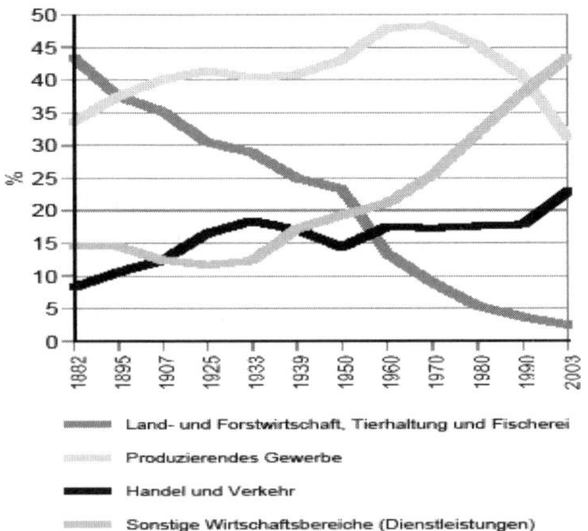

Abb. 5: Veränderungen der Anteile der in den einzelnen Wirtschaftsbereichen Beschäftigten an der Gesamtzahl aller in Deutschland Beschäftigten (in %) (vgl. Bertram 1997: 23, aktualisiert mit den Daten des Statistischen Bundesamtes)

Die Idee vom familienernährenden Mann ist eine des aufsteigenden Industriezeitalters. Doch dieses verliert seit den 60er Jahren deutlich an Boden und wird inzwischen von den ‚sonstigen Dienstleistungen' abgehängt. Die Institutionenstrukturierung des Deutschen Lebenslaufregimes insgesamt ist zur Hochzeit der Industrialisierung entstanden.

Es wird hieran auch ohne Rekurs auf die Globalisierung sehr einleuchtend, wie sehr wir mit unserem klassischen Familienmodell an Langfristtendenzen vorbeischauen, die unser Leben verändern, aber in unserm Familienleben in alltäglicher Praxis noch kaum aufgegriffen sind. Das „Elend der jungen Männer", wie Martin Baetghe, Heike Solga und Markus Wieck (2007) in ihrem Gutachten für die Friedrich-Ebert-Stiftung formulierten, liegt gerade in diesem Großraumwandel angelegt, d.h.

- im Schrumpfen der Lehrstellen- und Arbeitsplätze im klassischen Feld des dualen Systems. Schon Henninges (IAB) hat in einer mich sehr beeindruckenden Studie 1996 die im Vergleich übermäßig langen Wartezeiten, Warteschleifen und die Schwammfunktion des Übergangssystems gegenüber

Ausbildungs- und Arbeitsverknappung in vorrangig männlich stereotypisierten Berufen herausgestellt;

- im Wandel des Wissensprofils, das Mädchen offenbar besser entspricht;
- in der Stereotypisierung von Berufsfeldern selbst; männliche Jugendliche streben weiblich stereotypisierte Berufsfelder, wiewohl mit wachsendem Arbeitskräftebedarf, kaum an.

Was sich hinter, „sonstige Dienstleistungen" verbirgt, sind in der Tat hauptsächlich Frauenberufe, ob dual oder Vollzeit-organisiert, und sie gehören vorrangig zu jenen Einrichtungen, die oben im rechten Segment des Schaubilds zum Lebenslaufregime angesiedelt sind, Berufe also, die bisher von der Zeitstruktur des weiblichen Lebenslaufs ausgehen und entsprechend überwiegend als Sackgassenberufe ohne Karriereleitern angelegt sind, auf Fristigkeit, wie Ilona Ostner schon 1987 sagte, ausgelegt - und sich nun, was die Personal- und Zeitpolitik angeht, werden umstellen müssen. Sie werden sich, was die lebensbiographische und die alltägliche Zeitpolitik betrifft, neu an den Bedarfen ihrer Kunden und an langfristiger Existenzsicherung ihrer Arbeitskräfte ausrichten und in der täglichen Arbeitszeitlage, den Betreuungsbedarfen usw. anpassen müssen. Die Ladenöffnungszeiten passen sich langsam an; wir diskutieren immerhin Ganztagsschulen und Krippenangebote. Dieses Postulat des Umstellens gilt auch für sie als Berufe, denn sie sind immer noch Frauenberufe, im Lohn selten familienernährend, im Kompetenzgefälle zwischen den Geschlechtern als niedrig eingestuft, im Marktwert der Abschlüsse relativ ungesichert, wie weiter oben bereits ausgeführt.

3.2 Zwei Berufssysteme - eine Studienwelt. Wie passt das zusammen?

Schauen wir auf den Wandel in der Bildungsbeteiligung der Geschlechter, dann tut sich eine weitere Schere der Geschlechterordnung und -kompetenz auf, die sich im Zeitrahmen von rund 40 Jahren, von 1953 bis 2003, abspielte und noch keineswegs ihr Ende gefunden hat.

Wie wir folgendem Überblick entnehmen können, steigt die Zahl weiblicher Studierender erst seit den ausgehenden 60er Jahren, dann aber rapide, an. Geradezu Umwerfendes aber belegt die Betrachtung der Abschlussarten: Lehramt/Diplom.

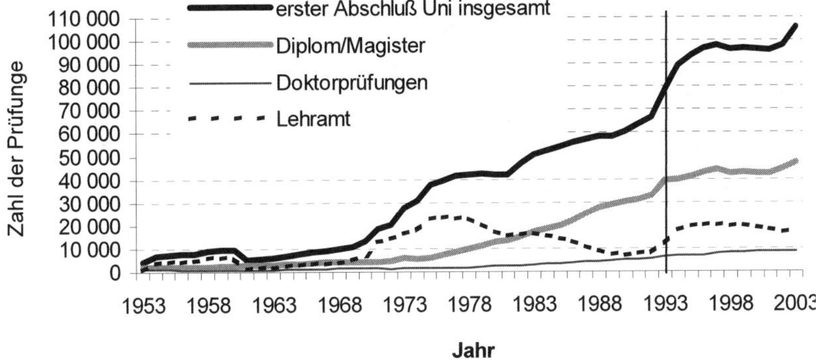

Abb. 6: Bestandene Universitätsprüfungen von Frauen seit 1953; 1953-1992 West, ab 1993 alle (vgl. Statistisches Bundesamt 2003)

Ausgangspunkt ist das Bildungsdrama, wonach ein Studium für Frauen als unschicklich und Vergeudung von Geld galt. Es hat lange gedauert, bis in Deutschland der Gedanke ankam, dass das Recht auf Bildung auch ein Recht der Frauen auf Bildung sei. Es wurde das Thema der Gleichstellungspolitik der 60er Jahre in das Dahrendorfsche Bild der Vielfachbenachteiligung als „katholische Arbeitertochter vom Lande" gegossen. Der Anstieg von akademischen Abschlüssen bei Frauen betraf dann zunächst ganz vorrangig die Lehrerbildung, dem Vereinbarkeitsberuf schlechthin (hier lohnt sich ein Studium für Frauen wenigstens, war die damalige Meinung; anderes kam nicht in Frage). Aber nun studieren sie Jura, Soziologie, Medizin, Psychologie, Ingenieurwissenschaften, Informatik, Mathematik.... Und damit konkurrieren sie mit ihren männlichen Kollegen in typischen Männerberufen. Gerade in diesen ist ein Platz für „Arbeitnehmer/in mit Kind" nicht vorgesehen.

Wir tun viel um die Frauenraten in den Naturwissenschaften, in den Betriebs- und Ingenieurwissenschaften zu erhöhen - und dadurch entstehen wirtschaftlich gar nicht hoch genug einzuschätzende Potentiale. Frauen sind ja immer noch diejenigen mit den besseren Noten im Vergleich zu Männern, sowohl beim Abitur als auch im Diplom. Es wäre also selbst volkswirtschaftlich -

und nicht nur persönlich - verschleudertes Gut, wenn wir keine verbesserte Koordination von Familienarbeit zwischen Partnern und keine familiale Infrastrukturpolitik betreiben, sodass Mütter und Väter nicht mehr vor dem Entweder - Oder stehen, d.h. entweder all die Jahre und das Geld der Ausbildung in den Wind zu schreiben oder auf Kinder zu verzichten.

Auch von hierher also wird es Zeit, über Familienrollen neu nachzudenken. Es kommen uns nun wiederum sozialisationstheoretisch zwei Entwicklungen entgegen: Zum Einen die Forschungsergebnisse der Neurobiologie, wonach Kinder in der Tat vom ersten Moment an bildungsfähig sind und Anregung über die eigenen vier Wände hinaus brauchen, zum Andern die Erkenntnis, dass sich in Ländern, in denen Kinder sehr viel weniger Zeit mit ihrer Mutter zu Hause haben, schichtspezifische Ungleichheit sehr viel weniger ‚vererbt'. Aus Sicht der Kinder könnten wir also vom alten Bild der Mutter zu Hause gut Abschied nehmen.

3.3 Wandel in den Köpfen? Wandel im Familienleben?

Die Grundfesten der alten Geschlechterverhältnisse kleben ziemlich zählebig an unseren Füßen, wie selbst ein Blick auf unser Nachbarland Niederlande mit seinem weit fortgeschrittenen Bemühen um neue Formen der Genderkompetenzentwicklung unter Bedingungen moderner familialer Arbeitsteilung belegt.

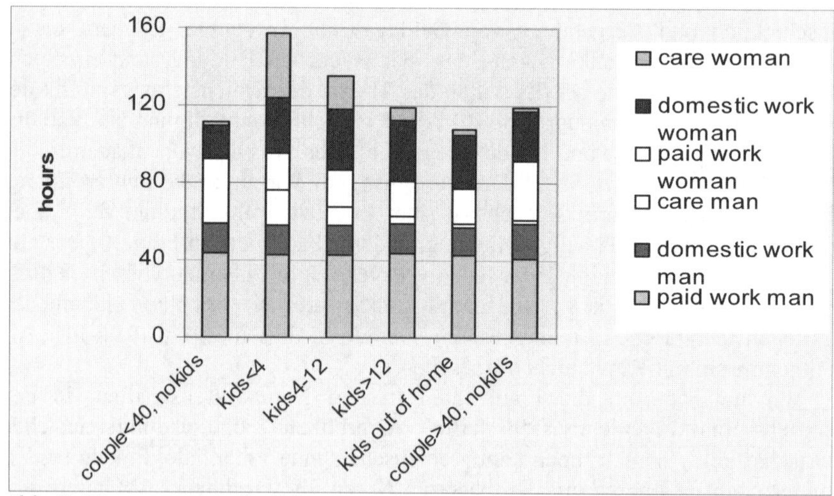

Abb. 7: Time use over the life course (vgl. van der Lippe 2004)

Einerseits sehen wir, wie sehr die individuelle Zeitgestaltung zwischen den Partnern abhängig von Existenz und Alter des Nachwuchses ist, das Familienleben sich also je nach innerfamilialer Dynamik bzw. je nach Stadium in der Familienentwicklung wandelt; anderseits erzeugen diese sich wandelnden Zeitbelastungen (ohne Kinder; Kinder unter 4 Jahren, unter 12, Kinder aus dem Haus...) hoch aufschlussreiche Verschiebungen in der Art der Arbeit zwischen den Paaren über die biographische Zeit. Selten sieht man, dass Männer sich so konstant an der Hausarbeit beteiligen und auch an der Pflegearbeit, wenn diese im Umfang sehr bedeutend wird. Selten aber kann man auch so deutlich sehen, dass der männliche Erwerbsarbeitsumfang *nicht* angekratzt wird, während es gerade dieses Feld ist, das auf der weiblichen Seite zugunsten der Familienbelastungen zurücksteht.

Die sich hier auf der Lebenszeitachse abspielende Geschlechtsspezifik bezüglich der Lebensbereiche ist nicht nur beeindruckend; sie fällt in Deutschland mit seinen Gesetzen des Ehegattensplittings und der Geschlechtersegmentierungen der Berufslaufbahnen noch deutlich eindrücklicher aus. Die Niederlande setzten auf Teilzeit in der frühen Familienphase, und in der Tat, immerhin 27% der Väter nutzen diese Möglichkeit (vgl. Klammer 2006). Auch die Beteiligung an Familien- und Hausarbeit hat einen im Vergleich zu Deutschland beachtlichen Umfang. Das wird langfristig positive Konsequenzen zeigen, denn dort erleben die kleinen Jungen, dass Hausarbeit und Kindererziehung auch eine Aufgabe für Väter ist - was wir wiederum werten können als eine gute Erweiterung des Berufswahlspektrums für Männer in der Dienstleistungsgesellschaft von morgen.

Eine der öffentlichen Folgen der Asymmetrien der Elternverläufe über die Jahre sind die hohen Sozialausgaben für Alleinerziehende. Sie sind auf das Geld des Kindesvaters oder des Staates angewiesen; in Frankreich mit eben einer Familienpolitik, die auf gleichermaßen und gleichberechtigte Beteiligung beider Eltern im Erwerbsleben setzt, wo die Frühförderung gut ausgebaut hat, können sich 87% der Alleinerziehenden aus eigener Erwerbsarbeit selbst ernähren (vgl. Fagnani 2006).

3.4 Zwischenbilanz

Männer kommen heute schon aus Gründen der Arbeitsmarktentwicklung ins Gedränge, wenn sie nicht die Idee und Praxis der Ernährerrolle aufgeben und sich eine partnerschaftliche Lösung der Existenzsicherung der Familie vorstellen. Frauen suchen nach diesen Partnern, die sich auch innerfamilial engagieren (vgl. Schaeper 2006). Beides heißt aber ja so viel mehr, als man meinen könnte.

Denn Mentalitätsfragen, so waren sich Renate Schmidt, die SPD-Familienministerin, und ihre Nachfolgerin, Frau von der Leyen, CDU, einig, sind nicht zu unterschätzen, und immer wird es Frauen geben, die sich nicht nur in der Hausfrauen- und Mutterrolle wohl fühlen - so lange der Partner ihnen erhalten bleibt -, sondern diese als ihr vermeintliches Recht einfordern (vgl. Mantl 2006). Es dürfte sehr aufschlussreich sein, sich selbst daraufhin zu befragen, welche Kompetenz- und Zuständigkeitsprofile jede/r persönlich mit der eigenen Frauen-/Mutter bzw. Männer-/Vaterrolle assoziiert und welches Partnerbild darin eingeschlossen ist. Erweitert auf die Nachbarn, Arbeitskollegen/innen, den Postboten, die Vertreter/innen von Ämtern oder Ressorts liefert das Ergebnis sicherlich einen bunten Strauß, dessen Varianz aber nicht ohne die je vorhandenen ökonomischen und zeitlichen Bedingungen pro Paar gedacht werden kann.

4. Gendergrenzen im Kompetenzprofil überschreiten - Konzeptionelles für eine zukünftige Genderpolitik

4.1 Ebenen des Handelns

Unter der Annahme, dass in vielen der oben imaginär durchgeführten Befragungen v.a. auf die ‚armen' Kinder verwiesen worden sein dürfte, die nun drohen, auf der Strecke zu bleiben, sei betont, dass neuere Ergebnisse der Neurobiologie überzeugend herausstellen, dass Babys vom ersten Moment an bildungsfähig sind und mehr als die eigenen vier Wände als Anregungsfeld brauchen, um sich optimal zu entwickeln. Zudem zeigen v.a. international vergleichende Studien, dass Kinder in Ländern mit guten Frühförderungsprogrammen den unseren nicht nur kompetenzmäßig deutlich überlegen sind, sondern dass sich in diesen Ländern soziale Ungleichheit qua Milieu und sozialer Lage sehr viel weniger reproduziert als bei uns. Insbesondere die sog. PISA-Studie legt fast den Umkehrschluss nahe, nämlich, dass bei hoher Abhängigkeit vom Elternhaus die frühe Förderung der Kinder so sehr milieu- und schichtspezifischen Bedingungen unterliegt, dass schon deshalb die erweiterte externe Förderung notwendig ist.

Aber auch jenseits von Stand und Klasse sei den Kompetenzentwicklungschancen der Kinder ein wenig Platz eingeräumt und hervorgehoben, dass z.B. Mädchen sich heute die Felder der Jungen in Familie, Kindergarten und Schule zunehmend aneignen - und die eigenen beibehalten, ihr Kompetenzspektrum also stetig erweitern: Sie lesen gern, spielen Rollenspiele und Theater, toben und besetzen die Bauecken. Jungen fühlen sich hingegen in ihrem Spiel eher bedroht und ziehen sich auf ihre angestammten Kompetenzen zurück, bauen diese aus, erweitern ihre Kompetenzen aber nicht hinein in die der weiblichen (vgl.

Becker-Schmidt 1995; Krüger 2002). Gegen diese grenzen sie sich bewusst ab als minderwertig und nicht zu ihnen gehörig.

Eines der Probleme liegt darin, dass Mädchen und Jungen heute vollständig in weiblicher Hand aufwachsen: zu Hause, im Kindergarten, in der Grundschule... in Frauendominanz also. Aber sie wollen nicht ‚Mädchen' sein. Um so größer wird der Druck, sich als ‚anders' auszuweisen; umso mehr toben sie und besetzen die Bauecken zunehmend aggressiver, spielen bei Rollenspielen mit, initiieren diese aber nicht, nehmen wenig Bücher, gehen nicht sehr häufig in die Bastelecke oder in kooperative Aktivitäten.

In eine Strukturformel der frühkindlichen Sozialisation umgesetzt heißt das: Es wäre wichtig, Väter einzubinden und auch männliche Erzieher und Grundschullehrer, alle drei aber nun nicht, um als Abbild typisch männlicher Aktivitäten zu fungieren und mit z.B. Bauen, Reparieren und Werkzeugarbeit ‚Männlichkeit' vorzuleben, sondern im Gegenteil, um Grenzüberschreitungen als Alltagsnormalität einzuüben. Dieses hieße z.B. bei den Jungen die Liebe (oder auch die Einsicht in die selbstverständliche Notwendigkeit) zum Helfen, Tischdecken, Aufräumen usw. zu wecken und Sonderrollen über eine offene Praxis aufzuheben.

Auch diese Praxis beginnt im Elternhaus. Das Zuhause, das wissen wir alle, ist nicht nur ein Ort der Versorgung, sondern auch ein Ort der Bildung, dieses aber, wie wir oben gesehen haben, keineswegs geschlechtsneutral. Auch hier ginge es darum, die Väter in die Haus- und Familienarbeit einzubeziehen, und mit ihnen die Arbeitsteilung zwischen den Geschlechtern, zwischen Jungen und Mädchen, so zu verschieben, dass beide Kinder beide Kompetenzfelder als zu ihnen gehörig erwerben können. Denn um ein Bonmot zur weiblichen Sozialisation umzuformulieren: Auch Jungen werden nicht als Jungen geboren, sondern sie werden dazu gemacht.

Nicht zuletzt sei angemerkt: Das Dasein als Frau ausschließlich zu Hause verführt sehr häufig dazu, dass sie alles übernimmt, sich für alles zuständig fühlt und die Kinder keinerlei Aufgaben zu Hause haben - v.a. und noch weniger: die Jungen. Entlastete Kinder entwickeln kaum neue Orientierungen bezüglich ihrer Lücken im Kompetenzprofil, im Gegenteil, sie sehen diese als ihr Privileg.

4.2 Weichenstellungen der Lebenslaufpolitik neu gestalten

Das Strukturproblem des männlichen und des weiblichen Lebenslaufs, das „doing life course difference", tritt im Übergang von der Schule in die berufliche Bildung besonders deutlich hervor - und es ist, wie oben ausgeführt, ein bildungspolitisches. Noch heute liegt folgende Verteilung im Übergangssystem von der Allgemeinbildung ins Berufssystem vor:

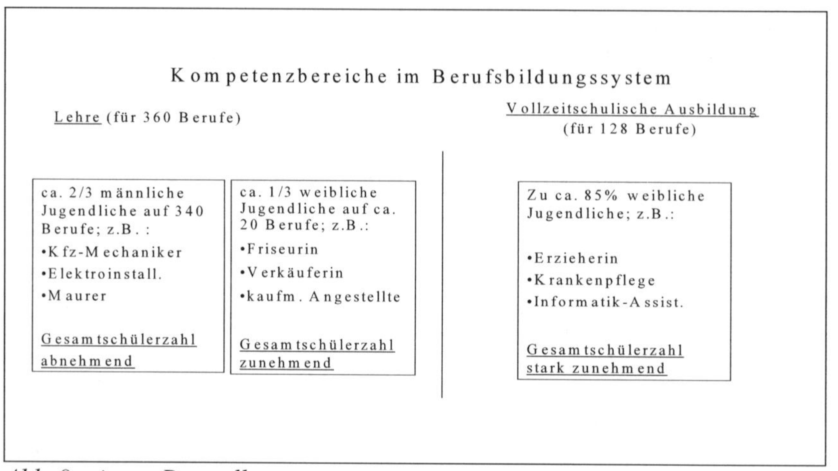

Abb. 8: eigene Darstellung

In der systematischen Unterschätzung der für Familienarbeit benötigten Kompetenzen und entsprechend der Bildungsinvestitionen in Frauenberufe, ihrer Unterbezahlung und Schieflagen als Sackgassenkonstruktionen, konserviert sich auch hier die Geschichte des beginnenden vorherigen Jahrhunderts. Diese Ausbildungen und Berufe fordern Personenkompetenz und werden den Frauen als ihr natürliches Metier zugeordnet. Aber was genau und welches Niveau an Kompetenzen sind gefordert? Ist es das Einfühlungsvermögen, das eine gute Krankenschwester, Erzieherin oder Informatik-Assistentin auszeichnet? Nein, es sind Setzungen eines Frauenbildes, das die Frau als Mutter sieht und auf diese Rolle verweisen will, wiewohl das Missverhältnis von Setzung und Realität offenkundig ist, wenn man weiß, dass nur noch knapp die Hälfte aller Frauen Mütter werden.

Die Suche nach solchen Setzungen und nach Ansatzpunkten politischer Gestaltung im Siebten Familienbericht (vgl. Bertram u.a. 2006) hat eine Reihe von Vorschlägen zur Veränderung zutage gefördert, die es zu bedenken lohnt. So wird, ausgehend davon, dass wir heute über sehr viel mehr Lebenszeit in guter Gesundheit verfügen, als etwa zu jener Zeit, als das Lebenslaufregime deutscher Prägung entstand[3], vorgeschlagen, die Verlängerung des Lebenslaufs weniger als Rentenproblem zu diskutieren bzw. als langsam unbezahlbar werdende Kostenschraube, sondern als Chance zur Adjustierung der Lebensphasen an neue Bedingungen. Ebenfalls ad acta zu legen gilt es, dass im Alter das Interesse an Familienrückzug steige und das an unabhängiger Lebensführung überlagere. Dass mit Verlängerung der Lebenszeit, mit Fitnessprogrammen und neuem Gesundheitsbewusstsein gerade auch die Lebenszeit in relativ guter Gesundheit im Umfang zunimmt, ist durchaus vergleichbar mit dem Wandel der Großveränderung der Sektoren auf dem Arbeitsmarkt und das heißt: Auch hierin liegt eine Herausforderung und eine neue Chance der Alltags- und der Lebenszeit-Organisation.

Diese Beobachtungen wurden im Siebten Familienbericht in vier Modelle umgesetzt:

Abb. 9: eigene Darstellung

3 Heute verlängert sich das Durchschnittsalter der Erwerbstätigen ab dem 60sten Lebensjahr um 15,4 Jahre in guter Gesundheit bei Männern und um entsprechende 19 Jahre bei Frauen. Zur Einführung der Bismarkschen Sozialpolitik erreichten nur 28% der Erwerbstätigen überhaupt das damals auf 65 Jahre festgelegte Rentenalter.

Ausgangspunkt ist, dass das wesentliche Interventionsinstrument das der Betrachtung und Reorganisation der Gesamtlebenszeit ist. Hier ist wohl das größte Umdenken gefragt. Bisher stand die Kontinuität der Erwerbsarbeit ausschließlich im Mittelpunkt. V.a. sie wurde belohnt durch: Aufstiegschancen, Dienstalterzuschläge im öffentlichen Dienst (das Ancienitätsprinzip), die mit zunehmender Betriebszugehörigkeit auch zunehmende Arbeitsplatzsicherheit usw.; nicht zuletzt: unser an die letzten Bezüge geknüpftes Rentensystem. Diese Korsettstangen erzeugen die hohe Dominanz der Erwerbsarbeit gegenüber andern Lebensbereichen. Sie setzt aber einen familienernährenden Arbeitsmarkt voraus, eine die Familienseite übernehmende Frau und das, was Herbert Marcuse den „eindimensionalen Menschen“, den auf nur einen Lebensbereich festgelegten, genannt hat (vgl. Marcuse 1964).

Mit Verlängerung der Lebensjahre in guter Gesundheit ließe sich hier umdenken: Für den vollen Rentenbezug werden 45 Erwerbsjahre nach wie vor zugrunde gelegt. Doch wird der Zeitraum, in der diese Jahre angehäuft werden, verlängert über die jetzige Grenze hinaus. Nicht also wird an den Jahren geleisteter Arbeit gedreht, sondern an der Verteilung dieser Arbeit über die Jahre in potentieller Erwerbsarbeit. Dadurch entsteht die Möglichkeit, für bestimmte Perioden des Lebens auszusteigen, etwa zugunsten zivilgesellschaftlichen Engamements, der Weiterbildung, des Familienlebens oder auch nur der Chance, neue Energien zu tanken. Festgehalten sei: Dies ist kein Modell, das die Vereinbarkeit von Familie und Beruf bei den Frauen belässt, sondern eins, das Lebensbereiche neu miteinander zu verzahnen ermöglicht und zwar jenseits tradierter Geschlechterrollen.

Ein Zweites ist das der Ausweitung der Zeitspannen für Kindgeburten über die bisher eingespielten Institutionengrenzen hinaus. Geknüpft an die alten Korsettstangen des (west-)deutschen Lebensverlaufs legten diese die Plazierung der Geburten erst mit Verankerung im Erwerbsleben fest. Bei heute sichtbar verlängerter Ausbildungsdauer (s.o.) wird es hingegen notwendig und sinnvoll, auch Bildung und Elternschaft koordinieren zu können. Dazu müssen auch die Ausbildungsstätten, v.a. die Hochschulen und Universitäten, umdenken. Die Studenten von heute sind nicht mehr - wie die Hochschullehrer in einer Umfrage in den 90ern noch vermuteten - im Durchschnitt 24 Jahre alt, männlich, ledig, über das Elternhaus finanziert, sondern häufig auch weiblich, oft ökonomisch auf sich selbst gestellt, in Elternschaft, in Teilzeit studierend und erheblich älter.

Ein Drittes ist es, per Bildung erworbene Kompetenzen untereinander besser verknüpfbar zu machen und hierüber Chancen auf berufliche Aus- und Umstiege zu erhöhen. Das obige Berufsanreicherungsmodell greift v.a. das Problem der Dienstleistungsberufe und der unterschiedlichen Qualifizierungssysteme für den großen Bereich Personenbezogener Dienstleistungen auf. Es fordert die Chance, von einem Beruf in einen verwandten wechseln zu können, ohne eine Neuausbildung anfangen zu müssen (etwa beim Umstieg von der Altenpflege in die Krankenpflege oder von der Grundschullehrerin in den Beruf der Erzieherin). Hierüber ließen sich Laufbahnprinzipien denken, die die Attraktivität und die Kompetenzprofile der Berufe steigern.

Schließlich wird gefordert, in der alltäglichen Arbeitsorganisation die Familie als Zeitgeber zu setzen und sich an ihren Inhalts-, Qualitäts- und Zeitbedarfen zu orientieren, statt wie bisher unbegrenzte Verfügbarkeit der ‚Familie' für externe Belange zu unterstellen. Dieses bedeutet sowohl Erwerbs- und Arbeitsflexibilisierung als auch Versorgungsverlässlichkeit, koordinierte und integrierte Angebotsstrukturen und familienfreundliche Infrastrukturentwicklung, angefangen bei zeitlich und örtlich abgestimmten Dienstleistungen, über die Platz- und Wegegestaltung im öffentlichen Raum bis hin zum öffentlichen Transportsystem.

5. Zusammenfassend: De-Stereotypisierung im Blick

De-Stereotypisierung der Geschlechterkompetenz tut Not:

- in den Familienrollen, um neue Sozialisationsimpulse intern und neue Erwersbrollen extern zu ermöglichen;
- in den Berufsrollen, um die Einseitigkeit der Sozialisation in weiblicher Hand zu überwinden;
- in der Auffassung vom Kind, um das Spektrum frühkindlicher Förderung zu vergrößern.

Es meint dies, Parsonsche Theorien ebenso ‚nach Hause' zu schicken wie alt hergebrachte Mutterbilder. Genderkompetenzpolitisch gesprochen meint dies: Für eine Familienpolitik als Aufgabe des politischen Systems gilt die Neujustierung bisher sehr geschlechtsspezifischer Arbeitsteilungen. Es geht darum, beiden Geschlechtern die Chance zu geben, am Erwerbs- und am Familienleben zu partizipieren, auch mit dem Ziel schon in der frühkindlichen Sozialisation keine ‚gegenderten' Rollen einzuüben. Dies setzt im Wissenschaftssystem voraus, historisch geformte Theorien zur Sozialisation zu überdenken und in ihrem historischen Kontext zu verankern. Unter Bedingungen des modernen Lebenslaufs tragen Väter und Mütter gemeinsame Verantwortung und unterstützen Kinder beiderlei Geschlechts, in der Familie die klassischen Rollen zu erweitern. Damit sie das können, ist aber wesentlich, die Zeitmuster des Erwerbs- und Rentensystems zu überdenken; ebenso aber auch, die im Alltagsbewusstsein verankerten geschlechtsspezifischen Zuständigkeiten zu überwinden.

Bezüglich des Kindergartens wünsche ich mir in der Tat, dass der Erzieherberuf endlich professionalisiert und für beide Geschlechter attraktiv wird. Es erweitert dieses nicht nur das Spektrum beruflicher Bildung auch für Männer, sondern es fördert - eben auch - die Genderkompetenz-Erweiterung über eingefahrene Rollen hinaus. Denn der Wandel der Grundparameter des alten Lebenslaufregimes enthält als unabweisliche Neuaufgabe für jeden Einzelnen:

- die Minimierung des Arbeitsmarktrisikos: Die Notwendigkeit, die finanzielle Existenzsicherung einer Familie auf vier Schultern zu legen, d.h. soweit eben möglich zwei Personen in den Arbeitsmarkt integriert zu halten;
- die Abmilderung des Familienrisikos: Die Notwendigkeit, die Familienarbeit auf vier Schultern zu legen. Diese umschließt nicht nur die Kindererziehung und -versorgung, sondern auch die Versorgung bei Erkrankung des Partners, der Geschwister sowie die der alten Eltern und Schwiegereltern;
- es hieße dies für die Erwerbsarbeitszeitpolitik der Betriebe: Sich auszurichten am Gesamtarbeitsvolumen einer Person in ihrer/seiner auch täglichen Zeitorganisation. Diese meint, dass ein/e Arbeitnehmer/in selten allein daher kommt, sondern i.d.R. teil hat an mindestens einem zweiten Arbeits- und Zeitsystem, dem er/sie sich nicht entziehen kann und darf.

Für alle Beteiligten und auf allen Ebenen der Öffentlichkeit aber gilt es, das neue Geschlechter-, Familien- und Beschäftigungsbild zu erläutern, zu kommunizieren, im Kopf zu haben - auch und nicht zuletzt etwa:

- in der sog. Elternbildung, damit sie nicht vorrangig und unterschwellig die Frau zu Hause propagiert, sondern im Gegenteil, diese ermutigt, berufstätig zu bleiben/zu werden;
- in der Sozialpolitik, damit die Krippen und Kindertagesstätten nicht länger als Aufbewahrung gelten, weil die ‚Mutter' keine Zeit hat, sondern zur echten Frühförderung entwickelt werden (Qualität der Arbeit, nicht Quantität der Plätze);
- in der Familienpolitik, damit nicht länger von Familie die Rede ist, wenn die Frau gemeint ist, usw..

Genderkompetenz im Kontext von Familie heißt all dieses… Und ich hoffe, dass wir alle dazu beitragen, dass dieses Pflänzchen zukunftsorientierter Familienentwicklung an Boden gewinnt.

Literatur:

Amt für amtliche Veröffentlichungen der Europäischen Gemeinschaft (Hrsg.) (2005): Europa in Zahlen - Eurostat Jahrbuch 2005. Luxemburg (http://epp.eurostat.cec.eu.int/cache/ITY_OFFPUB/KS-CD-05-001/DE/KS-CD-05-001-DE.PDF [27.11.2007])

Baetghe, M./Solga, H./Wieck, M. (2007): Berufsbildung im Umbruch - Signale eines überfälligen Aufbruchs. Berlin

Becker-Schmidt, R. (1995): Von Jungen, die keine Mädchen und von Mädchen, die gerne Jungen sein wollten. Geschlechtsspezifische Umwege auf der Suche nach Identität. In: Becker-Schmidt, R../Knapp, G.-A. (Hrsg.): Das Geschlechterverhältnis als Gegenstand der Sozialwissenschaften. Frankfurt/New York: 220-246

Bertram, H. (1997): Familien leben. Neue Wege zur flexiblen Gestaltung von Lebenszeit, Arbeitszeit und Familienzeit. Gütersloh

Brendel, S./Dielmann, G. (2000): Zur Reform der Ausbildung in den Pflegeberufen. Standortbestimmung im Bildungssystem und Perspektiven. In: Zeitschrift für Berufs- und Wirtschaftspädagogik, 96. Band. 79-101

Bertram, H./Allmendinger, J./Wassilios, F./Krüger, H./Meier-Graewe, U./Spiess, K.C./Szydlik, M. (Hrsg.) (2006): Siebter Familienbericht der Bundesregierung: Familien zwischen Flexibilität und Verlässlichkeit. Perspektiven für eine lebenslaufbezogene Familienpolitik. Im Auftrag des Bundesministeriums für Familien, Senioren, Frauen und Jugend. Berlin

Bundesministerium für Familien, Senioren, Frauen und Jugend (Hrsg.) (2003): Die Familie im Spiegel der amtlichen Statistik. Bonn

Eurostat (Hrsg.) (2002): Statistik kurz gefasst: Bevölkerung und soziale Bedingungen. Thema 3 - 17/2002. (http://epp.eurostat.ec.europa.eu/cache/ITY_OFFPUB/KS-NK-02-017/DE/KS-NK-02-017-DE.PDF [27.11.2007])

Fagnani, J. (2006): Familienpolitik in Frankreich: Vor- und Nachteile. In: Bertram H./Krüger, H. Spiess, K. (Hrsg.): Wem gehört die Familie der Zukunft? Expertisen zum 7. Familienbericht der Bundesregierung. Opladen: 383-402

Friese, M. (2004): Arbeit und Geschlecht in der Erziehungswissenschaft unter besonderer Berücksichtigung Personenbezogener Dienstleistungsberufe. GendA Discussion papers 7/2004 (http://www.uni-marburg.de/fb03/genda/publ/dispaps/dispap_07-2004.pdf [23.11.2007])

Horstmann, S. (1996): Kindererziehung und Alterssicherung: Verteilungspolitische Aspekte ausgewählter Reformvorschläge zu einer familienorientierten Ausgestaltung der gesetzlichen Rentenversicherung. Grafschaft

Kerschensteiner, G. (1901): Staatsbürgerliche Erziehung der deutschen Jugend. Erfurt

Kerschensteiner, G. (1902): Eine Grundfrage der Mädchenerziehung. Erweiterter Vortrag gehalten auf der elften Generalversammlung des Deutschen Vereins für das Fortbildungsschulwesen in der städt. Tonhalle zu Düsseldorf am 5. Oktober 1902. Leipzig/Berlin

Klammer, U. (2006): Zeit, Geld und soziale Sicherung im Lebensverlauf - empirische Befunde als Herausforderung für die Gestaltung einer lebensbegleitenden Familien- und Sozialpolitik. In: Bertram, H./Krüger, H./Spiess, K. (Hrsg.): Wem gehört die Familie der Zukunft? Expertisen zum 7. Familienbericht der Bundesregierung. Opladen: 423-456

Kleinau, E./Mayer, C. (Hrsg.) (1996): Erziehung und Bildung des weiblichen Geschlechts. Eine kommentierte Quellensammlung zur Bildungs- und Berufsbildungsgeschichte von Mädchen und Frauen. Weinheim

Krüger, H. (2002): Territorien - Zur Konzeptualisierung eines Bindeglieds zwischen Sozialisation und Sozialstruktur. In: Breitenbach, E./Bürmann, I./Liebsch, K./Mansfeld, C./Micus-Loos, C.

(Hrsg.): Geschlechterforschung als Kritik. Zum 60. Geburtstag von Carol Hagemann-White. Bielefeld: 29-47

Krüger, H. (2003): Berufliche Bildung. Der deutsche Sonderweg und die Geschlechterfrage. In: Berliner Journal für Soziologie, Heft 4. 497-510

Lippe, T. van der (2004) Pasqual Peters, Universität Utrecht

Mantl, E. (2006): Gute Mütter - gute Töchter. Konzepte - Visionen - Lebenswirklichkeit. In: Bertram, H./Krüger, H./Spiess, K. (Hrsg.): Wem gehört die Familie der Zukunft? Expertisen zum 7. Familienbericht der Bundesregierung. Opladen: 235-258

Marcuse, H. (1964): The one-dimensional man. Boston

Neyer, G./Andersson, G./Hoem, J./Roensen, M./Vikar, A. (2006): Fertilität, Familiengründung und Familienerweiterung in den nordischen Ländern. In: Bertram, H./Krüger, H./Spiess, K. (Hrsg.): Wem gehört die Familie der Zukunft? Expertisen zum 7. Familienbericht der Bundesregierung. Opladen: 207-234

Ostner, I. (Hrsg.) (1987): Frauen. München

Schaeper, H. (2006): Familiengründung von Hochschulabsolventinnen. Eine empirische Untersuchung verschiedener Examenskohorten. In: Konjetzka, D./Kreyenfeld, M. (Hrsg.): Kinderlosigkeit in Deutschland. Wiesbaden: 137-166

Statistisches Bundesamt (Hrsg.) (1962): Statistisches Jahrbuch 1962. Wiesbaden

Statistisches Bundesamt (Hrsg.) (2003): Leben und Arbeiten in Deutschland: Ergebnisse des Mikrozensus 2002. Berlin

Tölke, A./Hank. K. (2005): Die Bedeutung von Herkunftsfamilie, Berufsbiographie und Partnerschaften für den Übergang zur Ehe und Vaterschaft. In: Männer - das „vernachlässigte" Geschlecht in der Familienforschung. Zeitschrift für Familienforschung, Sonderheft 4

Gender Mainstreaming in Gesundheitsversorgung und Gesundheitspolitik -

Voraussetzungen und Erfahrungen am Beispiel Nordrhein-Westfalen

Monika Weber

Für die Ausbildung und die berufliche Zukunft von Studierenden in sozialen und pädagogischen Studiengängen gewinnt das Thema Gesundheit in den vergangenen Jahren vor allem aus zwei Gründen zunehmend an Relevanz:

1. Das Gesundheitswesen ist ein wesentliches und weiter wachsendes Arbeitsmarktsegment. Nach Angaben von Hans Günther Homfeldt (2002) sind ca. 25 % aller SozialarbeiterInnen in Feldern des Gesundheitswesens beschäftigt, Tendenz steigend. Sie leisten überwiegend Soziale Arbeit in den Einrichtungen des Gesundheitswesens (z.B. Sozialdienst in Krankenhäusern und Rehabilitationskliniken, sozialpsychiatrischer Dienst etc.) oder sind in der Gesundheitsförderung tätig - und zwar sowohl in den klassischen Feldern der sozialen Arbeit (z.B. Kinder- und Jugendhilfe, Wohnungslosenhilfe etc.) wie auch darüber hinaus (z.B. Schule, Betriebe etc.).[1]

2. In der Sozialen Arbeit wird der Gesundheit der AdressatInnen zunehmend mehr Aufmerksamkeit geschenkt. Im 11. Kinder- und Jugendbericht findet sich beispielsweise ein eigenes Kapitel zur Gesundheit von Kindern und Jugendlichen (vgl. BMFSFJ 2002, 218ff.; Sachverständigenkommission 2003); der 13. Kinder- und Jugendbericht, der derzeit in Vorbereitung ist, wird sich ganz der gesundheitsbezogenen Prävention und Gesundheitsförderung in der Kinder- und Jugendhilfe widmen.

3. Die gesundheitliche Lage erweist sich als stark abhängig von sozialen Faktoren (Schicht, Bildung, Einkommen, Migrationsstatus etc.): Je niedriger der soziale Status, desto häufiger sind gesundheitsriskante Verhaltensweisen wie Drogenkonsum, schlechte Ernährung, geringere Teilnahme an Früherkennung etc.. Unter der Perspektive bedarfsorientierter Versorgung und gesundheitlicher Chancengleichheit müssen Prävention und Gesundheitsförderung deshalb vor allem sozial benachteiligte Zielgruppen in den Blick nehmen. Gesundheitswissenschaftlerlnnen fordern entsprechend für dieses Handlungsfeld eine verstärkte

---

1 Zur Relevanz unterschiedlicher Erklärungsansätze der Frauen- und Geschlechterforschung speziell für die Soziale Arbeit im Gesundheitswesen (vgl. Weber 2006).

Kooperation mit der Sozialen Arbeit: „Die Kooperation mit der sozialen Arbeit (...) bietet sich nicht nur wegen des Zugangs zu benachteiligten Gruppen an, sondern auch, weil sich Prinzipien und Zielsetzungen mit jenen der Gesundheitsförderung decken: Abbau sozialer Unterschiede und Reduzierung „ungesunder Lebensstile" in unteren sozialen Schichten." (Kolip 2004: 239). Mit Konzepten wie Empowerment, Ressourcenorientierung, Setting-Ansatz etc. greift die Gesundheitsförderung zudem auf Ansätze zurück, für deren Umsetzung in der Sozialen Arbeit ein breiter Erfahrungsschatz vorliegt.

Bezogen auf Gender Kompetenz und Gender Mainstreaming bietet das Gesundheitswesen darüber hinaus im Vergleich zu anderen (sozial-)pädagogischen Arbeitsfeldern, die in den Beiträgen dieses Buches betrachtet werden, einige spezifische Anforderungen und Voraussetzungen. Der interdisziplinäre Erfahrungsaustausch kann deshalb dazu beitragen, die Diskussion um den aktuellen Stand und die Umsetzung von Gender Mainstreaming generell zu schärfen.

Der folgende Beitrag beleuchtet zunächst die Zusammenhänge zwischen Geschlecht und Gesundheit. Zu dieser Frage werden im ersten Teil ausgewählte Forschungsergebnisse und Erklärungsansätze präsentiert. Welcher Handlungsbedarf und welche praktischen Konsequenzen sich aus einer geschlechterdifferenzierten Perspektive für die gesundheitliche Versorgung und das Gesundheitssystem insgesamt ableiten lassen, wird am Beispiel der Herz-Kreislauf-Erkrankungen konkretisiert. Der zweite Teil legt den Schwerpunkt auf die Umsetzung von Gender Mainstreaming im Gesundheitswesen. Die Entwicklungslinien des Themas werden aufgezeigt und am Beispiel Nordrhein-Westfalens mögliche Schritte und Maßnahmen zur Umsetzung von Geschlechterdifferenzierung seitens der Gesundheitspolitik dargestellt. Abschließend werden ausgewählte Erfahrungen mit der Umsetzung von Gender Mainstreaming im Gesundheitswesen zur Diskussion gestellt.

1. „Gesundheit hat ein Geschlecht"

... lautet ein stetig wiederkehrender Slogan der Frauengesundheitsforschung und -bewegung. Wie vielfältig und einflussreich Geschlecht als Strukturkategorie auch das gesundheitliche Handeln und die gesundheitliche Lage bestimmt, wird in der Reflektion alltäglicher Situationen konkret erfahrbar:

- Wenn eine Frau und ein Mann gemeinsam eine Kneipe besuchen und ein Alster und ein Starkbier bestellen, wo wird der Kellner/ die Kellnerin voraussichtlich welches Getränk platzieren?

- Wenn vom „typischen Herzinfarktpatienten" die Rede ist, welches Bild entsteht dann mehrheitlich vor dem inneren Auge: das eines Mannes oder das einer Frau?
- Von wem sind zuverlässigere Antworten auf die Frage zu erwarten, wo in der Familie die Impfbücher der Kinder aufbewahrt werden und wann deren nächsten Früherkennungsuntersuchungen anstehen: von den Vätern oder von den Müttern?

Die Beispiele verdeutlichen, wie stark zum einen die Bezüge zwischen Gesundheit und Geschlecht in alltägliches Handeln eingebunden sind. Gesundheitsbezogene Verhaltensweisen sind zum einen oftmals geschlechtsspezifisch unterschiedlich konnotiert - so gilt z.B. Alstertrinken eher als „weiblich"; der Rückgriff auf die jeweiligen Verhaltensweisen bietet Frauen und Männern somit auch die Möglichkeit, über die Identifikation bzw. Abgrenzung die eigene Geschlechtsidentität zu entwickeln und zu präsentieren (vgl. Helfferich 1994, Kolip 2002). Zum anderen werden geschlechtsspezifische Unterschiede hinsichtlich des Umgangs mit Gesundheit und Krankheit sichtbar, die im Alltag ebenso wie von Professionellen im Gesundheitssystem mehr oder weniger bewusst wahrgenommen werden - oder aber einfach vorausgesetzt werden, ohne zu wissen, ob diese Annahmen der empirischen Realität standhalten.

Zum anderen wirken physiologische Unterschiede zwischen Männern und Frauen im Körperbau, Stoffwechsel etc. auf die Gesundheit; das Wissen darum gehört zum banalen medizinischen Allgemeinwissen. Umso mehr überrascht es, dass der Faktor Geschlecht lange Zeit keinesfalls systematisch und gründlich in die medizinische Forschung einbezogen wurde. Heute liegen erste Veröffentlichungen vor, die das Wissen über die Einflüsse von Geschlecht für die unterschiedlichen Fachgebiete der Medizin systematisch aufbereiten (vgl. Rieder/Lohff 2004). Gezielt nach Frauen und Männern zu fragen, ist aber noch immer kein durchgängiger Standard medizinischer Forschung. Es gibt nach wie vor Untersuchungen, in denen über die Zusammensetzung der Gruppe der StudienteilnehmerInnen nach Geschlecht keine Aussage getroffen wird oder in denen über dieses Kriterium in der weiteren Auswertung nicht reflektiert wird.

Ein geschlechterdifferenzierter Blick macht sichtbar, dass in der Forschung immer dann, wenn undifferenziert von Menschen, Patienten o.ä. die Rede ist, häufig nur Männer tatsächlich gemeint sind. So werden beispielweise in Beipackzetteln von Medikamenten Dosierungshinweise für Erwachsene allgemein angegeben, obwohl die Wirksamkeit der Medikamente tatsächlich oftmals allein an gesunden, jungen Männern klinisch-pharmakologisch untersucht worden ist (vgl. Landtag NRW 2004: 80ff.). Oder Normwerte, wie Blutdruck, Blutzucker- oder Cholesterinspiegel, Pulsfrequenz etc., die markieren, wann ein Zustand als krank zu bewerten ist, werden allein auf der Basis männlicher Probanden festgelegt (vgl. Eichler/Fuchs/Maschewsky-Schneider 2000).

Was wissen wir heute über die Einflüsse von Geschlecht auf Gesundheit und Krankheit? Zusammenfassend lässt sich festhalten, dass relevante Unterschiede zwischen Männern und Frauen festzustellen sind hinsichtlich

- ihres Gesundheitsbewusstseins, d.h. wie und wann für sie gesundheitliche Aspekte relevant werden,
- ihres Gesundheitsverhaltens, d.h. wie Frauen/Männer ihre Gesundheit erhalten bzw. wie sie sie durch riskante Verhaltensweisen auch gefährden, (Indikatoren sind hier z.B. der Konsum von Suchtmitteln, das Ernährungs- und Bewegungsverhalten oder die Teilnahme an Früherkennungsuntersuchungen.)
- ihres Krankheitsspektrums, d.h. von welchen Krankheiten sie betroffen sind,
- und ihrer Krankheitsbewältigung, d.h. was sie unternehmen, um mit der Krankheit umzugehen bzw. wieder gesund zu werden.

Durch ausgewählte Forschungsergebnisse zu Gesundheitszustand, -verhalten Morbidität und Mortalität von Frauen und Männer werden diese Thesen im Folgenden konkretisiert und veranschaulicht. Soweit nicht anders angegeben, sind die Daten im Wesentlichen der Bundes- und Landesgesundheitsberichterstattung entnommen (vgl. MFJFG NRW 2000, BMFSFJ 2001, BMFSFJ 2005, RKI 2006).

1.1 Gesundheitsbewusstsein

Gefragt nach dem, was sie unter Gesundheit verstehen, benennen Frauen und Männer zwar ähnliche Faktoren, aber in unterschiedlicher Gewichtung. Männer definieren ‚Gesundheit' vor allem über die ‚Abwesenheit von Krankheit' und über ihre körperliche Leistungsfähigkeit. Frauen verfolgen hingegen tendenziell eher ein ganzheitlicheres Konzept von Gesundheit, in dem das eigene Körpererleben und das Wohlbefinden unter Einbezug der gesamten Lebenssituation zentrale Kategorien darstellen (vgl. BMFSFJ 2001: 189).

Auffallend ist, dass Frauen insbesondere in jüngeren Lebensphasen nicht signifikant kränker sind als Männer, dass die subjektive Einschätzung ihres Gesundheitszustandes aber immer etwas schlechter ausfällt als die der Männer (vgl. Maschewsky-Schneider 1994). Krankheitsbelastung ist kein Faktor, von dem direkt proportional auf den subjektiven Gesundheitszustand geschlossen werden kann. Die subjektive Einschätzung des Gesundheitszustands wird vielmehr beeinflusst durch Umfeldfaktoren, durch Erwartungen an das eigene Wohlbefinden, durch soziale Rollenanforderungen wie z.B. Schönheitsideale oder die nach Geschlecht unterschiedliche Bereitschaft und soziale Akzeptanz, über Krankheiten und Leiden zu berichten etc. Diese Effekte zeigen sich beispielsweise auch beim Thema Übergewicht: Männer sind durchschnittlich gesehen stärker übergewichtig als Frauen; Frauen fühlen sich aber häufiger übergewichtig, während Männer ihr Gewicht seltener als problematisch wahrnehmen (vgl. MFJFG NRW 2000: 96; BMFSFJ 2005: 503/505).

Zur Erhebung der gesundheitsbezogenen Lebensqualität wird in zahlreichen Studien der sogenannte SF-36 eingesetzt, ein standardisiertes Messinstrument, das unterschiedliche Dimensionen wie z.B. körperliche und psychische Funktionsfähigkeit, Betroffenheit von Schmerzen, allgemeiner Gesundheitszustand und -vitalität etc. erfasst. Ute Ellert und Bärbel-Maria Bellach haben die entsprechenden Ergebnisse aus dem Bundesgesundheitssurvey 1998 unter Geschlechteraspekten sowie im Zeitvergleich (1984 - 1994) und im Ost-West-Vergleich ausgewertet (vgl. Ellert/Bellach 1999). Ihre Ergebnisse belegen,

- dass Einschränkungen des Gesundheitszustands von beiden Geschlechtern gleichermaßen vor allem im Bereich des allgemeinen Wohlbefindens, der Vitalität, der Schmerzen und der psychischen Gesundheit angegeben werden,
- dass die Angaben zur gesundheitsbezogenen Lebensqualität bei den Frauen in allen Dimensionen niedriger ausfallen als die der Männer,
- und dass die größten Differenzen zwischen Frauen und Männern im Bereich der Einschätzung der eigenen Körperfunktion, der Wahrnehmung von Schmerzen und der Einschätzung, die eigenen Rollenanforderungen emotional nicht mehr zu bewältigen, liegen.[2]

---

[2] An der Wahl des methodischen Instrumentariums zeigt sich aber bereits auch eine Schwierigkeit der Gender-Forschung im Gesundheitswesen: Gendersensible Gesundheitsforschung bedeutet immer auch kritisch zu prüfen, was die Daten tatsächlich abbilden: Reproduzieren sie Geschlechterstereotypen und spiegeln stärker die Wahrnehmung der ForscherInnen als die soziale Wirklichkeit wider? Liegen die Unterschiede tatsächlich vor oder sind sie als methodische Artefakte durch die Methode hervorgebracht? Gerade beim SF-36 können die Ergebnisse durchaus auch Folge eines methodischen Artefakts sein: Wenn man sich die Antwortmöglichkeiten zum allgemeinen Gesundheitszustand anschaut, so fällt auf, dass die negativen Antwortkategorien eher Ausdrucksformen schlechten Wohlbefindens von Frauen widerspiegeln (niedergeschlagen, entmutigt, traurig, erschöpft ...). Hinweise auf erhöhte Aggressivität oder erhöhten Alkoholkonsum, die signifikant für depressive Verstimmungen bei Männern sind, werden beispielsweise durch das standardisierte Instrument nicht erfasst. Gäbe es diese Antwortkategorie, würde der Einsatz des Messinstruments eventuell weniger Unterschiede nach Geschlecht hervorbringen. Vgl. dazu den Vortrag von Cornelia Lange „Geschlechtssensible Gesundheitsberichterstattung - Welche Schlussfolgerungen ergeben sich für die Prävention“ auf dem Fachgespräch „Geschlechtergerechtigkeit in der Prävention: An-

Andere repräsentative Erhebungen wie z.B. das sozioökonomische Panel (vgl. Lampert/Ziese 2005) bestätigen die im Vergleich zu Männern durchschnittlich schlechtere Einschätzung des eigenen Gesundheitszustands seitens der Frauen. Die Ergebnisse belegen aber auch, dass Alter und das verfügbare Einkommen größeren Einfluss auf das gesundheitliche Wohlbefinden haben als der zwar stabile, aber weniger wirkmächtige Faktor Geschlecht (vgl. BMFSFJ 2005: 484ff.).

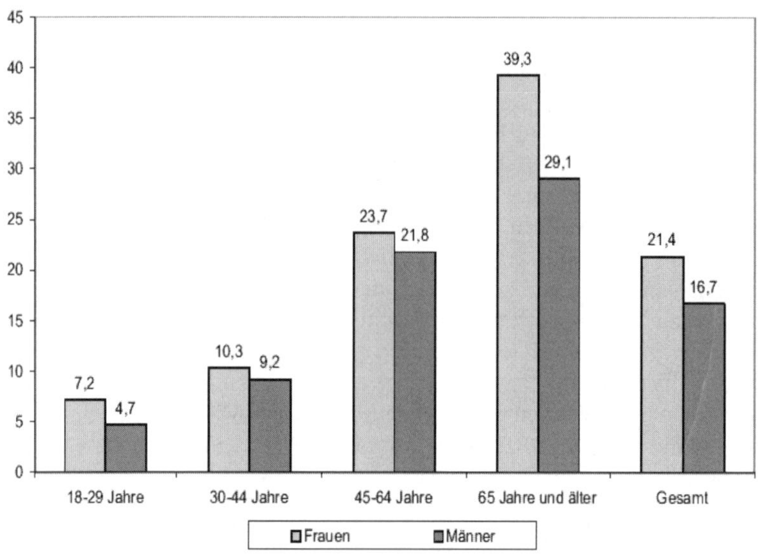

Anmerkung: Im sozio-oekonomischen Panel wird die Selbsteinschätzung der allgemeinen Gesundheit fünfstufig erfragt: „sehr gut", „gut", „zufrieden stellend" „weniger gut" und „schlecht"; hier sind die Anteile der Frauen und Männer ausgewiesen, die ihre eigene Gesundheit im Jahr 2003 als „weniger gut" oder „schlecht" beurteilt haben.

Datenbasis: Sozio-oekonomisches Panel 2003

Quelle: Lampert/Ziese 2005, Tabelle 3.2 und Tabelle 3.3; eigene Darstellung

Abb. 1: Anteile der Frauen und Männer, die ihren eigenen Gesundheitszustand als „weniger gut" oder „schlecht" beurteilen, nach Altersgruppen in Deutschland (in %) (Quelle: BMFSFJ 2005: 484)

spruch oder Wirklichkeit?" am 22. Juni 2007 in Berlin, dokumentiert unter http://www.gruene-bundestag.de/cms/gesundheit/dokbin /188/188804.pdf. [23.10.2007].

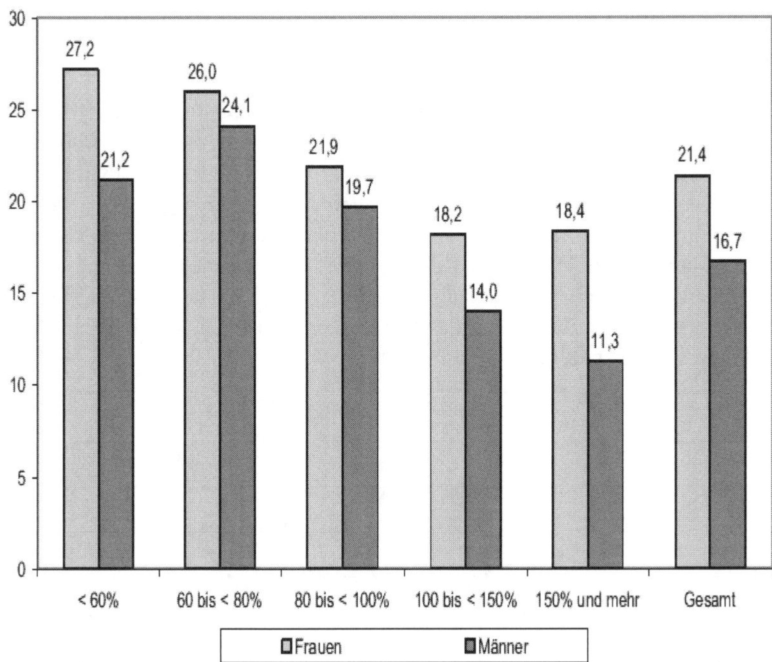

Anmerkungen: Im sozio-oekonomischen Panel wird die Selbsteinschätzung der allgemeinen Gesundheit fünfstufig erfragt: „sehr gut", „gut", „zufrieden stellend" „weniger gut" und „schlecht"; hier sind die Anteile der Frauen und Männer ausgewiesen, die ihre eigene Gesundheit im Jahr 2003 als „weniger gut" oder „schlecht" beurteilt haben.

Die im SOEP gebildeten Einkommensgruppen orientieren sich am Äquivalenzeinkommen[206]. In der Armuts- und Reichtumsberichterstattung werden fünf Einkommensgruppen unterschieden: „unter 60 Prozent", „60 bis unter 80 Prozent", „80 bis unter 100 Prozent", „100 bis unter 150 Prozent" und „150 Prozent und höher".

Datenbasis: Sozio-oekonomisches Panel 2003

Quelle: Lampert/Ziese 2005, Tabelle 3.2 und Tabelle 3.3; eigene Darstellung

Abb. 2: Anteile der Frauen und Männer, die ihren eigenen Gesundheitszustand als „weniger gut" oder „schlecht" beurteilen, nach Einkommensgruppen (in %) (Quelle: BMFSFJ 2005: 485)

1.2 Gesundheitsverhalten

Das Gesundheitsverhalten bildet ab, was Menschen tun, um ihre Gesundheit zu erhalten bzw. wie sie sie durch riskante Verhaltensweisen auch gefährden. Der Konsum von Suchtmitteln kann als ein Beispiel für gesundheitsriskantes Verhalten gelten; zentrale Dimensionen gesundheitsfördernden Verhaltens sind z.B. Ernährung, Bewegung und die Teilnahme an Früherkennungsuntersuchungen. Hinsichtlich dieser Dimensionen lässt sich folgendes feststellen:

Konsum von Suchtmitteln: Sowohl hinsichtlich legaler wie auch illegaler Drogen gilt, dass je härter die Konsummuster von Drogen (d.h. Häufigkeit, Produktwahl) sind, desto höher ist der Anteil der Männer. Neuere Studienergebnisse zum Alkoholkonsum bei Jugendlichen zeigen beispielsweise, dass sich auf die Frage, ob sie bereits Erfahrungen mit Alkohol gesammelt haben, die Antworten der Jungen und Mädchen in den Altersgruppen zunehmend angleichen. Unterschiede zeigen sich jedoch nach wie vor in den Konsummustern, wie folgende Ergebnisse einer Befragung der Bundeszentrale für gesundheitliche Aufklärung (BzgA 2005) belegen.

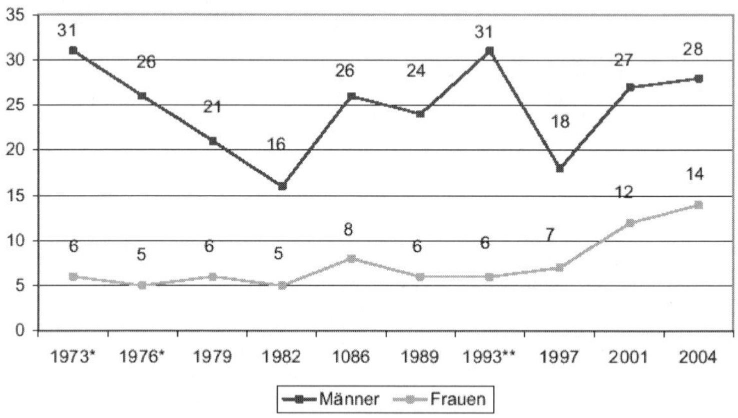

1 Anteil der derjenigen, die in ihrem Leben sechsmal oder häufiger einen Alkoholrausch hatten.
* 14- bis 25-Jährige
** ab 1993 einschließlich neue Bundesländer
Datenbasis: Repräsentativerhebungen der BZgA
Quelle: BZgA 2004c: 29

Abb. 3: Alkoholrausch-Erfahrungen[1] von 12- bis 25-Jährigen nach Geschlecht in Deutschland von 1973 bis 2004 (in %) (Quelle: BMFSFJ 2005: 510)

Abb. 3 zeigt, dass der Anteil der Jugendlichen, die sechsmal oder häufiger in ihrem Leben einen Alkoholrausch hatten, für Jungen wie für Mädchen seit Mitte der neunziger Jahre kontinuierlich angestiegen ist. Sie belegt aber auch, dass die Quote der Jungen mit mehrmaligen Rauscherfahrungen stets mindestes doppelt so hoch ist wie die Quote der Mädchen. Und sie widerlegt die mit der Warnung vor Flatrate-Parties und Komatrinken verbundene Befürchtung, dass die Rausch-Erfahrungen im Vergleich zu früher heute um ein vielfaches höher liegen.

Geschlechterdifferenzen zeigen sich auch nach wie vor in der Wahl der Getränke (vgl. BMFSFJ 2005, BZgA 2005). Die 12- bis 17jährigen Jungen trinken am häufigsten Bier; 37% mindestens einmal im Monat. Bei den Mädchen sind Cocktails und Longdrinks die bevorzugten alkoholischen Getränke; 27% der gleichaltrigen Mädchen im Vergleich zu 22% der Jungen greifen mindestens einmal im Monat dazu. Spirituosen hingegen werden häufiger von Jungen konsumiert (18% der Jungen vs. 14% der Mädchen), Alcopops sowie Wein und Sekt hingegen von Mädchen (18% der Mädchen vs. 14% der Jungen).

Bewegung: In Befragungen geben Männer häufiger an, Sport zu treiben bzw. körperlich aktiv zu sein. Im Telefongesundheitssurvey 2003 antworteten zwei Fünftel der Männer vs. ein Drittel der Frauen, sich wöchentlich mehr als zwei Stunden zu bewegen. Männer sind auch häufiger als Frauen Mitglied in Sportvereinen, im mittleren Lebensalter ist mehr als jeder dritte Mann, aber nur jede fünfte Frau im Sportverein organisiert (vgl. RKI 2005 und 2006). Diese Geschlechterdifferenz prägt sich insbesondere in der Jugendphase aus, wo das Bewegungs- und Sportverhalten der Mädchen erstmalig hinter das der Jungen zurückfällt. Die Relation bleibt im Erwachsenenalter bestehen; in höheren Altersstufen sind die Rückgänge in der Sportaktivität bei den Männern jedoch deutlicher ausgeprägt als bei den Frauen (vgl. BMFSFJ 2005).

Auch hier stellt sich die Frage nach der Zuverlässigkeit der Ergebnisse und der Aussagekraft der Daten. So sind die geringeren Angaben von Frauen zur körperlichen Aktivität „teilweise darauf zurückzuführen, dass Frauen vermehrt Alltagsaktivitäten ausführen, die durchaus mit dem gewünschten Bewegungsniveau einhergehen können, aber nicht als körperliche Aktivität wahrgenommen und berichtet werden. Dazu zählen beispielsweise die Erledigung von Einkäufen, das Spielen mit Kindern sowie die Haus- und Gartenarbeit." (RKI 2006: 103). Weil Frauen weiterhin häufiger Sportangebote wie z.B. Volkshochschule, Fitnesskurse etc. nutzen, ist auch die Mitgliedschaft in Sportvereinen für Frauen kein guter Indikator für das körperliche Aktivitätsniveau (ebd.: 105).

Ernährung: Frauen ernähren sich tendenziell gesundheitsbewusster, indem sie beispielweise häufiger zu Obst und Gemüse sowie Wasser als Durstlöscher greifen. Männer neigen demgegenüber häufiger dazu, zu viel und zu fett zu essen. Frauen sind stärker als Männer durch Unterernährung und Magersucht gefährdet (vgl. RKI 2006: 97ff.).

Früherkennung/Gesundheitsbildung: Angebote zur Gesundheitsbildung in den Volkshochschulen oder Bildungseinrichtungen scheinen eine Domäne der Frauen zu sein; sie sind mit Abstand die häufigsten Nutzerinnen. Gerade jüngere

Frauen nehmen auch signifikant häufiger Krebsfrüherkennungsuntersuchungen wahr: Daten für NRW zeigen, fast jede zweite Frau, aber nur etwa jeder achte Mann - Tendenz steigend - die Möglichkeit zur Früherkennung nutzt.[3] Auch hier spielt das Alter eine wichtige Rolle: Es sind insbesondere Frauen zwischen 20 und 39, d.h. im gebärfähigen Alter, die die Krebsfrüherkennung in Anspruch nehmen. Danach sinkt der Anteil bei den Frauen und fällt vor allem ab dem Alter von 65 Jahren deutlich ab. Bei Männern besteht der Anspruch auf Krebsfrüherkennungsuntersuchungen erst nach dem 45. Lebensjahr; hier steigt die Inanspruchnahme mit zunehmendem Alter und gerade in den höchsten Altersstufen sind Männer diesbezüglich aktiver als Frauen.

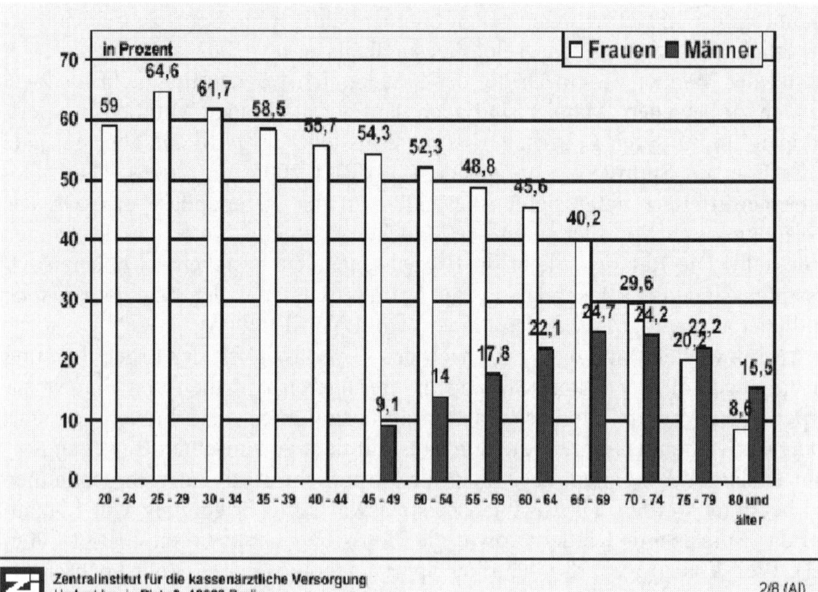

Abb. 4: Teilnahme an Krebsfrüherkennungsuntersuchungen nach Alter in der BRD 2004 (Quelle: Stadt Bielefeld 2007: 9)

3 Daten zur aktuellen Gesundheitsberichterstattung in NRW sind unter www.loegd.nrw.de abzurufen.

1.3 Lebenserwartung, Mortalität und Morbidität

Im Folgenden wird der Blick auf bemerkenswerte Geschlechterdifferenzen in der Lebenserwartung, in der Sterblichkeit und in der Betroffenheit von Krankheiten gelenkt. Auffällig und allgemein bekannt sind die Unterschiede zwischen Frauen und Männern in der Lebenserwartung, die als Indikator dafür gelten kann, welche Lebensqualität eine Gesellschaft bieten kann. Jungen, die heute geboren werden, können erwarten, 75 Jahre alt zu werden, Mädchen hingegen blicken auf 81 Jahre, die vor ihnen liegen (vgl. BMFSFJ 2005). Die in den vergangenen Jahrzehnten gestiegene Lebenserwartung wird nicht - was z.B. für Diskussionen um den Pflegebedarf relevant ist - mit einer höheren Zahl gesundheitlich beeinträchtigter Lebensjahre bezahlt. Frauen können heute durchschnittlich 69 gesunde Lebensjahre erwarten, bei Männern sind es 63 - d.h. auch hier hält sich die Geschlechterdifferenz, die im europäischen Vergleich in Deutschland am größten ist und derzeit noch weiter auseinander geht (vgl. ebd.). Die vielzitierte Feststellung „Frauen leben länger" relativiert sich etwas, wenn berücksichtigt wird, dass überproportional viele Männer vorzeitig versterben. In allen Altersgruppen ist das Sterblichkeitsrisiko der Männer höher als das der Frauen. Während insgesamt 13% der Frauen vor Erreichen des 65. Lebensjahres sterben, liegt diese Quote der sogenannten Frühsterblichkeit für die Männer bei 30% (vgl. hierzu und zum Folgenden: MFJFG NRW 2000: 29ff.).

Für die Frühsterblichkeit spielen bei den Frauen insbesondere Krebserkrankungen mit 44,1% der Verstorbenen und hier wiederum der Brustkrebs mit 12,1% eine signifikante Rolle. Wo aber liegen die Ursachen für die überproportionale Frühsterblichkeit der Männer? Zunächst ist bereits die Säuglingssterblichkeit der Jungen signifikant gegenüber der der Mädchen um ein Drittel erhöht (1 : 1,3). In der Liste der Todesursachen stehen bei den Männern unter 65 ebenfalls die Krebserkrankungen ganz oben; differenziert nach einzelnen Krankheitsbildern führt aber der Herzinfarkt noch vor den einzelnen Krebsarten - bei Männern vor allem dem Lungenkrebs - die Rangfolge an (vgl. BMFSFJ 2001: 102f., 236f.). Relevant für die Frühsterblichkeit der Männer sind darüber hinaus vor allem unnatürliche Todesursachen, wie Unfälle und Verletzungen/Vergiftungen oder auch Drogentote und Suizide. In der Altersgruppe der 20- bis 34 Jährigen sterben Männer viermal so häufig wie Frauen aufgrund von

Drogen, Unfällen oder Selbstmord - und das mit weiterhin steigender Tendenz (vgl. MFJFG NRW 2001: 32).[4]

Unterschiede zwischen Männern und Frauen zeigen sich schließlich auch im Krankheitsspektrum. An fast allen chronischen Krankheiten wie z.B. koronaren Herzerkrankungen, Diabetes, Bluthochdruck oder Herzinsuffizienz erkranken Frauen proportional häufiger als Männer. Dieser Unterschied ist jedoch zum überwiegenden Teil auf die höhere Lebenserwartung von Frauen zurückzuführen, denn diese Krankheiten treten vermehrt in höherem Alter auf.

Auffällige Geschlechterdifferenzen zeigen sich im Bereich Psychiatrie/Psychosomatik/Sucht: Psychosomatische und psychische Erkrankungen treten in den vergangenen Jahren immer häufiger auf, seit 1985 haben diese Krankheiten um 75% zugenommen. Bei Frauen treten psychosomatische und psychische Störungen etwa doppelt so häufig auf wie bei Männern; von Depressionen sind Frauen sogar bis zu dreimal so häufig betroffen (vgl. MFJFG NRW 2000: 216ff.). Bei den Essstörungen sind 90% der Betroffenen weiblich, bei Magersucht sogar 95%. Während bei den Medikamentenabhängigen 70% weiblich sind, sind umgekehrt unter den Alkoholabhängigen 75% Männer (vgl. BMFSFJ 2001: 199ff.).

2. Erklärungsansätze

Wo liegen die Ursachen für die benannten Unterschiede? Auf der Suche nach Antworten auf diese Frage fokussieren biomedizinische Erklärungsansätze auf die unterschiedlichen physiologischen Voraussetzungen von Männern und Frauen (*‚sex'*).[5] Eine solche Forschung liefert Erkenntnisse wie z.B.,

- dass weibliche Geschlechtshormone, speziell das Östrogen, für Frauen vor der Menopause einen protektiven Effekt im Hinblick auf Herz-Kreislauf-Erkrankungen entfalten können,
- dass von manchen Krankheiten Frauen ausschließlich oder häufiger betroffen sind, wenn sie dominant auf dem X-Chromosom übertragen werden,
- dass die weibliche Leber Alkohol langsamer abbaut als die männliche Leber,

---

4 Frauen sind eher in höherem Alter überproportional von Unfällen betroffen. Als ein Grund dafür wird der Konsum einer Vielzahl unterschiedlicher Medikamente in dieser Altersgruppe benannt, die häufig in ihren Wechselwirkungen und in ihrer Dosierung für ältere Frauen nicht ausreichend erforscht sind und die Reaktionsfähigkeit oder die Sinneswahrnehmungen von Frauen einschränken (vgl. BMFSFJ 2001: 221ff., Landtag NRW 2004: 85ff.).

5 Sex bezieht sich auf das biologische Geschlecht, also auf primäre und sekundäre Geschlechtsmerkmale, auf Hormone, Chromosomen etc. und deren Beitrag zur Entwicklung geschlechtsspezifisch unterschiedlicher gesundheitlicher Ressourcen und Belastungen.

- dass Frauen Schmerzmittel anders metabolisieren und z.B. eine um 50% längere Halbwertzeit für ASS (Acetylsalicylsäure) haben als Männer, dass dieses aber nicht für Frauen gilt, die orale Kontrazeptiva einnehmen,
- oder warum Frauen bei gleicher Medikamentierung doch z.T. schneller als Männer aus der Narkose aufwachen.[6]

Der Rückgriff auf biologische, anatomische oder physiologische Unterschiede (‚sex') reicht aber als Erklärungsansatz für geschlechtsspezifische Unterschiede in Gesundheitsverhalten, Krankheitsverläufen, Sterblichkeit etc. nicht aus. Auch in Gesundheit und Krankheit manifestieren sich auf vielfältige Weise Einflüsse des sozialen Geschlechts (‚gender'). Soziologische bzw. sozialpsychologisch geprägte Erklärungsansätze der Gender-Forschung fragen danach, was gesellschaftlich, sozial und kulturell als männlich oder weiblich gilt, welche Anforderungen an Frauen und Männer damit verknüpft sind, wie sich Arbeits- und Lebensbedingungen nach Geschlecht entsprechend ausdifferenzieren und wie diese Differenzierungen Einstellungen und Verhalten von Frauen und Männern prägen. Gender nimmt damit Bezug auf gesellschaftliche Konstruktionen von Männlichkeit und Weiblichkeit sowie das „doing gender" in der Interaktion (West/Zimmerman 1985 und 1997), auf die sozialen Rahmenbedingungen, unter denen Männer und Frauen leben, und auf die geschlechtliche Identität. Auf all diesen Ebenen wirken sie auch auf das gesundheitliche Verhalten, die gesundheitlichen Bedingungen oder die gesundheitliche Versorgung von Frauen und Männern, wie Gesundheitswissenschaften und Public Health-Forschung nachweisen (vgl. z.B. Hurrelmann/Kolip 2002).

Geschlechtsspezifisch unterschiedliche *Geschlechterkonstruktionen und Rollenanforderungen* sind z.B. eine Ursache für die überproportionale Betroffenheit von Frauen durch Essstörungen; diese lässt sich nur hinreichend erklären, wenn herrschende Schönheitsideale als Einflussfaktor berücksichtigt werden.

Geschlechterdifferenzen im Gesundheitsverhalten sind auch Folge des *„doing gender" in der Interaktion*, wie es z.B. Monika Setzwein (2006) exemplarisch für das Essverhalten aufzeigt: Sie weist darauf hin, dass Essverhalten geschlechtsspezifisch konnotiert ist. Während Mäßigung, Zurückhaltung und Kontrolle eher als weibliche kulinarische Verhaltensweisen gewertet werden, gilt kräftiges Zulangen, ein schnelleres Esstempo und eine gewisse Trinkfestigkeit als eher männliche Erscheinungsform. Kochen für die Familie wird eher Frauen zugeschrieben; Grillen und Profikochen à la Kerner erscheint hingegen oftmals als männliche Domäne. Und selbst Namen von Speisen sind manchmal

6 Die Beispiele sind überwiegend dem Sammelband „gender medizin" (Rieder/Lohff 2004) entnommen.

Ausdruck eines Geschlechterimages („Holzfällersteak“ und „Strammer Max“ vs. „Forelle Müllerinnenart“ oder „Birne Helene“). Der Rückgriff auf ein entsprechend konnotiertes Essverhalten - oder auch andere gesundheitsfördernde bzw. -riskante Verhaltensweisen - kann entsprechend für die Identitätsentwicklung und Selbstdarstellung von Mädchen und Jungen, Männern und Frauen funktional sein, um damit Männlichkeit bzw. Weiblichkeit herzustellen und nach außen zu demonstrieren. So werden z.B. Differenzen in gesundheitlichen Verhaltensweisen interaktiv hergestellt.

Unterschiedliche Betroffenheiten von Krankheiten haben ihre Ursache auch in geschlechtsspezifisch *unterschiedlichen Arbeits- und Lebensbedingungen*, wie sich z.B. bei psychischen Erkrankungen nachvollziehen lässt: Eine zentrale Ursache für die hohe Betroffenheit von psychischen Störungen und Suchtmittelabhängigkeit bei Frauen sind Erfahrungen körperlicher oder sexualisierter Gewalt, denen Frauen zumeist in ihrer nahen sozialen Umgebung ausgesetzt sind (vgl. Hagemann-White/Bohne 2003). So konnte festgestellt werden, dass der Anteil von Frauen, die Gewalterfahrungen gemacht haben, in Suchtkliniken, Psychiatrien etc. signifikant erhöht ist.

Außerdem setzt die geschlechtsspezifische Arbeitsteilung als wesentliches Konstitutionsmerkmal weiblicher bzw. männlicher Lebensbedingungen Rahmenbedingungen für Gesundheit: Produktions- und Reproduktionsarbeit sind nach wie vor zwischen Frauen und Männern ungleich verteilt. In einer schwedischen Studie hat Marianne Frankenhäuser bei Männern und Frauen in der gleichen Berufs- und Lebenssituation - Männer und Frauen mit Kindern im mittleren Management - im Tagesverlauf stündlich die Entwicklung der Stresshormone gemessen. Sie kommt zu dem Ergebnis, dass der Stresspegel der Frauen im Tagesverlauf durchgängig etwas höher als der der Männer liegt. Auffällig ist aber, dass sich ab 17 Uhr mit Ende der Erwerbsarbeit die Kurven auseinander entwickeln. Während bei Männern Entspannung eintritt, steigt der Stresspegel bei den Frauen nach 17 Uhr mit der Übernahme von Reproduktionsaufgaben deutlich an (vgl. Frankenhäuser u.a. 1989). Diese unterschiedlichen Lebensbedingungen bleiben für die Gesundheit nicht folgenlos.

Analoge Wirkungszusammenhänge von Arbeits- und Lebensbedingungen sowie Geschlechterkonstruktionen lassen sich auch auf männlicher Seite aufzeigen: Die erhöhte Sterblichkeit gerade junger Männer begründet sich beispielsweise sowohl durch das höhere Gesundheitsrisiko in typischen „Männerberufen“ wie z.B. Stahl- und Bergbau, Kraftfahrer etc. als auch durch ein Männlichkeitsideal, das Männlichkeit vor allem mit Risikobereitschaft, Härte und Abenteuerlust verbindet. „Ein richtiger Mann, der hält was aus“, „Ein Indianer kennt keinen Schmerz“ sind nach wie vor Leitmotive für Jungen und Männer. Indem sie durch den Konsum harter Drogen, Mutproben etc. ihre Furchtlosigkeit, ihre

Risikobereitschaft unter Beweis stellen, präsentieren sie sich sich selbst gegenüber und gegenüber ihrer Umwelt als „männlich" - mit z.T. gesundheitsschädigenden und lebensbedrohlichen Folgen (vgl. Altgeld 2004).

Und - last not least - wirkt Gender als Strukturkategorie auch in das Gesundheitswesen selbst hinein: Professionelle nehmen Patientinnen und Patienten als Männer oder Frauen wahr und sie handeln selbst als Ärztin oder eben als Arzt, als Pfleger oder als Schwester. So bleiben z.B. die eingangs erwähnten geschlechtsspezifisch unterschiedlichen Gesundheitskonzepte im Gesundheitswesen nicht folgenlos: Eine Frau, die über chronische Schmerzen klagt, aber aufgrund ihres Verständnisses und Empfinden von Krankheit auch auf ihre momentan vielleicht belastete Lebenssituation Bezug nimmt, verlässt die Arztpraxis tendenziell eher mit einem Psychopharmaka, als der Mann, der ebenfalls über Schmerzen klagt. Männer werden tendenziell häufiger organisch, Frauen hingegen psychosomatisch diagnostiziert (vgl. MFJFG NRW 2000) - das ist ein sehr stabiler Befund frauenspezifischer bzw. geschlechterdifferenzierter Gesundheitsforschung. Frauen werden denn auch zweimal häufiger Beruhigungs- und Schlafmittel, Antidepressiva und Neuroleptika verschrieben als Männern - mit dem Risiko der Abhängigkeit, das viele dieser Medikamente bergen (vgl. BMFSFJ 2001). Die Schlussfolgerung liegt nahe, dass Diagnostik und Verschreibungsverhalten nicht bruchlos den tatsächlichen Bedarf der Patientinnen und Patienten abbilden, sondern dass hier Patientinnen und Patienten ebenso wie Ärztinnen und Ärzte Geschlechterkonstruktionen folgen und diese perpetuieren, welche in ihrer Konsequenz wenig gesundheitsförderlich sind. Eine Analyse von und Sensibilisierung für die vielfältigen Einflüsse von ‚sex' und ‚gender' auf Gesundheit und Krankheit liefert somit wertvolle Ansatzpunkte, um z.B. die gesundheitliche Versorgung insgesamt genauer am Bedarf der Betroffenen auszurichten oder Angebote der Prävention und Gesundheitsförderung zielgruppenspezifischer und adressatengerechter auszurichten.

3. Praktische Konsequenzen einer geschlechterdifferenzierten Perspektive: Das Beispiel Herzinfarkt

Welche praktischen Konsequenzen sich konkret aus geschlechterdifferenzierten Erkenntnissen ableiten lassen, soll im Folgenden beispielhaft an den Herz-Kreislauf-Erkrankungen und hier speziell dem Herzinfarkt verdeutlicht werden. Bezugnehmend auf die eingangs gestellte Frage nach dem ‚typischen Herzinfarktpatienten' bewahrheitet sich zunächst das männliche Bild: Männer sind über den gesamten Lebensverlauf gesehen von ischämischen Herzkrankheiten und speziell dem Myokardinfarkt insgesamt häufiger betroffen als Frauen, wie sich an den Krankenhausfällen ablesen lässt (vgl. MGJFG NRW 2000: 181ff.). In den jüngeren Altersgruppen potenzieren sich diese Unterschiede noch: Unter-60-jährige Männer erleiden mehr als dreimal so häufig einen Herzinfarkt wie Frauen der gleichen Altersgruppe. Der Herzinfarkt ist die häufigste Todesursache für Männer vor Erreichen des 65. Lebensjahres. Frauen sind entsprechend weniger von Herzinfarkt bedroht oder betroffen, aber gerade bei jüngeren Frauen steigt derzeit das Herzinfarktrisiko. Zwar sinkt insgesamt das Risiko eines tödlichen Herzinfarkts, von diesem Rückgang profitieren aber die Männer (mit einem Rückgang von 2,3%) stärker als die Frauen (mit 0,7%). Bei Frauen unter 55 Jahren ist entgegen des allgemeinen Trends eine Zunahme um 3,8% zu verzeichnen (vgl. BMFSFJ 2001: 116).

Eine geschlechterdifferenzierte Betrachtungsweise macht weiterhin sichtbar, dass bei jüngeren Frauen der Herzinfarkt zwar seltener auftritt als bei Männern, dass das Risiko von Frauen in allen Altersstufen an Herzinfarkt zu versterben, aber deutlich höher liegt als das der Männer. 44% der erkrankten Männer, aber nur 36% der Frauen überleben einen Herzinfarkt (vgl. ebd.: 117). Weitaus mehr Frauen (44 vs. 31%) versterben, bevor sie überhaupt ein Krankenhaus erreichen (vgl. MFJFG NRW 2000: 182).

Dafür ist einerseits die andere Lebenssituation der betroffenen Frauen ausschlaggebend: Sie sind seltener verheiratet und häufiger verwitwet; d.h. allein lebend ohne personelle und soziale Unterstützung in Notfällen. Eine Ursache für die erhöhte Sterblichkeit ist jedoch auch in einer mangelnden Sensibilität gegenüber frauenspezifischen Symptomen zu sehen. Frauen äußern eher unspezifische Beschwerden; signifikant häufiger als Männer berichten Frauen z.B. von Übelkeit und Erbrechen als erste und z.T. sogar einzige Symptome. Häufiger geben Frauen Schmerzen im linken Arm, im Rücken und in der Schulter an sowie Schmerzen im Kiefer und Todesangst (vgl. Löwel u.a. 2006 A620). Solange der Herzinfarkt vor allem als „Männerkrankheit" gilt, besteht die Gefahr, dass diese Vorboten zum Teil weder von den betroffenen Frauen selbst noch von der Ärzteschaft als solche erkannt werden.

Die Differenzen setzen sich in Diagnostik, Therapie und Rehabilitation fort: Frauen werden seltener invasiv behandelt, sie erhalten weniger Medikamente als Männer und in der Kardiologischen Rehabilitation beträgt das Geschlechterverhältnis 1:7, was sich nicht allein mit der unterschiedlichen Betroffenheit von Herz-Kreislauf-Krankheiten erklären lässt (vgl. MFJFG NRW 2000).

Soweit zu den vorliegenden Forschungserkenntnissen. Für eine Effektivierung und Qualifizierung der gesundheitlichen Versorgung lassen sich daraus unmittelbar praktische Konsequenzen bzw. gesundheitspolitische Zielsetzungen ableiten wie z.B.,

- die Sensibilität für lebensbedrohliche Herz-Kreislauf-Erkrankungen bei jüngeren Frauen sowohl auf Seiten der Ärzteschaft wie auch bei den Patientinnen selbst zu erhöhen. in die Prävention stärker die Lebenslagen und Risiken von Frauen einzubeziehen. Dazu gehört z.B. Präventionskonzepte verstärkt auf die Zielgruppe der Frauen, die rauchen und gleichzeitig hormonelle Kontrazeptiva nehmen, auszurichten , hat sich diese Kombination doch bisher als das höchste Risiko für einen späteren Herzinfarkt herausgestellt (vgl. MFJFG/LGK NRW 2001).
- besondere Anstrengungen darauf zu richten, die Prähospitalphase bei Herzinfarktpatientinnen zu verkürzen.
- bei der Beantragung, bei der Bewilligung und bei der Durchführung von Rehabilitationsmaßnahmen die Bedingungen so zu gestalten, dass der Anteil von Frauen in der kardiologischen Rehabilitation ihrem Anteil an den Erkrankten insgesamt entspricht.
- Herz-Kreislauf-Krankheiten stärker frauenspezifisch zu erforschen, denn diese Krankheiten treten vermehrt in höherem Alter auf und werden aufgrund der höheren und weiterhin steigenden Lebenserwartung insbesondere für Frauen noch an Bedeutung gewinnen.

4. Gender Mainstreaming im Gesundheitswesen

Wie das Beispiel Herzinfarkt deutlich macht, ist für eine qualitätsorientierte gesundheitliche Versorgung ein geschlechterdifferenzierter Blick auf Gesundheit und Krankheit unverzichtbar. Erst die durchgängige Berücksichtigung der Kategorie Geschlecht

- ermöglicht die genaue Beschreibung der jeweiligen Zielgruppe und ihrer Motiv- und Bedürfnislage und trägt auf diese Weise dazu bei, die Voraussetzungen für Prävention/Gesundheitsförderung, gesundheitliche Versorgung, Rehabilitation etc. möglichst genau und zielgruppenspezifisch zu erfassen,
- verhindert damit überverallgemeinernde und unpräzise, wenn nicht gar falsche Schlussfolgerungen und Strategien,
- schafft die Voraussetzungen für das Erkennen sozialer und gesundheitlicher Benachteiligungen nach Geschlecht und für die Herstellung von Chancengleichheit
- und leistet damit insgesamt einen wesentlichen Beitrag zur qualitativen, bedarfsgerechten, effektiven und effizienten Weiterentwicklung des Gesundheitssystems.

Geschlechterdifferenzierung bzw. Gender Mainstreaming im Gesundheitswesen meint dabei stets zweierlei: Ausgehend von der Kritik der Frauenbewegung geht es auch heute noch darum, *Chancengleichheit* für Frauen herzustellen. In der medizinischen und in der Pharmaforschung sind Frauen ebenso zu berücksichtigen wie Männer; ihre Symptomatiken, ihre Reaktionsweisen und Körpervorgänge dürfen nicht länger als atypisch gelten; ihre Risikokonstellationen wie z.B. Erfahrungen häuslicher Gewalt gilt es konsequent einzubeziehen.

Geschlechterdifferenzierung ist aber auch ein *Qualitätsmerkmal*. Ohne einen sensiblen und differenzierten Blick auf Frauen und Männer kommen Gesundheitsberichterstattung und in Folge Gesundheitsversorgung und -politik - erstens - zu undifferenzierten, wenn nicht gar falschen Ergebnissen und vernachlässigen - zweitens - wichtige Einflussfaktoren und Ansatzpunkte zur Qualitätsentwicklung.

5. Geschlechterdifferenzierung: Zur Entwicklung des Themas im Gesundheitswesen

Körper, Körperlichkeit und Gesundheit von Frauen waren von Beginn an zentrale Themen der zweiten Frauenbewegung. Mit Themen wie §218 StGB, „Gewalt gegen Frauen und Mädchen“ stand das körperliche und sexuelle Selbstbestimmungsrecht der Frau im Zentrum der Auseinandersetzung. In Medizin und Gesundheitswesen wurde die „Pathologisierung“ und „Medikalisierung“ von Frauen skandalisiert. Die Kritik richtet sich u.a. dagegen, dass

- ein Verständnis von Gesundheit vorherrscht, das Frauen tendenziell als das „schwache, kranke“ Geschlecht wahrnimmt. Eine feministisch orientierte Forschung deckte z.B. androzentrische Studiendesigns auf, die so angelegt waren, dass Frauen mit ihrem Selbstverständnis und ihrer Weltsicht in den empirischen Studien die Stufe höchster psychischer Gesundheit nicht erreichten,[7]
- Frauen zu Objekten von Behandlung gemacht werden, zumeist männliche Ärzte hierarchisch über Körper von Frauen entscheiden können und die Erfahrungen, Bedürfnisse und das Expertinnenwissen von Frauen unbeachtet bleiben,
- körperliche Umbruchphasen im Leben der Frau wie Pubertät, Schwangerschaft und Geburt, Menopause nicht als natürliche Lebensereignisse gewertet werden, sondern als krankhafte Krisen konstruiert werden, die der medi-

7 Vgl. z.B. Carol Gilligans Kritik an Kohlbergs Stufenmodell der Moralentwicklung (Gilligan 1985).

> zinischen bzw. medikamentösen Betreuung bedürfen (vgl. Kolip 2000). Prominente Beispiele dafür sind die Wechseljahre, die medizinisch noch immer weithin als Krankheit erscheinen, in der der vermeintliche Mangel an Hormonen ersetzt werden muss (vgl. Jahn 2004; Kolip/Deitermann/Bucksch 2004), oder die quantitative Entwicklung der Kaiserschnitte, die seit 1991 von 15,2 auf 26,8% angestiegen ist und zeigt, wie sehr auch Schwangerschaft und Geburt zunehmend einer medizinischen Handlungslogik unterworfen sind (vgl. Lutz/Kolip 2006).[8]

Es war die Frauengesundheitsbewegung, die u.a. durch die Gründung von Frauengesundheitszentren in den siebziger und achtziger Jahren auf das Gesundheitswissen und die Gesundheitsleistungen von Frauen sowie auf ihre spezifischen Gesundheitsfragen und -bedarfe aufmerksam gemacht hat und eine eigenständige Frauengesundheitsforschung, die überwiegend im Bereich Public Health/Gesundheitswissenschaften angesiedelt ist, mit initiierte (vgl. Kuhlmann/Kolip 2005).

Mittlerweile setzt sich die Erkenntnis, dass eine geschlechterdifferenzierte Betrachtung von Gesundheit und Krankheit ein entscheidendes Qualitätsmerkmal für eine bedarfsgerechte, effektive und effiziente Gesundheitsförderung, Gesundheitsversorgung, Rehabilitation und Pflege ist, zunehmend durch und findet Eingang in den ‚mainstream' des Gesundheitswesens. Auf allen gesundheitspolitischen Ebenen sowohl national als auch international liegen Beschlüsse zum Gender Mainstreaming speziell im Gesundheitswesen vor.

Als erstes hat die Weltgesundheitsorganisation (WHO) zu Beginn der 90er Jahre - insbesondere im Hinblick auf die Effektivität von Gesundheitsförderung und auf die Förderung reproduktiver Gesundheit - international auf die Bedeutung der Geschlechterverhältnisse für die Gesundheit verwiesen. Sie hat alle Mitgliedsländer aufgefordert, Frauengesundheitsberichte zu erstellen und sich Mitte der 90er Jahre selbst zur Umsetzung des Prinzips Gender Mainstreaming verpflichtet. Diese Politik mündete u.a. in das sogenannte Madrid Statement „Mainstreaming Gender, Equity and Health" der WHO Europe (vgl. WHO Europe 2001) und die international gültige WHO Gender Policy (vgl. WHO 2002). Im Madrid Statement heißt es: „To achieve the highest standard of health, health policies have to recognize that women and men, owing to their biological differences and their gender roles, have different needs, obstacles and opportunities." (WHO Europe 2001). In Zusammenarbeit mit der WHO und anderen Organisationen haben die Vereinten Nationen die Forderung der Weltfrauenkonferenz nach Gender Mainstreaming in allen Politikbereichen für die

8 Die Medikalisierung ergreift in jüngster Zeit auch immer mehr die Männer, wie die Konstruktion der Andropause als „Wechseljahre des Mannes" zeigt.

Gesundheitspolitik u.a. durch ein Expert Group Meeting 1998 in Tunesien umgesetzt. Als Resultat des Treffens erscheint ein Bericht, der Rahmenbedingungen für nationale Gesundheitspolitiken mit integrierter Gender-Perspektive formuliert (vgl. United Nations 1998). Die Europäische Union hat vor kurzem die Strategie des Gender Mainstreaming in ihr Aktionsprogramm für die öffentliche Gesundheit aufgenommen und fordert darin u.a. verstärkte Anstrengungen zum Abbau geschlechtsspezifischer gesundheitlicher Ungleichheiten (vgl. EC 2007).

Auf nationaler Ebene hat die Bundesregierung 1996 die Anregung der WHO aufgegriffen und einen Frauengesundheitsbericht in Auftrag gegeben, der im Jahr 2001 veröffentlicht worden ist (vgl. BMFSFJ 2001). Die Bundesregierung hat auch über einen Zeitraum von drei Jahren eine Fachstelle zur Bundeskoordination Frauengesundheit gefördert und sich mit einem Beschluss der Gesundheitsministerkonferenz im Jahr 2001 für eine stärker geschlechterdifferenzierte Ausrichtung im Gesundheitswesen ausgesprochen.[9]

6. Gender Mainstreaming in der Gesundheitspolitik NRW

Im bundesweiten Vergleich hat vor allem das Land Nordrhein-Westfalen in den Jahren 2000 bis 2006 eine integrierte und systematische Gesamtstrategie zur Umsetzung von Gender Mainstreaming im Gesundheitswesen aufgebaut, die wesentlich auf vier Säulen fußt: [10]

1. *frauenpolitische* Beschlüsse und Initiativen, die vor allem auf eine verstärkte Sensibilisierung des Gesundheitswesens für die Belange von Frauen zielen. Im Jahr 1999 fasst der Landtag einen grundlegenden Beschluss für eine frauengerechte Ausrichtung der Gesundheitspolitik (Drucksache 12/4677, Plenarbeschluss vom 14.04.2000)[11]. Des Weiteren spielt vor allem die Enquetekommission „Zukunft einer frauengerechten Gesundheitsversorgung"

---

9 Vgl. Beschluss der 74. Gesundheitsministerkonferenz der Länder vom 22.6.2001, TOP 7.1 „Geschlechtsspezifische Aspekte von Gesundheit und Krankheit", (http://www.gmkonline.de/?&nav=beschluesse_74&id=74_7.1 [22.10.2007]). Dort heißt es: „Die GMK stellt fest, dass eine geschlechtsspezifische Differenzierung bei der Betrachtung von Gesundheit und Krankheit in Umsetzung des Gender Mainstreaming in der Gesundheitspolitik in Deutschland bislang nur in Ansätzen erfolgt. Sie hält eine stärkere Berücksichtigung der besonderen Belange von Frauen und Männern als Voraussetzung für eine qualitätsgesicherte, wirksame Diagnostik und Behandlung für erforderlich. Die zu geringe Beachtung geschlechtsrelevanter Bedürfnisunterschiede trägt zu Über-, Unter- und Fehlversorgung im Gesundheitswesen bei."

10 Für eine ausführliche Darstellung vgl. Weber i.E. (2007).

11 Dieser und die im folgenden genannten politischen Anträge, Beschlüsse, Protokolle etc. sind im Dokumentenarchiv des Landtags unter www.landtag.nrw.de mit der Eingabe der Drucksachennummer online verfügbar.

eine zentrale Rolle in der Sensibilisierung für frauenspezifische Bedarfe. Sie hat in der Legislaturperiode 2001-2005 eine wissenschaftlich fundierte Bestandsaufnahme der gesundheitlichen Versorgung von Frauen in NRW - differenziert nach ausgewählten Krankheitsbildern, Zielgruppen und besonderen Problemstellungen - erstellt und weiterführende Handlungsempfehlungen für Politik, Gesundheitswesen und Forschung daraus abgeleitet (vgl. Landtag NRW 2004).

2. eine geschlechterdifferenzierte Ausrichtung der *Gesundheitspolitik*, für die die Veröffentlichung des Gesundheitsberichts zur Gesundheit von Frauen und Männern im Jahr 2000 (vgl. MFJFG NRW 2000) den Auftakt markiert. Die gesundheitliche Lage und Versorgung von Frauen und Männern wird für ausgewählte Aspekte vergleichend dargestellt, der geschlechterdifferenzierte Ansatz im Gesundheitswesen vor allem als Maßnahme der Qualitätsentwicklung und Optimierung von Diagnostik und Therapie verstanden und profiliert. Ein Jahr später hat die Landesgesundheitskonferenz den Bericht ausgewertet und mit ihrer Entschließung „Soziale Lage und Gesundheit" (vgl. MFJFG/LGK 2001) in Handlungsempfehlungen übersetzt, die wiederum Aktivitäten der Mitgliedsorganisationen - d.h. sowohl der Kommunen als auch der Organisationen im Gesundheitswesen - nach sich ziehen. Das Gesundheitsministerium wird für die weitere Umsetzung des Gender Mainstreaming-Ansatzes aufgefordert, Instrumente zu entwickeln, die eine systematische Berücksichtigung von Gender-Aspekten bei der Planung und Prüfung von Gesundheitsprojekten (Kriterienkatalog o.ä.) ermöglichen. Diese Maßnahme setzt das Gesundheitsministerium in 2003 um und gibt ein Forschungs- und Praxisprojekt zur Entwicklung von „Gender Kriterien" in Auftrag (vgl. MGSFF NRW/Jahn 2004).
3. die Einführung von *Gender Mainstreaming* im Jahr 2002 als Leitprinzip des Regierungshandelns in allen Ressorts (vgl. Drucksache 13/3225), die bestehende Ansätze zur Geschlechterdifferenzierung im Gesundheitswesen weiter bestärkt. Neben Gender-Fortbildungen für Führungskräfte und standardisierter geschlechterdifferenzierter Datenerhebung wird dieser Beschluss u.a. durch Gender-Pilotprojekte in allen Ministerien umgesetzt. Das Forschungs- und Praxisprojekt „Gender-Kriterien" (s.o.) wird auf diese Weise zum *Gender-Pilotprojekt* des Gesundheitsministeriums. Auch die Aufnahme der allgemeinen Rechtsnorm, „das unterschiedliche Verhalten und die unterschiedlichen Lebenslagen von Frauen und Männern und Frauen zu berücksichtigen", in das im Jahr 2005 novellierte Gesetz über den öffentlichen Gesundheitsdienst (ÖGDG) ist u.a. auf die Verpflichtung zum Gender Mainstreaming zurückzuführen.

4. den begleitenden Auf- und Ausbau unterstützender *Strukturen* auf Landesebene. In Folge des Landtagsbeschlusses „Frauengerechte Gesundheitspolitik“ wird eine Koordinationsstelle Frauen und Gesundheit NRW (2000 bis 2006) eingerichtet. Aufgaben sind die Verbreitung von Fachinformationen zum Thema, Fachberatung für alle AkteurInnen im Gesundheitswesen und in der Fraueninfrastruktur sowie Aufbau und Geschäftsführung des landesweiten Netzwerks Frauen und Gesundheit NRW, in dem zuletzt ca. 70 landesweit tätige Organisationen (Ärztekammern, Krankenkassen, Wohlfahrtsverbände und Selbsthilfe, Frauenorganisationen etc.) zwei Mal jährlich zum Erfahrungsaustausch und Wissenstransfer zusammen kamen. Die 54 Kommunalen Gesundheitskonferenzen werden darüber hinaus durch das Landesinstitut für den öffentlichen Gesundheitsdienst (http://www.loegd.nrw.de) mit Fachberatung, Arbeitshilfen, thematischen Workshops etc. unterstützt. Als mit der sogenannten „Gender-Matrix“ (vgl. MGSFJ NRW/Jahn 2004) das Bremer Institut für Präventionsforschung und Sozialmedizin im Jahr 2004 eine Arbeitshilfe zur systematischen Berücksichtigung von Gender-Aspekten („Gender-Kriterien“, s.o.) vorlegt und Organisationen in einer einjährigen Erprobungsphase die Möglichkeit erhalten, diese im Rahmen von Workshops konkret auf ihre Projekte und Fragestellungen anzuwenden, entsteht ein weiteres strukturiertes Angebot der Fachberatung.

GESCHLECHTERDIFFERENZIERTE GESUNDHEITSPOLITIK IN NRW			
Frauenpolitik	Gesundheitspolitik	Gender Mainstreaming	Strukturen
Landtagsbeschluss „Frauengerechte Gesundheitspolitik“ (Drs. 12/4677) (2000)	Bericht „Gesundheit von Frauen und Männern“ (MFJFG 2000)	Landtagsbeschluss zur Umsetzung von Gender Mainstreaming (2002) (Drs. 13/3225)	Koordinationsstelle Frauen und Gesundheit NRW (2000-2006) • Fachinformation (Rundbrief 2x jährlich, Materialsammlungen etc.) • Fachberatung • Vernetzung (u.a. Netzwerktreffen 2x jährlich)
Anhörung des frauenpolitischen Ausschusses „Gesundheitsbericht NRW / Gesundheit von Frauen u. Männern“ (Mai 2001) (Ausschussprotokoll 13/305)			
Aktionswochen „Frauen und Gesundheit“ (2001)	Entschließung der Landesgesundheitskonferenz „Soziale Lage und Gesundheit“ (MFJFG/LGK 2001)	Einführung des Prinzips Gender Mainstreaming in das ÖGDG (2005)	Netzwerk Frauen und Gesundheit NRW (2001-2006)
	Landesinitiativen und Kampagnen wie z.B. • Konzertierte Aktion Brustkrebs • Landessuchtprogramm		
Enquetekommission „Zukunft einer frauengerechten Gesundheitsversorgung in NRW“ (2001-2004) (Landtag NRW 2004)	Forschungs- und Praxis-/Gender-Pilot-Projekt „Entwicklung von Gender Kriterien“ (Materialien und Instrumente zur systematischen Berücksichtigung der Kategorie Geschlecht im Gesundheitsbereich/Gender Matrix) (MGSFF/Jahn 2004)		Landesinstitut für den öffentlichen Gesundheitsdienst • Gesundheitsberichterstattung • Fachberatung für die kommunalen Gesundheitskonferenzen
Landtagsbeschluss zum Bericht der Enquetekommission (2004) (Drs. 13/5998)			Workshops „Gender in kommunalen Gesundheitskonferenzen“ (jährlich seit 2000)
			Arbeitshilfe „Gender als Prinzip in der Arbeit der KGK“ (MGSFF NRW/lögd 2003)
	Projekt zur Praxiseinführung und -erprobung der Gender Matrix (05-06)		

Abb. 5: Geschlechterdifferenzierte Gesundheitspolitik in NRW (vgl. Weber i. E.)

7. Erfahrungen und Erfolgsbedingungen

Als bedeutsam für eine gelingende Implementierung von Gender Mainstreaming haben sich in der Gesundheitspolitik Nordrhein-Westfalens vor allem folgende Faktoren herauskristallisiert:

- das Zusammenwirken von Frauenpolitik, Gesundheitspolitik und Strategien des Gender Mainstreaming, die - wenn auch aus unterschiedlichen Motiven und mit unterschiedlichen Zielen (Frauenförderung, Qualitätsentwicklung, Chancengleichheit ...) entstanden - sich wechselseitig bestärken und gemeinsam eine starke politische Kraft entwickeln;
- die Kombination von politischem Willen und der Bereitstellung von Fachwissen, Beratung und Vernetzung für die AkteurInnen in Gesundheits- und Frauenpolitik sowie im Gesundheitswesen selbst: Wie notwendig ein erkennbarer politischer Wille im Sinne des „top down"-Prinzips und eine entsprechend unterstützende Ansprache der handelnden Personen für Gender Mainstreaming weiterhin ist, zeigt sich an der Anfälligkeit und Brüchigkeit von Strukturen und Entwicklungen, die deutlich wird, als die Landesregierung mit dem Politikwechsel im Jahr 2006 landespolitische Impulse zur Geschlechterdifferenzierung im Gesundheitswesen zurück fährt. Landesweite Vernetzungsstrukturen brechen weg, neuere Programme und Veröffentlichungen der Gesundheitspolitik - wie z.B. das Landespräventionsprogramm (vgl. MAGS NRW 2006) - lassen eine Sensibilität für Geschlechteraspekte vermissen.[12]
- die Verbreitung landespolitischer Impulse über die kommunalen Gleichstellungsbeauftragten, die kommunalen Gesundheitskonferenzen und die Verbände und Organisationen im Gesundheitswesen in die Fläche: So tragen z.B. die von den kommunalen Gleichstellungsbeauftragten landesweit ausgerichteten Aktionswochen Frauen und Gesundheit im Jahr 2001 mit mehr als 450 Veranstaltungen wesentlich dazu bei, die Ergebnisse des geschlechterdifferenzierten Gesundheitsberichtes in der Bevölkerung und der Fachöffentlichkeit zu verbreiten und für geschlechtsspezifische Handlungsbedarfe im Hinblick auf Gesundheit und Krankheit zu sensibilisieren. Vielerorts führen sie zur Gründung kommunaler Arbeitskreise zur Frauengesundheit. Ähnliche Effekte zeigen sich bei konzertierten Aktionen der Kommunalen

---

12 Mit dem Ziel, das Landespräventionsprogramm geschlechtergerecht zu gestalten, hat der Frauenausschuss im nordrhein-westfälischen Landtag im August 2007 eine Anhörung von ExpertInnen durchgeführt. Ausschussprotokoll und eingegangene Stellungnahmen finden sich unter http://www.landtag.nrw.de/portal/WWW/Webmaster/GB_I/I.1/aktuelle_drucksachen/aktuelle_Dokumente.jsp?docTyp=ST&wp=14&dokNum=Pr%E4ventionskonzept [23.10.2007] bzw. http://www.landtag.nrw.de/portal/WWW/dokumentenarchiv/Dokument/MMA14-462.pdf. [23.10.2007]

Gesundheitskonferenzen zu spezifischen Themen oder bei dem Angebot des Landes zur Fachberatung vor Ort, wie es mit der Veröffentlichung der „Gender-Matrix“ (vgl. MGSFF NRW/Jahn 2004) speziell den Organisationen im Gesundheitswesen unterbreitet worden ist.
- und die Ergänzung der „top down“-Strategie der Landesregierung durch eine vor allem von frauenpolitisch engagierten AkteurInnen getragene „bottom up“-Bewegung: So zeigt sich, dass die frauenspezifischen und geschlechterdifferenzierten Aktivitäten der Gesundheitskonferenzen oder entsprechender kommunaler Arbeitskreise zunächst wesentlich initiiert und getragen werden durch die Gleichstellungsbeauftragten oder durch frauenpolitisch engagierte Akteurinnen im Gesundheitswesen.

Von der politischen Ebene zu unterscheiden ist die Ebene der gesundheitlichen Versorgung. Die Implementierung von Gender-Ansätzen unmittelbar in den Gremien, Organisationen und Einrichtungen des Gesundheitssystems war Aufgabe der Koordinationsstelle Frauen und Gesundheit NRW. Erfahrungen aus der Fachberatung zeigen, dass die Voraussetzungen für eine erfolgreiche Initiierung und Durchführung von Gender-Projekten vor allem dann gegeben sind, wenn es gelingt, 1. die Inhalte und Ziele von Gender Mainstreaming anschlussfähig zu machen an die Diskurse, Themen und Methoden der Organisation und 2. medizinisches bzw. epidemiologisches Wissen mit Gender-Expertise zu verknüpfen.

Gerade letzteres erweist sich immer wieder als schwierig. Wie unterschiedlich Perspektiven und Herangehensweisen zwischen der naturwissenschaftlich orientierten Medizin und der stark sozialwissenschaftlich geprägten Debatte um Gender Mainstreaming sind, zeigt sich beispielhaft schon an den Schwierigkeiten, ein einheitliches Begriffsverständnis herzustellen. Während MedizinerInnen „Geschlecht“ meist überwiegend in Kategorien von ‚sex’ denken und wenig Wissen über Einflüsse von ‚gender’ haben, sind umgekehrt Aspekte von ‚sex’[13] in der bisherigen Debatte um Gender Mainstreaming wenig konzeptionell ausgeführt. Fachkräfte, die in ihrer Fachkompetenz medizinisches Fachwissen und Gender-Expertise vereinen, sind bisher eher selten anzutreffen. Ingeborg Jahn u.a. weisen darauf hin, dass die Übersetzung und Anpassung der stark sozialwissenschaftlich geführten Gender-Debatte für den Gesundheitsbereich noch zu leisten sind (Jahn u.a. i.E.).

[13] Kritisch anzumerken ist dabei, dass auch eine biomedizinische Forschung mit ihrer Fokussierung auf die Kategorie ‚sex’ sich fragen lassen muss, inwieweit ihre Ergebnisse tatsächlich Einflüsse des biologischen Geschlechts abbilden oder ob nicht Unterschiede z.B. in der Verstoffwechslung von Medikamenten vielmehr auf z.B. die Fett-Wasser-Verteilung im Körper zurückzuführen sind, die auch unter Frauen bzw. unter Männern unterschiedlich sein kann.

Eine Anschlussfähigkeit von Gender Mainstreaming an die Diskurse der Organisation lässt sich hingegen auf vielfältige Weise herstellen. Vor allem die in vielen Einrichtungen der Gesundheitsförderung und -versorgung virulente Debatte um Qualitätsentwicklung erweist sich als guter Anknüpfungspunkt. Es ist schnell einsichtig zu machen, dass wer z.B. zielgerichtete Präventions- und Gesundheitsförderungsangebote entwickeln möchte, durch die konsequente Berücksichtigung der Kategorie Geschlecht eher in die Lage versetzt ist, die Stellschrauben sehr viel passgenauer zu drehen. Als Beitrag zur Qualitätsentwicklung gewinnt Gender Mainstreaming für die Organisationen im Gesundheitswesen auf diese Weise an Attraktivität. Darüber hinaus zeigt die Erfahrung, dass insbesondere Organisationen, in denen fachliche Auseinandersetzungen über die Zielgruppenorientierung von Angeboten oder die Auswirkungen sozialer Ungleichheit auf die gesundheitliche Versorgung stattfinden oder die in Methoden des Projektmanagements erfahren sind, gute Voraussetzungen für die Implementierung und Anschlussmöglichkeiten von Gender-Ansätzen bieten. Hier zeigen sich m.E. durchaus Spezifika im Vergleich z.B. zu Organisationen Sozialer Arbeit, die von ihrem Selbstverständnis und professionellen Auftrag sehr viel mehr an den Diskurs um Gender Mainstreaming zur Herstellung von Chancengleichheit anknüpfen. Aber hier lässt sich vielleicht auch strategisch von den Erfahrungen im Gesundheitswesen für die Organisationen Sozialer Arbeit lernen.

Erfahrungen im Gesundheitswesen belegen weiterhin, dass sich Zugänge zur Relevanz von Geschlechterdifferenzierung über (fast) alle aktuellen Frage- und Themenstellungen in den Organisationen schaffen lassen. Die Praxiseinführung der Gender-Matrix in NRW bot die Möglichkeit, das Material anhand konkreter Projektvorhaben in den Organisationen im Gesundheitswesen zu erproben. Mit einem solchen Zugang waren gute Voraussetzungen gegeben, um die Sensibilität für Geschlechterfragen zu erhöhen. Anleitung und Unterstützung beim systematischen Einbezug der Kategorie Geschlecht in Planungs- und Entwicklungsprozesse lässt deren praktische Relevanz schnell erkennbar werden - ob es z.B. um die Planung neuer Räumlichkeiten in einer Rehabilitationsklinik, um die fachliche Diskussion der Angemessenheit von Therapiekonzepten in der Psychiatrie oder die Auswahl der zehn häufigsten Diagnosen[14] in einem Krankenhaus zwecks Erstellung von Behandlungspfaden geht.

Voraussetzung ist, dass ein methodisches Instrumentarium vorliegt, das auf diese Fragestellungen angewandt werden kann. Neben den bekannten Instrumenten zum Gender Mainstreaming (3-R-Methode etc.) sind für den Gesundheitsbereich bisher vor allem zwei Instrumente zur Anwendung gekommen: die

---

14 Schon hier stellt sich die entscheidende Frage, wie diese ermittelt werden: in einem gemeinsamen oder in getrennten Rankings für Männer und Frauen.

„Richtlinien zur Vermeidung von Gender Bias“ (vgl. Eichler 2000, Fuchs u.a. 2002), die Margit Eichler als Strukturierungshilfe und Checkliste speziell für die Gesundheitsforschung entwickelt hat, und die von Ingeborg Jahn entwickelte „Gender-Matrix“ (vgl. MGSFF NRW 2004).

Mit den Richtlinien von Margit Eichler können vorliegende Forschungsanträge und -designs retrospektiv auf ihre Gender-Sensibilität und Geschlechtergerechtigkeit überprüft werden (vgl. Eichler 2000, Fuchs u.a. 2002). Zwei Leitfragen zur Ermittlung des „Gender Bias“ werden formuliert: „Wird eine Gleichheit oder Ähnlichkeit von Frauen und Männern unterstellt, wo diese nicht vorhanden ist?“ und umgekehrt: „Werden Unterschiede zwischen Frauen und Männern vorausgesetzt, wo diese möglicherweise nicht existieren?“. Im Weiteren werden vier Formen des Gender-Bias unterschieden:

- *Geschlechtsinsensibilität:* Das Geschlecht wird als potenziell bedeutsame Kategorie nicht berücksichtigt. Als Beispiel sind hier z.B. Studien zu nennen, in denen das Geschlecht der ProbandInnen nicht erhoben und auch in der weiteren Auswertung nicht berücksichtigt wird, oder das bereits erwähnte Messinstrumentarium SF-36, das nicht differenziert, ob die Antwortkategorien gleichermaßen für Frauen und Männer zutreffen sind.
- *Überverallgemeinerung*: Es wird unterstellt, dass das, was für Männer gilt, auch automatisch für Frauen gültig ist, wie dieses z.B. bei Angaben zur Medikamentendosierung geschieht.*Androzentrismus:* Männer werden als Norm betrachtet, Frauen gelten demgegenüber - wie es z.B. bei der Klassifizierung ihrer Herzinfarktsymptome als ‚atypisch' erfolgt - als Abweichung bzw. defizitär.*doppelter Bewertungsmaßstab*: Die Geschlechter werden bei faktischer Gleichheit unterschiedlich bewertet, wie es z.B. für die Bewertung von Schmerzäußerungen bei Männern und Frauen beschrieben wurde.

Die von Ingeborg Jahn entwickelte „Gender Matrix“ (vgl. MGSFF NRW/Jahn 2004) zielt darauf, die Kategorie Geschlecht bereits prospektiv systematisch in die Projektplanung und -durchführung einzubeziehen. Sie knüpft an die Vorarbeiten von Margrit Eichler an und orientiert sich in ihrem Aufbau an den Phasen der Projektentwicklung: Sie gibt Hilfestellung, wie in jedem Prozessschritt strukturiert und systematisch a) die Ziele, b) fachliche Aspekte (sex/gender), c) die zugrunde liegenden Theorien / Konzepte, d) die angewandten Methoden und e) die Partizipation der Beteiligten auf ihre Gender-Dimension hin analysiert werden können.

Zusammenfassend zeigt sich, dass die Umsetzung von Gender Mainstreaming jeweils einer spezifischen Anpassung auf das jeweilige Arbeits- und Handlungsfeld bedarf, dass aber auch umgekehrt Methoden und Instrumentarium, die spezifisch im Rahmen einer Disziplin - wie hier Public Health und Gesundheitswissenschaften - entwickelt wurden, durchaus auch gewinnbringend in anderen Bereich einsetzbar sind und so einer weiteren interdisziplinären Weiterentwicklung der Strategien und Methoden zum Gender Mainstreaming förderlich sein können.

Literatur

Altgeld, T. (Hrsg.) (2004): Männergesundheit. Neue Herausforderungen für Gesundheitsförderung und Prävention. Weinheim/München

Bundesministerium für Familie, Senioren, Frauen und Jugend - BMFSFJ (Hrsg.) (2001): Bericht zur gesundheitlichen Situation von Frauen in Deutschland. Eine Bestandsaufnahme unter Berücksichtigung der unterschiedlichen Entwicklung in West- und Ostdeutschland. Berlin

BMFSFJ (Hrsg.) (2002): Elfter Kinder- und Jugendbericht. Bericht über die Lebenssituation junger Menschen und die Leistungen der Kinder- und Jugendhilfe in Deutschland. Berlin

BMFSFJ (Hrsg.) (2005): 1. Datenreport zur Gleichstellung von Frauen und Männern in der Bundesrepublik Deutschland - Kapitel 8: Gesundheitsstatus und Gesundheitsrisiken von Frauen und Männern. Berlin

Bundeszentrale für gesundheitliche Aufklärung - BZgA (2005): Entwicklung des Alkoholkonsums bei Jugendlichen - unter besonderer Berücksichtigung der Konsumgewohnheiten von Alkopops. Eine Befragung der Bundeszentrale für gesundheitliche Aufklärung. Kurzbericht. Köln

European Commissan Health and Consumer Protection Directorate General - EC (2007): Summary Report of the responses to Health in Europe: A Strategic Approach. Discussion Document for a Health Strategy. Brusselles (http://ec.europa.eu/health/ph_overview/strategy/docs/consultation frep _en.pdf [23.10.2007])

Eichler, M./Fuchs, J./Maschewsky-Schneider, U. (2000): Richtlinien zur Vermeidung von Gender Bias in der Gesundheitsforschung,. In: Zeitschrift für Gesundheitswissenschaft 4. 293-310

Ellert, U./Bellach, B.-M. (1999): Der SF-36 im Bundesgesundheitssurvey. In: Gesundheitswesen 61. 184-190

Frankenhaeuser, M. et. al. (1989): Stress on and off the job as related to sex and occupational status in white-collar workers. In: Journal of Organizational Behavior 10. 321-346

Fuchs, J./Maschewsky, K./Maschewsky-Schneider, U. (2002): Zu mehr Gleichberechtigung zwischen den Geschlechtern: Erkennen und Vermeiden von Gender Bias in der Gesundheitsforschung. Deutsche Bearbeitung eines vom kanadischen Gesundheitsministerium herausgegebenen Handbuchs, erarbeitet von Margrit Eichler et al. Dezember 1999. In: Blaue Reihe Berliner Zentrum Public Health (http://bsph.charite.de/stuff/Blaue_Liste/2002-04_ger.pdf [23.10.2007])

Gilligan, C. (1985): Die andere Stimme. Lebenskonflikte und Moral der Frau. München

Hagemann-White, C./Bohne, S. (2003): Versorgungsbedarf und Anforderungen an Professionelle im Gesundheitswesen im Problembereich Gewalt gegen Frauen. Expertise für die Enquetekommission „Zukunft einer frauengerechten Gesundheitsversorgung in NRW“. Osnabrück/Düsseldorf (http://www.landtag.nrw.de/portal/WWW/GB_I/I.1/EK/EKALT/13_EK2/Gewalt_Expertise_Endfassung2.pdf [23.10.2007])

Helfferich, C. (1994): Jugend, Körper und Geschlecht. Opladen

Homfeldt, G. (2002): Soziale Arbeit im Gesundheitswesen und in der Gesundheitsförderung. In: Thole, W. (Hrsg.): Grundriss Soziale Arbeit. Ein einführendes Handbuch. Opladen: 317-330

Hurrelmann, K./Kolip, P. (Hrsg.) (2002): Geschlecht, Gesundheit und Krankheit. Männer und Frauen im Vergleich. Bern u.a.

Jahn, I. (Hrsg.) (2004): Wechseljahre multidisziplinär. Was wollen Frauen, was brauchen Frauen? Dokumentation des Kongresses vom 21. bis 23.02.2003 in Bremen. Herausgegeben von der Gmünder Ersatzkasse. St. August

Jahn, I./Weber, M./Wulff, I. (i.E. 2007): Integration of Gender - The North Rhine Westphalia Experience. In: Walter, U./Neumann, B. (Hrsg.): Gender in Health Promotion and Prevention, Politics - Research - Practice. Wien/New York

Kolip, P. (Hrsg.) (2000): Weiblichkeit ist keine Krankheit. Die Medikalisierung körperlicher Umbruchphasen im Leben von Frauen. Weinheim

Kolip, P. (2002): Geschlechtsspezifisches Risikoverhalten im Jugendalter. In: Bundesgesundheitsblatt 45. 885-888

Kolip, P. (2004): Der Einfluss von Geschlecht und sozialer Lage auf Ernährung und Gewicht im Kindesalter. In: Bundesgesundheitsblatt 47. 235-239

Kolip, P./Deitermann, B./Bucksch, J. (2004): Der lange Weg der Evidenz. Niedergelassene GynäkologInnen und die Hormontherapie in den Wechseljahren. In: Dr. med. Mabuse, Heft 148. 60-63

Kuhlmann, E./Kolip, P. (2005): Gender und Public Health. Weinheim/München

Lampert, T./Ziese, T. (2005): Armut, soziale Ungleichheit und Gesundheit. Expertise des Robert Koch-Instituts zum 2. Armuts- und Reichtumsbericht der Bundesregierung. Bonn

Landtag Nordrhein-Westfalen (Hrsg.) (2004): Zukunft einer frauengerechten Gesundheitsversorgung in NRW. Bericht der Enquetekommission des Landtags Nordrhein-Westfalen. Wiesbaden

Löwel, H. u.a. (2006): Herzinfarkt und koronare Sterblichkeit in Süddeutschland. Ergebnisse des bevölkerungsbasierten MONICA/KORA-Herzinfarktregisters 1991 bis 1993 und 2001 bis 2003. In: Deutsches Ärzteblatt 103, Ausgabe 10 vom 10.03.2006. A616-A622

Lutz, U./Kolip, P. (2006): Die GEK-Kaiserschnittstudie. Herausgegeben. von der Gmünder Ersatzkasse. St. Augustin

MAGS NRW - Ministerium für Arbeit, Gesundheit und Soziales NRW (2006): Landespräventionsprogramm. Düsseldorf (http://www.praeventionskonzept.nrw.de/index.php [23.10.2007]))

Maschewsky-Schneider, U. (1994): Frauen leben länger als Männer. Sind sie auch gesünder? In: Zeitschrift für Frauenforschung 12. 28-38

Ministerium für Frauen, Jugend, Familie und Gesundheit NRW (MFJFG NRW) (Hrsg.) (2000): Gesundheit von Frauen und Männern - Landesgesundheitsbericht 2000. Düsseldorf

Ministerium für Frauen, Jugend, Familie und Gesundheit/Landesgesundheitskonferenz NRW (MFJFG/LGK) (2001): Soziale Lage und Gesundheit, Entschließung der 10. Landesgesundheitskonferenz Nordrhein-Westfalen am 31.08.2001. Düsseldorf

MGSFF NRW/Jahn, I. (2004): Gender Mainstreaming im Gesundheitsbereich, Materialien und Instrumente zur systematischen Berücksichtigung der Kategorie Geschlecht. Düsseldorf, Bremen (http://www.bips.uni-bremen.de/data/jahn_gm_2004.pdf [23.10.2007])

MGSFF NRW/Landesinstitut für den öffentlichen Gesundheitsdienst NRW (Hrsg.) (2003): Gender als Prinzip in der Gesundheitsversorgung. Bielefeld

Rieder, A./Lohff,. B. (Hrsg.) (2004): gender medizin. Geschlechtsspezifische Aspekte für die klinische Praxis. Wien/New York

Robert-Koch-Institut (RKI) (Hrsg.) (2005): Körperliche Aktivität. Gesundheitsberichterstattung des Bundes. Heft 26. Berlin

Robert-Koch-Institut/Statistisches Bundesamt (Hrsg.) (2006): Gesundheit in Deutschland. Berlin

Sachverständigenkommission 11. Kinder- und Jugendbericht (Hrsg.) (2002): Gesundheit und Behinderung im Leben von Kindern und Jugendlichen. Materialien zum 11. Kinder- und Jugendbericht, Band 4. München

Setzwein, M. (2006): Frauenessen - Männeressen? Doing Gender und Essverhalten. In: Kolip, P./Altgeld, T. (Hrsg.): Geschlechtergerechte Gesundheitsförderung und Prävention. Theoretische Grundlagen und Modelle guter Praxis. Weinheim/München: 41-60

Stadt Bielefeld - Kommunale Gesundheitskonferenz (Hrsg.) (2007): Prävention und Früherkennung ausgewählter Krebserkrankungen bei Männern. Bielefeld (http://www.bielefeld.de/ftp /dokumente/Gesundheitsbericht_Krebspraevention_Maenner_2.pdf [23.10.2007])

United Nations (1998): Women and Health. Mainstreaming the Gender Perspective into the Health Sector. Expert Group Meeting Tunis, Tunisia, 28 September - 2 October 1998, Report. New York (http://www.un.org/womenwatch/daw/csw/healthr.htm [23.10.2007])

Weber, M. (2006): Soziale Arbeit und Gesundheit - Innovationspotenziale einer genderbezogenen Betrachtungsweise. In: Zander, M./Hartwig, L/Jansen, I. (Hrsg.): Geschlecht Nebensache? Zur Aktualität einer Gender-Perspektive in der Sozialen Arbeit. Wiesbaden: 311-330

Weber, M (i. E.): Gender Mainstreaming in Gesundheitspolitik und –versorgung. Voraussetzungen, Strukturentwicklung und Erfolgsbedingungen am Beispiel Nordrhein-Westfalen, In: Bundesgesundheitsblatt 50, voraussichtlich 11/November 2007

West, Candace/Zimmerman, D. (1987): Doing Gender. In: Gender & Society, 1. 125-151

World Health Organisation Europe - WHO Europe (2001): Mainstreaming gender equity in health: The need to move forward. Gender Mainstreaming Health Policies in Europe. Madrid Statement, 14 September 2001. Madrid (http://www.euro.who.int/document/a75328.pdf [23.10.2007])

WHO (2002): WHO Gender Policy: Integrating Gender in the Work of the WHO. o.O. (http://www.who.int/gender/documents/engpolicy.pdf [23.10.2007])

Autorinnenverzeichnis:

Bednarz-Braun, Iris
PD Dr., Privatdozentin an der Fakultät für Soziologie der Universität Bielefeld, Leiterin der Forschungsgruppe „Migration, Integration und interethnisches Zusammenleben“ am Deutschen Jugendinstitut in München. Forschung im Bereich Frauen- und Geschlechterforschung, insbesondere zur beruflichen Bildung und zur Umsetzung von Gleichstellungspolitik im öffentlichen Dienst sowie Forschungsarbeiten im Themenbereich Migration, Integration und interethnische Beziehungen

Enggruber, Ruth
Prof. Dr. rer. pol., Professur für Erziehungswissenschaft und zurzeit Dekanin im Fachbereich Sozial- und Kulturwissenschaften der Fachhochschule Düsseldorf. Arbeitsschwerpunkte: berufspädagogisch relevante Felder der Sozialpädagogik wie Jugendberufshilfe, Benachteiligtenförderung, Gender Mainstreaming, Qualifizierung älterer Arbeitsloser

Graff, Ulrike
Dr. phil., Geschäftsführerin der Landesarbeitsgemeinschaft Mädchenarbeit in NRW e.V.. Arbeitsschwerpunkte: Geschlechterpädagogik, zum Verhältnis von Ko- und Monoedukation, Feministische Pädagogik, Qualitative Praxisforschung

Heite, Catrin
Dr. phil., Postdoktorandin im Graduiertenkolleg *Jugendhilfe im Wandel* an der Universität Bielefeld, Fakultät für Pädagogik. Arbeitsschwerpunkte: Theorie Sozialer Arbeit, Professionalisierung, Anerkennungstheorie, Gender- und Ungleichheitsforschung

Kampshoff, Marita
PD Dr., Hochschuldozentin an der Justus-Liebig-Universität Gießen. Forschungsschwerpunkte: genderbezogene Schul(leistungs)- und Unterrichtsforschung, Kinder- und Jugendforschung, Gender Mainstreaming, Chancengleichheit im Bildungswesen, Heterogenität in Schule und Unterricht

Krüger, Helga
Prof. Dr., Professur für Soziologie sowie familiale und berufliche Sozialisation an der Universität Bremen (emeritiert), Forschungsschwerpunkte: Sozialstruktur und familiale/berufliche Sozialisation, Geschlechterpolitik in der Berufsbildungs- und Berufsstruktur, sozialer Wandel im Geschlechterverhältnis, Lebenslauf-, Arbeitsmarktsegmentations- und Familienforschung

Kunert-Zier, Margitta
Dr. phil, Dipl. Päd., Dipl. Soz. Päd., Vertretungsprofessur für Theorien und Methoden der Sozialen Arbeit an der Fachhochschule Koblenz, Fachbereich Sozialwesen; Landesjugendpflegerin, Fachberaterin für Jugendarbeit im Landesjugendamt Rheinland-Pfalz. Arbeitsschwerpunkte: Geschlechtsbewusste Bildung und Erziehung, außerschulische Kinder- und Jugendarbeit, Partizipation von Kindern und Jugendlichen, Professionalität, Qualitätsentwicklung, Genderqualifizierungen, Genderkompetenz in sozialpädagogischen Feldern

Nover, Sabine
Dipl. Ök., Lehrbeauftragte an verschiedenen Hochschulen in NRW. Lehr- und Forschungsschwerpunkte: Sozialwissenschaftliche Methoden, Organisationssoziologie, Fragen der Arbeitsgesellschaft, des sozialen Wandels und Soziale Bewegungen

Stiegler, Barbara
Dr. phil., Dipl. Psych., Dipl. Päd., Leiterin des Arbeitsbereiches Frauen-und-Geschlechterpolitik der Friedrich-Ebert-Stiftung, Abt. Wirtschafts-und Sozialpolitik. Ziel ihrer Arbeit ist die Verknüpfung der Frauenforschung mit der Frauenpolitik. Inhaltliche Schwerpunkte: Frauen(Erwerbs)arbeit, Geschlecht und Qualifikation, Bewertung von Arbeit, Verwaltungsreform, Gender Mainstreaming

Wallner, Claudia
Dr. phil., freiberufliche Referentin, Autorin und Praxisforscherin; Mitbegründerin der Bundesarbeitsgemeinschaft Mädchenpolitik e.V.. Themenschwerpunkte: Geschichte, Entwicklung und Konzepte von Mädchenarbeit, Lebenslagen von Mädchen, Gender und Gender Mainstreaming in der Kinder- und Jugendhilfe, Verhältnis von Mädchen- und Jungenarbeit

Weber, Monika
Dr. phil., Sozialwissenschaftlerin, thematische Schwerpunkte: Geschlechtergerechte Kinder- und Jugendhilfe, Gewalt gegen Frauen und Mädchen, Gender Mainstreaming im Gesundheitswesen; ehemals Leiterin der Koordinationsstelle Frauen und Gesundheit NRW im Internationalen Zentrum für Frauen-Gesundheit Bad Salzuflen, derzeit wissenschaftliche Mitarbeiterin der Gleichstellungsstelle für Frauenfragen der Stadt Bielefeld

Werthmanns-Reppekus, Ulrike
Dipl.-Päd., Fachgruppenleiterin für Jugend, Frauen und Migration im Paritätischen Landesverband NRW. Arbeitsschwerpunkte: Jugend- und Kulturarbeit, Initiativen und Selbstorganisationen und geschlechtsbezogene Arbeit

Karin Böllert · Silke Karsunky (Hrsg.)

Genderkompetenz in der Sozialen Arbeit